鏝《こて》絵《え》放浪記

藤田洋三
Fujita Youzou

石風社

写真　藤田洋三
装幀　毛利一枝

今はなき大分県安心院《あじむ》町の〈猩々《しょうじょう》〉

獅子と牡丹（杵築市）

民家を飾る鏝絵【大分県】

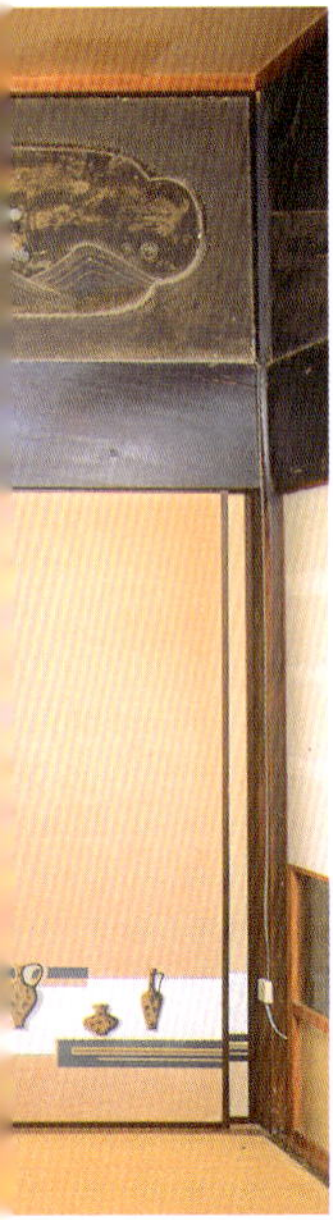

逆さに泳ぐ河豚
（杵築市）

パラソル（安心院町・土蔵）

梅に鶯（山香町）

兎（別府市）

三番叟《んばそう》と福助（大分県竹田市）

絵の表情【西日本】

大黒。下の飾りはアカンサス（大分県安心院町）

三人の楽隊（長崎県西彼町）

外法《げほう》の梯子剃り（大分県安心院町）

南極老人（大分県院内町）

恵比寿（岡山県勝田町）

大黒（岡山県奈義町）

人工衛星（岡山県勝田町）

八角時計（愛媛県宇和町）

東日本の鏝絵

入江長八の千羽鶴（静岡県松崎町）

同・狐（東京、橋戸稲荷神社）レプリカ

黒磨きの土蔵（岩手県花泉町）

黒磨き土蔵の戸前で鼠を見張る猫（岩手県花泉町）

戸前の大ムカデ（新潟県佐渡島相川町）

上・アフリカ、ドゴン村のイレリー
中・練塀（大分県国東町）
下・原色あふれる土蔵（新潟県長岡市）

右上・大分県耶馬溪町の民家（国重文）
右中・博多塀（福岡市）
右下・伊豆のなまこ壁（静岡県松崎町）

壁

鏝絵放浪記◉目次

序章

1章　鏝絵曼陀羅

鏝絵との出会い

鏝絵探訪

鏝絵を塗り出した職人たち

2章　石灰の世界

3章　壁と泥と職人と

序章

僕と壁

私が小学生のころ、身近に四人の「しゃかんや」さんが住んでいた。その一人は同級生のお父さんで矢野さんという左官屋さん。左官の親方だったのだろう、いつも大勢の職人さんが出入りしていたその家には、海藻糊《かいそうのり》を炊《た》く匂いが立ち込めていた。

もう一人は上田さん。このおいちゃんは自分の家を一人で建ててしまった人で、子どもの僕にとっては何でもできる憧れの人だった。上田のおいちゃんは、赤土を盛り上げて水をはったプールを作り、長い間それを放置した。何のためにこんなことをするのか不思議に思ったものだが、その疑問は春になって解けた。プールの赤土は壁になったのだ。家ができると、おいちゃんは、残った赤土に石灰を混ぜて池を作り、最後に池の真ん中に小便小僧を作った。おいちゃんには子どもがいなかったせいか、とても僕を可愛がってくれた。

さて、三人目は房前さんという左官さん。房前さんは四六時中奥さんと喧嘩をしていたが、機嫌がいい時にはセメントや漆喰《しっくい》をこねる手ほどきをしてくれたり、ウグイスやメジロ捕りに連れていってくれた。山に入るとウグイスの餌《えさ》になる虫探しや、赤土で手を洗う方法を伝授してくれる野遊びの師匠でもあった。

最後は、名前は覚えていないが、子どもの目にも名人だった左官さん。というのも僕たちが滅多に行くことのできない「地獄めぐり」という別府の観光地に飾られるセメント細工の名人だったのだ。彼の自慢は、近くの天満神社に牛のセメント細工を奉納したことだった。

僕の故郷、大分県の別府温泉は、明治維新の後しばらくして港湾や鉄道が登場し、大正時代には国の巨費で水道施設や大学の研究施設が作られた。そして山の手地区には、中国大陸に最も近い温泉付きの避寒別荘地として陸・海軍、そして旧満州国の病院や保養所、さらにこれらに追随した財閥や軍属、戦争成金の保養所や別荘が競って建てられた。

一九二八年（昭和三）に九州の石炭王だった筑豊の麻生太吉が別府に所有していた個人別荘「五六庵」を別府町に寄贈し、そこに吉田鉄郎設計の東洋一を誇るモダンな公会堂が建てられた。そして昭和六年には、日本で最初の温泉治療施設「九州帝国大学別府温泉治療学研究所」が開設されるなど続々と整備が続き、明治からの数々の戦争を経て戦後を迎える。空爆を逃れたこれらの設備に注目した連合軍は、敗戦直後に別府に進駐した。やがて基地建設の軍需景気と大陸からの軍人や民間人の引き揚げ組も加わって、一九六〇年あたりまでの別府は、喧騒と人の熱で蒸せ返

赤土のプール
「水合わせ」

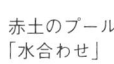

る香港のようなエネルギッシュな街となった。

しかし、古くからの湯治場《とうじば》であった田舎の温泉町に最初から腕の良い職人がいたわけではなく、上質な技術を必要とする数寄屋《すきや》の建築や造園等の技術は、外部から入ってきた。施主自らが京阪神から連れてきた職人に腕をふるわせた話は、今でもたくさん聞くことができる。黎明期《れいめいき》の別荘の建設は、第一次世界大戦後の不況や関東大震災による経済崩壊に喘いでいる職人にとっても、その腕一本で稼ぐことのできる大きなチャンスの場であった。当時の職人の世界には「別府」という地名が深く印象づけられたことであろう。

別府市内の失業対策事業所の近くに生まれ、混沌《こんとん》とした環境の中で少年時代を過ごした私だが、その頃は身近にたくさんの職人さんとそれを必要とする旦那衆がいて、彼等の仕事に対する情熱や愛情を容易に知ることができた。山の手の別荘の庭に忍び込み、池のトンボやセミを追いかけ回して遊んでいた少年も、和洋折衷の別荘に漂う静謐《せいひつ》な雰囲気にただならぬなにかを感じることがあった。吟味された材料と上質な技術に支えられた数々の別荘、植民地時代の強者《つわもの》どもの夢の跡であるとはいえ、それらの建物の印象は今でも脳裏に焼きついている。

中山別荘（別府市・旧致楽荘）

旅の始まりの記憶

一九六七年、ミュージカル「ヘアー」のファッションが町を歩き出し、七〇年安保と沖縄返還が迫っていた。町で石を投げるとイラストレーターかカメラマンの卵に当たるといわれた時代である。そんな時代の熱に誘われて、社会派の写真家を目指して上京した私だが、学生運動の煽りを受けた母校はバリケード封鎖、本能的に「物を作れる」ところではないと直感して九州に戻った。この頃、写真家の北島直氏に出会い三年間お世話になり、シャッターを押せばなんとか写せるくらいになれた。氏は若くして亡くなられたのであるが、その事務所で働きながら、休日には社会派を気取り、気になる建築や人の暮らしを撮り始めた。ちょうど「地方の時代」が叫ばれ始めた頃である。田舎に帰って文化活動をするか、外国に行くか、という時代の風が吹いてきた。北島氏の事務所がコマーシャル・スタジオだったこともあって、だんだん居辛くなってきた。

一九七三年に故郷・別府に帰り、外国に行くチャンスを伺いながら印刷会社のカメラマンをしていたら、これがチャップリンの映画「モダンタイムス」のような毎日で、複写やチラシの撮影など同じことの繰り返しである。ある日、六十歳になっ

安心院
1975年撮影

ても同じことを繰り返している自分を想像して愕然となった。そこで僅かな給料を握りしめ、言い知れない怒りを胸に、我が身を呪いながら、カメラを持って街をウロツキ始めた。

そんなころ先輩から大分県姫島村の撮影に誘われた。この時に撮影した一枚の写真が、私の人生を大きく左右することになるのだが、当時はまだそのことに全く気づいていない。写真学校の同級生が次々と大手雑誌にデビューしていたこともあって、毎日が憂鬱だった。

やがて働きながら撮りためた「人・もの・くらし」をテーマに、初めての個展を大分市で開催した。すると再び、「後悔のない人生」を送りたいとか「テーマをもった人生」を送りたい、という妄想と幻覚に取り憑かれてしまい、とうとう周囲の反対を押し切ってフリーのカメラマンになった。

そんなある日、酒造メーカーのパンフレットに印刷された土蔵の〈宝船〉と、玖珠《くす》町の冊子に掲載された〈牛若丸と弁慶〉の漆喰鏝絵《しっくいこてえ》を見て、これらを取り囲むさまざまなことを取材できたら絶対にものになると直感した。これこそテーマだッ！　ライフワークだッ！　と、鏝絵のついた民家や土蔵の世界に惹かれていった。そして同時に民俗関係の本や建築・絵画・民芸の資料を漁り始めるのだが、肝心の鏝絵に関する資料を見つけることはできなかった。

鏝絵はどの世界からも関心を持たれていなかった。これこそ民衆のアートじゃないか、宮沢賢治だ、山頭火だ、と一人合点して、鏝絵と左官職人にピントを合わせた取材計画を立て、農村や土蔵の持ち主を訪ね始めた。ところが、今となっては当然ともいえることだが、鏝絵を塗った職人はみ

大分県姫島
1973年撮影

な墓の中で、「生きていれば百二十歳」だとか「墓に行って聞きヨ！」という返答ばかりである。しかも職人の奥義や秘伝は「口伝え」、つまり書き残されたものはないという。私はたちまち大きな壁に突き当たってしまった。

この頃「大分の旅」という雑誌の話が舞い込んだ。もしかすると撮影の行き帰りや昼時を利用したら、さらに資料やデータが集まるかもしれないと、雀の涙の制作費を承知で引き受けたら、これが安心院《あじむ》町と出会うきっかけとなった。

安心院は湯布院温泉の隣にある町で、静かな農村地帯である。しかしこの頃は、それまでの名物スッポン料理やブドウに加え、サファリパークが登場するなど高度成長期特有の新しいものが求められ、「古いものは悪いもの」という風潮の強い時代だった。担当課長に連れられて町内を回るうち、戸袋の〈菱と雷〉の鏝絵に出会ったが、町に依頼された撮影が終わる前に、その民家は鏝絵ごと壊されてしまい、現代風の家が建った。

これは私にとって大事件だった。「あたらムザムザと！」という慙愧の思いと「何かがおかしい！」という直感と、己の無力さが胸の内でうずまいた。〈菱と雷〉の鏝絵の写真を撮影していたことで、目撃者から当事者になってしまったことを自覚した。

自分の暮らしのことなど後回しで、地図を片手に村を訪ね聞き取り調査を始めた。すると出るわ出るわ、アッという間に鏝絵は五十点を数えたので、これに気を良くして院内、玖珠《くす》、九重《ここのえ》と取材の範囲を広げていった。

このことが、高校時代のバイト先だった新聞社の知るところとなり、撮影の依頼

姫島のネリビー
（練塀）

が来るようになった。これまで撮影した鏝絵が文化欄に紹介されると、知らない村や町からも情報が寄せられるようになった。そこで更に現場に出かけて丹念に取材を続けていたら、アッというまに三年が過ぎた。資料が山のようになったので、これまで訪ねた民家や土蔵のデータを住所・氏名・内容・竣工年代・職人名・施工場所・訪問月日に分類してノートに整理を始めた。これが七七年のことである。

それまでの私の写真の教科書は、『ライフ』や外国の写真集、新聞の評論、季刊雑誌『銀花』だった。それらはどれも「お前が自分でやるんだヨ！」と語りかけてくる。職人の子どもたちが物を作らないサラリーマンとなり消費者に変身するのを横目に、私はいつしか無名の職人を訪ねる仕事がしたいと思うようになっていた。

老人たちの間でゲートボールなるものが流行り始めた。すると酒造メーカーから「ゲートボール新聞」編集の仕事が舞い込んだ。これは県内全域を毎月二回、取材や撮影をするハードなものだったが、なんといっても行き帰りに鏝絵探しができるし、土蔵を持つお年寄りの話が堂々と聞ける。これでガソリン代やフィルムの心配から解放されることもあって、ふたつ返事で引き受けた。

ところが、実際にゲートボールの取材を始めてみると、これまでの経験や知識が何の役にも立たないとわかった。二十代後半の若僧が、還暦を過ぎた先輩や米寿世代を相手にするのだ。相手は生身の人間なのに会話が全然噛み合わない。とにかく明治・大正・昭和の歴史を身体で理解しなければ話にならなかった。そこで年表を作り、資料を読み漁り、貪欲に歩き、家まで押しかけて話を聞くという手間暇のかかる作業を始めた。

安心院
1984年撮影

こうしてスクラップブック四冊と撮影した鏝絵の総数が三百点を越えたころ、大分県庁から「アゴ足・宿付き・背広タイ着用・ノーギャラ東京行き」という撮影の依頼を受けた。これは一村一品運動という農・山・漁村の生産者の意欲向上を図る村おこしのプロローグだった。

チャンス到来、久しぶりの東京だ。そこで、両手に撮影機材と背広に土産。これまで撮影した鏝絵の写真とスクラップを担いで上京し、僕の教科書と思い込んでいるだけの見ず知らずの『銀花』編集部に「二分間、お時間を！」と押しかけた。

ドロ臭いヤル気だけの田舎のニイチャンが、写真を見せながら「手仕事は東北ばかりじゃない。南の手仕事を忘れていないか！」と口角あわを飛ばしていたら、二時間が経過した。慌てて非礼を詫びて立ち去ろうとしたところ、編集長から「写真と資料を預かりたい」という嬉しい申し出があり、それが『銀花』四十九号の「豊の国の鏝絵」に繋がった。

こうして、関東で知られていた伊豆の長八とは一味違う、無名の職人達の鏝絵が故郷にあることを全国にアピールすることができた。このことが「日本の鏝絵」を訪ねる旅の始まりになるなどとは、知る由もなかった。

武蔵町
1970年撮影

鏝（こて）

漆喰や泥などを塗る道具。

鏝絵は、左官が鏝を使い、漆喰をレリーフ状に盛り上げ、民家の戸袋や壁、農家の母屋や土蔵の妻壁や戸袋に絵柄を塗り出したものである。

漆喰を塗り鏝絵を塗り出すのには普通五、六種類の鏝が使われたが、塗るものの材質や塗る場所によって使用する鏝が違い、多いときは十数種も使用する左官もいたという。

1章
鏝絵曼陀羅

鏝絵との出会い

上を向いて歩こう

鏝絵の撮影を始めたころ、時間はあまる程あったが経済的な余裕が無かったので、白黒の撮影を主にしていた。ところが白黒では、被写体が白壁なので夏場の強い陽射しではハイコントラストなネガになるし、曇りや雨のときは眠たい（ぼんやりした）写真になってしまう。そこで高感度のフィルムを使うことになるのだが、そうすると今度は粒子が荒れる。屋根や庇《ひさし》が鏝絵に影を落としたらもういけない、半分は白くとんでしまい残りの半分は真っ黒になって使い物にならないのだ。そこで撮影時間を早めて、朝の柔らかい陽射しの時か仕事が終わる夕方に絞ることにして、なんとかこの問題を解決した。これは丁寧で克明な資料を作成することを優先した為でもあったのだが、相当やっかいな手間暇を要する撮影となってしまった。

さらに画面に当時（七〇年代）の日本人の生活感も盛り込みたいと欲張るが、これも実現しにくいことだった。というのも鏝絵は建物の高い位置に残されており、そこでの生活感となると、洗濯物か干し柿か壁の亀裂といったもので、持ち主や家族の気持ちを考えると発表できる写真にはならなかった。そこであるがままの出来事をあるがまま普通に表現することに決めた。

鏝絵との出会いから五年目、上を向いて歩きながら様々な鏝絵を記録し、その数は三百点を越えていた。それでも「もう少し早ければ〈天女〉や〈坂田の金時〉があったのに……」という言葉に悔しさを噛みしめていた。そして彩色された大型の鏝絵に出会ってからは、カラーの撮影もするようになり、さらに村に流れるゆっくりとした時間を表現したいと意識するようになった。

ところが村に入って無人の土蔵を撮影していると、犬に吠えられるくらいならまだしも、不審人物として交番に連れて行かれたりもする。そこで双眼鏡を持ち出して村の外から鏝絵を探すのだが、これも人家を物色する変なヤツと思われ、結果は同じことだった。そこで名刺替わりの写真とこれまで収録した資料でスクラップを作ったら、これが後になって鏝絵発見順の記録となった。

そのうちに、静岡県松崎町の浄寛寺に「伊豆長八保存会」なるものがあり、保存活動をしていることが判明した。さっそく連絡をとると、伊豆長八資料館の計画と共に資料と寄付依頼書が送られてきた。その資料が一九六五年（昭和四〇）に、明治大学地方史研究所から発行された「松崎に現存する伊豆長八の作風について」である。

私は、砂漠でようやくオアシスにたどりついた旅人のようにこれを貪り読んだ。

玖珠町にあった〈鷹〉

しかし、数百の無名の職人達の仕事を見てきた私の目には、伊豆の長八の作品そのものが、私が今まで見てきた鏝絵とは趣が異っているような気がしてならない。長八作品は、工芸品としての美しさは持っているが、何かが足りないような気がする。そこには技術にとらわれるあまりモノを作る心を忘れてしまった、芸術家の姿しかないような気がしてならなかった。それとは反対に、故郷に残されている稚拙で幼稚に見える鏝絵には、職人のモノを作る喜びを高らかに唄い上げる潔さがあった。

この頃、私の良き理解者で教員だった叔父の紹介で、大分県日出《ひじ》町に住む郷土史家・佐藤暁先生の門を叩いた。民俗学が何であるかも知らない私を見て情けないと思ったのだろう、これまで不明だった郷土史について手取り足取り教えて下さった。

日出町にはもう一人お世話になった人がいた。タクシー会社を経営される成清さんの奥様である。夫人は病を得て既に黄泉《よみ》の人となられたが、運転手さんに町内の鏝絵探しを呼びかけて頂き、これまで知らなかった多くの鏝絵が追加された。こうして藤原地区の〈猿の三番叟《さんばそう》〉を見つけることができた。運転手さんに連れられて尾方家を訪れ、猿の鏝絵に出会った時の感激は今でも忘れることはできない。このとき、持ち主の尾方フミエさんから、先祖が書き残された板札を見せて頂く機会を与えられ、鏝絵を作った「青柳」という職人名が判明した。

一九八四年に民俗資料報告書『日出町誌』の編纂が始まった。編集委員も決まり本格的に原稿が集まり始めた頃、佐藤暁先生から、町史に載せる写真の撮影と同時に「日出の鏝絵」という題で原稿を書くよう依頼された。この時、高校時代にアルバイトをしたガソリンスタンドの社長の先祖が日出の左官さんだったことを思いだした。先の左官職人と同じ姓だったこともあって、ある日ふら

日出町藤原、尾方家の〈猿の三番叟〉

りと訪ねたら、この社長さんが探し求めていた青柳鯉市《こいち》の曾孫で、しかも先祖が書き残したものが大切に保管されているという。

　それが鯉市が書き残した「覚え書き」で、これと日出藩の資料を照合すると、江戸時代の封建制度が崩壊したあと、日出藩暘谷《ようこく》城の維持管理をしていた左官グループが版籍奉還で職を失い、明治の御代になって民家の仕事を始め、鏝絵を作り始めた経緯が姿を現した。

　『日出町誌』（八六年刊）に関った二年間に、佐藤先生から民俗調査の手ほどきを受け、明確な視点と地味な作業がもたらす感動の深さを知ったことがさらなる励みとなり、山香《やまが》町、安心院《あじむ》町、院内町、玖珠《くす》町、大野町、緒方町、そして故郷別府の職人調査を続ける原動力となった。

　そうこうするうちに、県内の撮影は二巡目を迎えた。ところが高度経済成長が大分県にも及び、同時に高齢化や過疎の「問題」が町や村を襲い始めた。やがて高速道路やバイパス工事の道路整備も加わって、県内の風景は激変し始め、鏝絵のある民家が消え始めた。

　消え行くものを写真で記録することは誰にでもできるが、果たしてこれでいいのだろうか。目の前で消えてゆく鏝絵を見ながら、ただ記録するだけの写真屋にはなりたくないと思うようになった。それは一件でもいいから保存したいという思いに変わり、持ち主と折衝をして壁の鏝絵を取り外し保存するという、写真屋の領域をはずれた世界に足を突っ込むこととなる。ところがこれにも問題があって、鏝絵を外して市や町で保存するのはいいのだが、それでは本来の鏝絵の姿とは自ずと異ったものになってしまう。

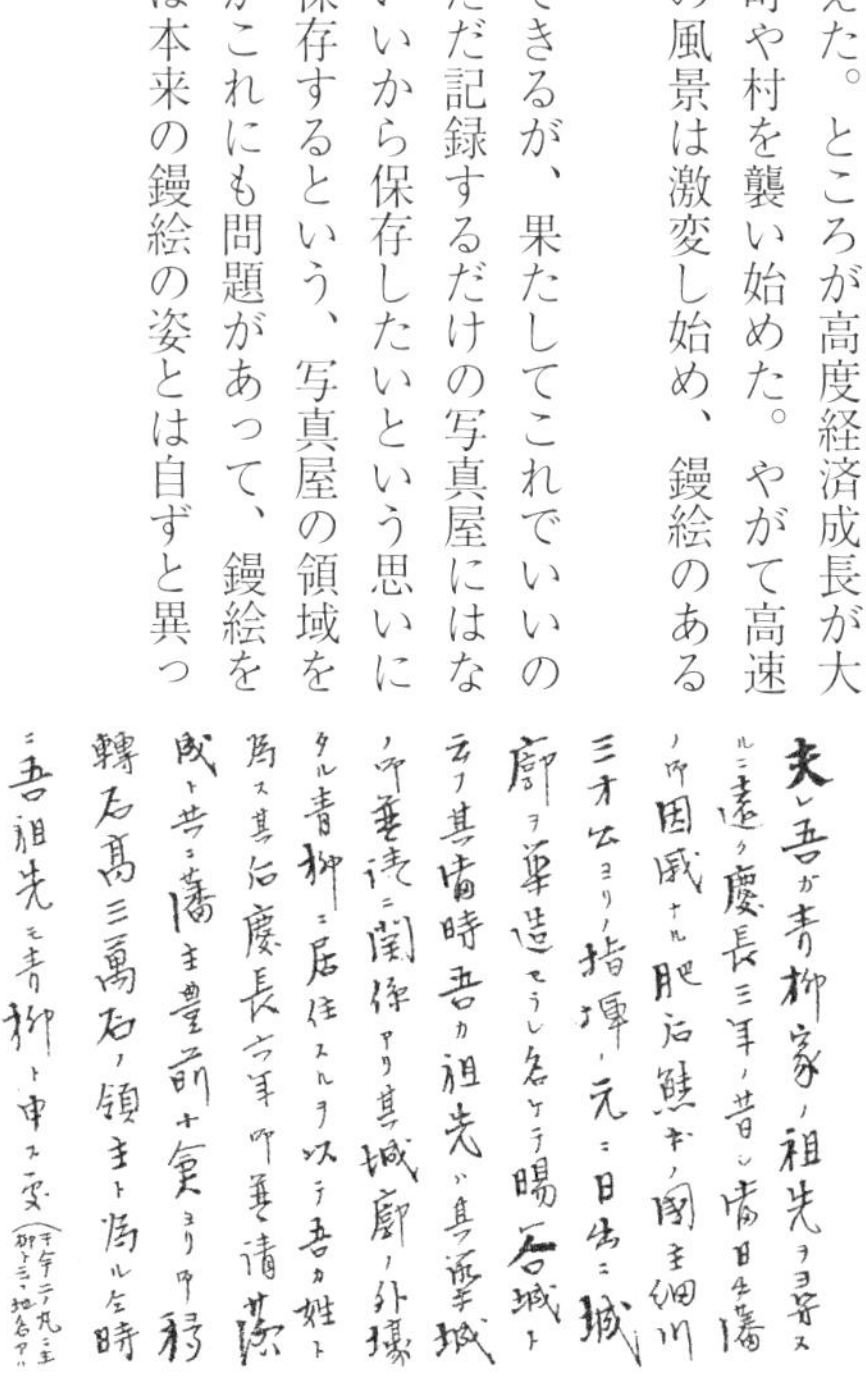
夫レ吾ガ青柳家ノ祖先ヲ尋ヌ
ルニ遠ク慶長三年ノ昔ハ當日出藩
ノ御国威ナル肥後熊本ノ國主細川
三才公ヨリノ指揮ノ元ニ日出ニ城
廓ヲ築造セラレ名ケテ暘谷城ト
云フ其當時吾ガ祖先ハ其築城
ノ御普請ニ関係アリ其城廓ノ外壕
タル青柳ニ居住スルヲ以テ吾ガ姓ト
為ス其后慶長六年御普請落
成ト共ニ藩主豊前中津ヨリ御移
轉石高三萬石ノ領主ト為ル其時
ニ吾祖先ヲ青柳ト申ス

青柳鯉市の覚え書き

民家にあって太陽の光や風、雨を浴びてこその鏝絵だが、下から見上げる視線を意識して作られたものを人の目線に下げて展示したら、鏝絵本来の姿は消えてしまうのである。そこで、剥落寸前の鏝絵を貰い受け、修復してまた民家に取り付けるという画策をはじめる。

鏝絵基礎知識

鏝絵とは

さて、ここで鏝絵の基礎知識について少し述べておきたい。

鏝絵は、左官が鏝《こて》を使い、漆喰をレリーフ状に盛り上げ、民家の雨戸を仕舞う戸袋や壁、農家の母屋や土蔵の妻壁や戸袋に絵柄を塗り出したものである。鏝絵の絵柄としては、十二支、家紋、民間伝説の一場面、想像上の動物の龍、鳳凰や七福神等、さまざまである。

鏝絵にとりあげられる絵柄の例をあげると、

恵比寿・えびす……漂泊神ともいわれ海からの贈り物を司る神。八日恵比寿、十日戎などえびすは市との関係が深く、大漁で市が立つところからこれを守護する商売繁盛の神とされた。

大黒・大黒天……仏教の守護神。福徳を与え飲食を満たす神で、厨房の神でもある。大黒の持つ袋や俵は富や財産を表わし、ネズミが神獣とされる。

取り外された耶馬溪町の〈鷹〉（県立博物館蔵）

トラ……最強の猛獣とされ強い力で魔を除ける。天然痘、コレラ除け。

うさぎ……因幡の白うさぎ伝説が背景。波は水を表わし火事除け祈願。多産で安産な性質から、安産と子孫繁栄のシンボルともされる。

などがある。

鏝絵はそれだけが独立した作品ではなく、左官職人が施主に対する感謝の心を表わすために仕事のお礼として家の壁を飾ったものである。

それ以外にも、

広告……いわゆる現代の広告看板と、広告そのものというよりもイメージ・デザイン的なもの

奉納鏝絵……社寺へ寄進というかたちで奉納されるもの

の他、他地域で仕事をする職人が「故郷に錦を飾る」という意味で故郷で制作するものや、お世話になった人へのお礼で残された鏝絵もある。

当時の職人にとって、鏝絵はその技術だけが独立したものではなく、白壁を塗り上げた仕上げの装飾と考えていたようである。当然、白壁をきちんと塗ることもできない職人が鏝絵だけを描くということはありえない。鏝絵の作者として名前が判明した職人は親方であり、その土地で名人と認められていた職人であるといえる。

歴史と分布

鏝絵は、江戸時代後半から昭和初期まで日本各地で、それこそ雨の後の竹の子の

安心院町の〈龍〉

ように次々に作られ、その後ふっつりと姿を消してしまった左官の技術の一つだ。鏝絵を一番最初に創ったのは伊豆の長八だといわれている。本名入江長八、伊豆で生まれたことから伊豆の長八と呼ばれ、江戸の町の壁に沢山の名作といわれる鏝絵を作っている。今でも伊豆の長八美術館にいけば、彼の作品を見ることができる。

漆喰壁の始まりは、寺院や城郭、貴族のためのものであった。江戸は明暦の大火（一六五七年）後、防火対策として家の壁を漆喰で塗ることが幕府の政策として許可され、やがて人々の間に白壁に何かを表現したい気持ちがつのる。

それが一八四一年（天保一二）に入江長八が日本橋茅場町の薬師堂向拝柱正面に漆喰で〈龍〉を描き、その出来上がりの見事さが江戸っ子の人気を呼んだ。江戸っ子は競って家の壁を鏝絵で飾ったのではないかとも考えられる。そして庶民の家の壁を飾るようになった。長八はさまざまな技法を編み出し、独自の下地処理で赤・青・黄など極彩色の壁を登場させている。

鏝絵は、呼び名や細かい技法の変化はあるものの世界各国で確認されている。古くはベルリン美術館に保存されているトルコの漆喰装飾を始め、東南アジアの国々はもちろん、ヨーロッパ・アフリカなど、土と漆喰を使った建築物のあるところには必ずといっていいほど残されている。我が国でも全国各地に散在している。南アメリカのインカ帝国にも、イツアムイエと呼ばれる漆喰の上に描かれた鳥の壁画が残されている。

漆喰装飾

鏝絵は漆喰装飾のなかの一技法といえる。漆喰装飾は、高松塚古墳や法隆寺金堂の壁画で知られ

中国の漆喰飾り

別府市亀川・折れ釘

るように古墳時代からの長い歴史をもっているが、それは天平年間に作られた立体塑像の仏像にも見ることができる。これらは木で心柱を作り、その外側に荒土や白土にスサ（苆）、糊を混ぜた材料で作られたもので、後世の漆喰鏝絵の源流ともいわれている。戦国時代の築城ブームと草庵茶室（数寄屋建築）の出現によって左官技術は画期的に発展し、大分県下でも院内町小坂の不動明王や安岐町糸永の八坂社の右大臣・左大臣の塑像に見ることができる。

漆喰細工の需要が増すのは江戸時代からで、防火対策として幕府が奨励した塗り籠め造りの建物が庶民に許されてからである。土蔵は、耐火建築として出入り口や窓等の開口部を完全に密閉できることが条件とされたが、同時に普段の開放状態も考慮に入れなければならない。平常時の店蔵は外から扉の裏側が見えるかたちで開放される。そこに美意識が働く「場」が生じ、何らかの装飾が求められるようになる。そこで関東の商家では、家紋や屋号など装飾としては初歩的なものから、経済力を誇示するためにより華麗で複雑な装飾を凝らすようになり、そこに戸袋・戸前絵が生まれる。

漆喰は柔らかく、木や石に比べて加工が容易で、さらに絵画よりも図像の存在を強調して表現できることがその普及を助けた。印刷出版が盛んになる幕末期に左官の雛形本が出版されたことも、漆喰装飾普及の引き金となった。

技法と色彩

鏝絵は、漆喰を材料として作られている。

漆喰は、牡蠣《かき》殻や貝殻を焼いて作った貝灰または石灰石を焼いた石灰《いしばい》に、布海苔《ふのり》

沓掛均さんの漆喰つくり
前頁は沓掛均さんの鏝

を混ぜ合わせたもので、これに麻の繊維や藁を臼で搗《つ》いたスサを繋ぎとして混ぜ、練り上げて粘土状にしたものである。防水効果を高め艶を出すために、油（鯨油・菜種油）が混入される。

　これに各種の顔料を練り合わせて色漆喰を作る。赤色は紅殻《べんがら》（酸化第二鉄）の他に、カドミウムや鶏血石の粉末が使用された例もある。朱色は丹。青色はキンベル、これは外国製の酸化コバルトのことでキングオブブルーが訛った呼称。浅葱色はキンベルに漆喰を増量して混ぜたものにノロ（布海苔）を加えた空色。ベンガラ（ベンガル）は、インド東部のベンガル湾地方に産出する土の色に似ているところから付いた名称。赤の顔料を意味する。黄色は黄土、黒やねずみ色は灰墨や松煙を使う。

　鏝絵は漆喰を鏝で塗り上げるのだが、龍や虎等の動物の眼にガラス玉を使い、内部に銀箔を敷いて、目が光るようにしたものや、竹を恵比寿の持つ釣竿に利用したり、虎の髭に銅線を使ったりと、左官の自由な考えと発想がさまざまな材料を使った鏝絵を作り上げている。なかには流木・瓦など思いがけないものを鏝絵に利用したものもある。

　鏝絵に使用する鏝は日常的に左官が使用する鏝よりも種類が多く、さまざまな形の鏝が使用される。その多くは職人自身の工夫によって作り出されたものである。

　緻密に製作された鏝絵には、その多くについて下絵があったと考えられる。下絵は施主が持ち込んだものを参考にしたと思われる巧妙なものもあるが、多くは幕末期に出版印刷された各種の引き札（チラシ）、絵草紙、大津絵、諸職書鏡、北斎萬職図考、左官雛形書、謡本などからの引用だ。これ以外に興味を引くのは、下絵なしのぶっつけ本番と考えられる鏝絵である。稚拙ではあるが素

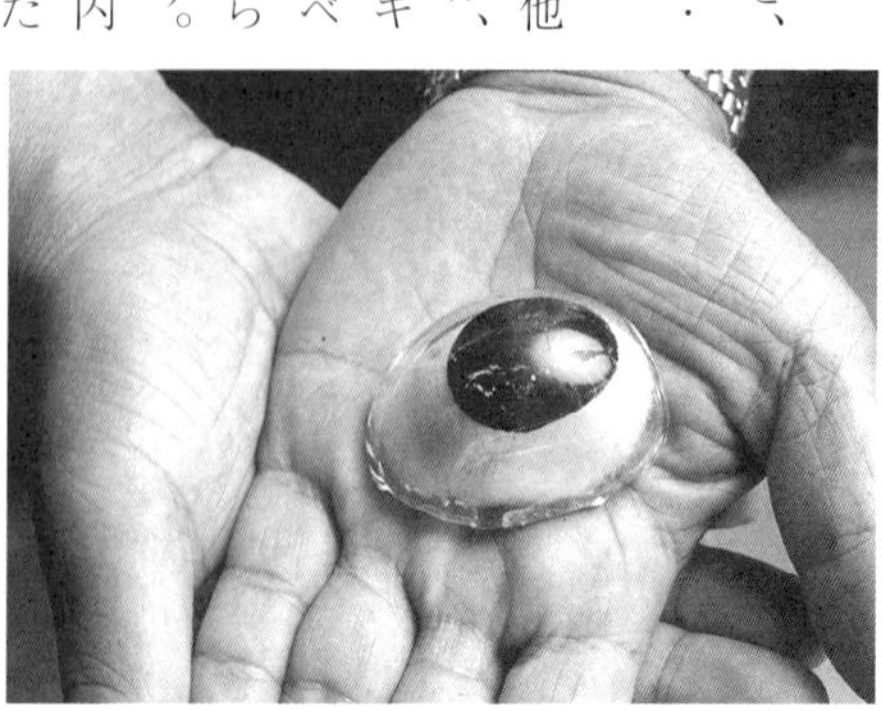

ガラスを使った龍眼部分

朴で自由奔放、力強くてユーモラスで微笑ましい。

鏝絵保存顚末記【大分】

中野家の〈南極老人〉（大分県院内町）の写真が雑誌『銀花』（八二年・四十九号）の表紙に使われ「豊の国の鏝絵」として全国に紹介されると、問い合わせの手紙や感想が全国から寄せられ、保存の話も聞かれるようになった。

崩落寸前の鏝絵を保存できたら素晴らしいのは分かるが、具体的に誰がどうするとなると全く手掛かりが掴めない。そうこうするうちに県外の観光関係者が、パンフレットや観光コースを作ろうだの、鏝絵饅頭などの土産品を作ったらいいだのと言ってきたが、誰も保存に協力しようとは言わなかった。

年が明けて、雑誌を見た東京のテレビ局が取材に来たので県内を案内していたら、訪問を予定していた中野家が消えていた。すでに多くの鏝絵が消えていて、中野家の鏝絵は県内でも数少ない貴重なものだと思っていただけに、呆然となってその場に座り込んでしまった。ところが中野さんの奥さんから「あなたがあんまり熱心なので保存していますよ」といわれ大感激。この〈南極老人〉が新築の中野家に蘇った日はさらに感無量だった。

院内町中野家に蘇った〈南極老人〉

中野家の鏝絵が民家での保存第一号となった日に、「鏝絵は切り取って博物館や資料館に並べるより、現場で保存する方がいい」としみじみ思ったものだ。この頃に版画家の今井明氏から「同好会を結成しなさい」とはっぱをかけられた。会を作って一件でも保存ができるのならと関係者や持ち主に相談して、八九年に今井氏と大分東ライオンズクラブの協力で「大分県鏝絵同好会」を発足させた。

そんな時、挾間町の木口家から「蔵を壊すので鏝絵をあげるよ」という電話をいただいた。そこでさっそく県立の資料館「宇佐風土記の丘」（現・大分県立博物館）の学芸員で、一諸になって同好会を設立した段上氏にこのことを相談すると、「資料館に寄付するなら、職人の日当ぐらい出せるよ」という返事を頂いた。そこで大工仕事と泥土に詳しい陶芸家の坂本末刀《みとう》氏に声を掛けて、鏝絵の取り外しを実行することにした。

木口家の土蔵は明治時代に建てられたものだが建築年代や職人の名前は不明だった。いざ取り外しを始めると、鏝絵を止めている土台の藁を巻いた竹の部分に洋釘が打たれている。このことからこの土蔵は明治中期以降に建てられたものと推測された。というのも文明開化の九州で釘の生産が始まるのは明治二十年以降であり、庶民に洋釘が行き渡るのはこれよりもっと後になるからだ。

問題の鏝絵は、妻壁の通称「牛木」と呼ばれる高い部分にあり、取り外し作業は困難を極めた。というのも鏝絵は、普通土壁の上に僅か三から五ミリ程度の漆喰を塗って作られているのだが、この〈大黒様〉は土壁本体と漆喰が剥離した状態で、強く押したり振動を加えると剥落しそうになっていた。そのうえ、県の補助というのは最初が肝心で、ここで失敗をすると後がないという。そう

保存第一号となった挾間町の〈大黒様〉

いうプレッシャーもあって慎重にならざるを得なかった。そのため、鏝絵の土台に打ち付けられた複数本の釘を切断するのに相当量の時間を費やした。幸い大黒様は三十センチ程の小さいものだったので、なんとか破損することなく保存することができた。坂本さんのおかげだ。これを「宇佐風土記の丘」に寄贈して官費第一号の鏝絵の保存とした。

三件目は、大正時代に別府市で活躍した青柳鯉市の息子・青柳長市が、明治四十一年に杵築《きつき》市中《なか》の梶原和人家の馬屋に塗り出した〈青龍〉を、別府市上田の湯に建設される別府市社会福祉会館に移設する話だった。これは建設省が杵築市の八坂川改修工事で取り壊しを決めたとき、梶原さんが「せめて鏝絵だけでも残せないか」と、発足まもない鏝絵同好会に相談したものだった。ちょうどこの頃、別府市の社会福祉会館の建設顧問に村松貞次郎教授が就任され、「公共建築に鏝絵の保存を！」と指導されたばかりだったので、別府市の建築住宅課に話を持ち込んだところ、とんとん拍子でまとまった経緯もあった。

この鏝絵はかなり風化したものだったが、再び坂本氏の協力を得て、竣工当時の色合いを再現する複雑な作業や補強作業を一年かけて行ない、同会館の正面玄関の妻壁に嵌《は》め込み、今度は公共建築物移築保存第一号の鏝絵となった。

こうして、鏝絵が取り外せることや修理できることが一般の人々にも理解され始めた。さらに九一年に湯布院の日野病院という、一八九四年（明治二七）に建てられた県指定重要文化財の解体修復工事が始まり、後述するが、ここでも〈鷹〉〈牡丹〉〈蝶〉〈龍〉の復元や保存が行われた。

緊急避難と称した鏝絵の保存作業は、九二年に山香町・荒巻逸雄家の〈高砂の翁

別府市社会福祉会館の取り付け工事

婆〉、別府市・阿部義人家のセメント看板の〈招き猫〉、耶馬溪町平田・中鉄雄家の〈鷹〉〈葡萄〉。翌年には新たに発足した日出《ひじ》町鏝絵同好会が、町内の〈鯉の滝登り〉、佐藤家〈踊る恵比寿〉、「宇佐風土記の丘」では日出町河野家の〈猿〉。九五年には、民家で独自に保存されていた〈虎〉の存在が判明した。やがて念願の安心院《あじむ》町・衛藤家の〈兎〉を保存することができ、鏝絵の保存計画は順調に進んだ。この頃、直入《なおいり》町の穴見会員から、公民館で〈水龍〉と〈大黒〉を保存したという報告を受けて、保存は二十点を越えた。

壁を解体しながら鏝絵を保存する。この作業を通じて体得した鏝絵や土壁の知識が、後半の撮影や取材の原動力になった。今ではこの保存活動が全国の同好者を刺激して、福岡や愛媛、鳥取、島根、岡山、飛騨高山、長野に飛び火している。

そんななかで一九九六年、「大分県の鏝絵習俗」が国の無形民俗文化財に指定された。

大分合同新聞（朝刊）

無形民俗文化財

鏝絵習俗

福を呼ぶおまじない

土蔵や母屋の壁にしっくいを用いて作られたレリーフ

96年11月16日「大分合同新聞」

鏝絵は壁の刺青か

日本の家は紙と木で作られると、どこかの国の教科書に書かれていたという話を聞いたことがある。人形じゃあるまいし、紙と木の家なんかに住めるわけない、と思ったが、昔の日本家屋を思い浮かべてみると、なるほど確かにそう見えなくはない。白い壁に瓦屋根、柱はたしかに木だし、障

大分県安心院町〈大黒〉。下の飾りはアカンサス

大分県九重町〈亀〉

子や襖は紙を貼っている。漆喰の白い壁も紙と思ったのかもしれない。

外国人に紙と思われた漆喰の壁は、石灰・牡蠣《かき》灰・布海苔《ふのり》等を混ぜたもの。漆喰は呼吸をしながら固まっていく。珊瑚と同じで二酸化炭素で固まるのだ。もちろん、呼吸をするといってもその量は僅かなものであるが、地球の温暖化の防止に少しは役に立っている。

江戸時代、江戸の町は「火事と喧嘩は江戸の花」といわれるほど火事が多かった。関ヶ原の合戦以降、江戸は武家社会の繁栄と商業経済の発展に伴い世界の巨大都市に成長するが、急激な人口増加が過密な木造都市を産み出し、大火災を誘発する結果となっていた。

その頃の家屋はほとんどが板瓦に板壁か土壁であり、白い漆喰の壁は金持ちのものとされていた。しかし歴史に残るほどの明暦の大火が起き、幕府も「江戸の花」などとのんきなことを言っていられなくなった。そこから漆喰を使った民家の歴史が始まる。

前述したように、幕末期から活躍する左官伊豆の長八は、鏝を使い、漆喰の壁をキャンバスにして色漆喰でレリーフを作り上げた。花鳥風月・動物など、白い壁に描かれた絵の美しさは人々の心を魅了し、壁を飾ることが一つのステータスシンボルともなり、長八の技術を日本中の左官が真似ることになる。これが「鏝絵」の始まりとされている。

現在日本各地に残された鏝絵は、二千点とも三千点とも言われる（もちろん、毎年姿を消しているから、この数はどんどん減っている）。入江長八の鏝絵は芸術作品といってもおかしくないほどの出来栄えである。と同時に、日本各地に残された名もない左官の手による仕事には、子どものイタズラ書きではないかと思えるもの

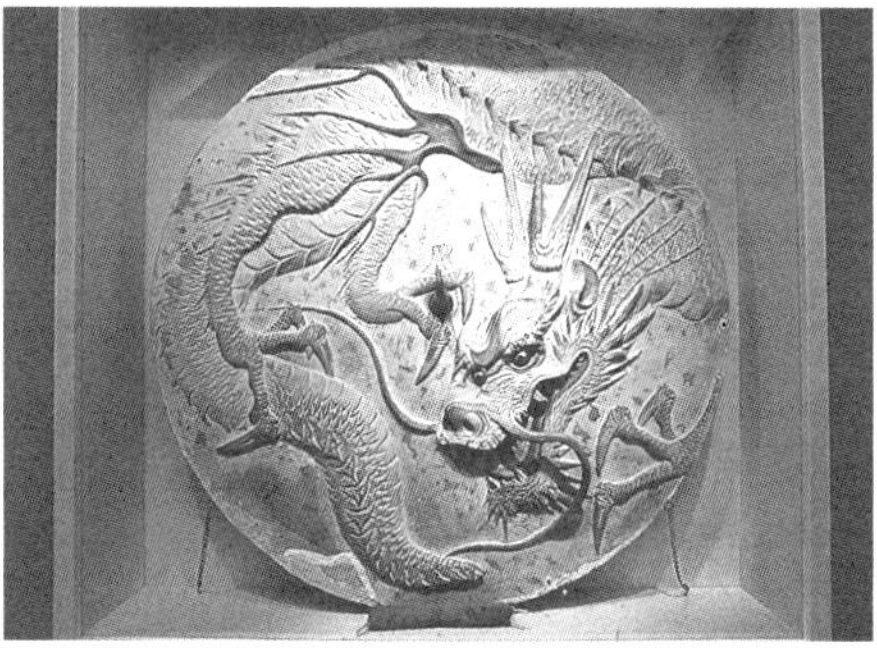

入江長八の
ランプ掛けの
〈龍〉

もいくつかある。しかし、その奔放さは長八にはないものであり、ヘタウマと呼ばれるイラストにも通じるような暖かさがある。

ある人が、新潟のサフラン酒蔵の鏝絵を見て「これは壁の刺青だ」と叫んだ。確かに、白い壁に浮き出た色鮮やかな鏝絵は、その美しさとはかなさ、そして画布ならぬものの上に描くことなど、刺青に通じるところもある。また、刺青も本来は魔よけであり、鏝絵もまた幸せを祈り魔を除けるという庶民の現世利益的願望に重点が置かれている。

鏝絵にこめられた生々しい願いは、洒落や絵解きというオブラートに包まれ、絵柄だけ見ると楽しく美しい絵と見えるようになっている。

絵柄の中で特に多いのが七福神。そしてその七福神の中でも恵比寿と大黒は大人気である。鯛を小脇に抱え、釣竿を持って踊る恵比寿さん。打ち出の小槌を持ち米俵にどっかりと腰を下ろした大黒さん。水戸黄門は米俵に座って「大切なお米に腰を下ろすな」と子どもに叱られたが、大黒様はさすがに神様、米俵に座ってもだれにも叱られない。大黒様のお使いとされる鼠も米俵の隅から顔を覗かせている。

刺青には恵比寿・大黒という絵柄はないようだが、最近はタトゥーと名前を変えて若者の間に流行しているという。鏝絵も近年になって人気を回復し、家や店舗に鏝絵を付ける人が現れ始めた。やはり、鏝絵は壁の刺青なのかもしれない。

大分県武蔵町〈大黒とネズミ〉

鏝絵探訪

鏝絵探訪始まる【福岡】

福岡は青春時代の四年間を過ごした町だった。当時は広告関係と建築写真の撮影助手だったこともあって、暇を見つけては赤レンガの建物や長崎の教会を巡っていた。また、休日になると古本屋で古い写真や明治時代の建築写真を漁ったりしていた。このとき入手した資料の中に、明治の博多の木造四階建「高嶋屋旅館」の葉書があったのだが、その戸袋に付いている看板が漆喰鏝絵だと知ったのは随分後のことだった。

その後、働きながら鏝絵の撮影を続けているうちに、博多のギャラリー「とわーる」での初個展が決まった。

以前から福岡の大学の先生が大分に鏝絵の調査に再三来ているということを、あちこちの民家で聞いていた。もしかしたらその先生が個展会場にお見えになるかもしれない、そうしたら福岡の鏝絵の話が聞けるかもしれないと期待していた。しかし、はるばる福岡から調査に出掛けてくるくらいだから福岡県に鏝絵はないのかもしれないとも思っていた。

個展会場に一番乗りされた方が、「博多左官」という名刺をいただいた濱野徹太郎親方だった。このときに濱野氏から、佐賀の職人部屋の鏝絵〈裸婦像〉を教えていただいた。しかし気になっている先生の手がかりはなく、お目にかかることも叶わなかった。多くの方々にお目にかかることができたが福岡市内の情報は皆無で、「佐賀県や浮羽郡（福岡県）の吉井あたりに行くとあるヨ」という情報が寄せられたのみだった。

数年後、鏝絵同好会主催の観察会に参加された方が、九州芸術工科大学講師の高松隆之助その人だった。やがて高松氏は「北部九州漆喰塗り起こし塑彫について」という報告を日本建築学会に発表された。当時は大分県内を積極的に歩いておられ、福岡のことはあまり知らないとのことだった。

九〇年に東京銀座のニコンサロンで「消え行く鏝絵」の個展を開催したとき、会場に見えられた雑誌『左官教室』編集長の小林澄夫氏との出会いが、これまでの事態を一変させることになる。

やがて大分鏝絵同好会会員の栗原稔氏から、福岡県飯塚市の實藤家の戸袋に〈富士の巻狩り〉の鏝絵があるという報告が寄せられたのを皮切りに、吉井町の山村家の戸袋の〈鷲〉など、福岡県の郡部に散在することが薄々と分かり始めた。個展を見たＴＶディレクターの有馬厚子さんから大野城市の三浦辰彦親方を紹介され、訪

高嶋屋旅館の漆喰看板（明治時代）

ねると三浦家の壁一杯に〈龍〉が塗り出されていた。

これが御縁となって三浦御夫妻も大分の観察会に参加されるようになり、大量の鏝絵情報が送られてくるようになった。福岡県の鏝絵報告が三十数件を越えた九一年の夏、第一回福岡鏝絵観察会が三浦さんの主催で行われた。

飯塚市實藤家の〈富士の巻き狩り〉から寺院の納骨堂の〈鶴と菩薩〉、そして〈恵比寿・大黒〉〈浦島太郎〉〈兎〉〈鷲〉と続く鏝絵の見学と民家の探索から縺《もつ》れた糸をとき解すように福岡の鏝絵が見え始め、一年もしないうちにデータは五十件を越えた。

街道に残る鏝絵【福岡】

「福岡県に鏝絵がある」と言うと皆さん思わぬ顔をする。百点以上あると答えるとなおさらだ。九二年に、嘉穂郡頴田《かいた》町の許斐《このみ》酒造の許斐成生氏から〈恵比寿と大黒と三人の武士〉がありますという写真と手紙を頂いた。また三浦さんから、那珂川町の〈龍に乗る女神と獅子〉や早良区の〈龍と女神と鳩〉に擬洋風の〈オーナメント〉や〈花と海神〉。朝倉郡三輪町の手嶋家で全国二例目の〈筆を持つ浦島太郎と蛸〉や〈傘抱き龍〉、石丸家の床の間に掛け軸風に塗り上げられた〈松に鷹と鯉の滝登り〉など、

岡県飯塚市
富士の巻狩
〉

これまで見たこともない、珍しいモチーフの鏝絵が追加された。

この頃、『左官教室』から依頼された取材記が「鏝絵通信」という連載になった。『左官教室』とは昭和三十一年創刊の左官屋さんの業界誌である。

そうすると今度は『左官教室』の愛読者の職人さんから堰を切ったように情報が寄せられるようになる。田川の山倉忠男さんや飯塚の樋口勉氏、嘉穂郡穂波町の日本民俗学会会員の中島忠雄氏から筑豊の情報が寄せられ、これに負けじと三浦さんから福岡県内各地と長崎、佐賀の報告が送られてきた。その後、八女郡黒木町の酒井武雄親方から八女、黒木、上陽町の五十件ものデータが送られてきた。

この間にも、ディレクターの有馬さんや北九州の篠塚安啓氏から大分、別府の鏝絵情報まで寄せられた。こうしてギャラリー「とわーる」から始まった鏝絵探訪は、いつのまにか全国に広がった。その後拙著『消え行く左官職人の技・鏝絵』（小学館）や『銀花』百十四号の「鏝絵文明開化」を出していただき、九八年に再び「とわーる」に戻ってきた。

世の中不思議なこともあるもので、個展初日の朝、会場に向かう地下鉄で最初に出会った人が「佐賀に鏝絵があるよ」と教えてくださった濱徹親方こと濱野徹太郎氏だった。会場では、写真を趣味とされる佐々木妙子さんから福岡県下では初登場の築上郡大平村の〈猿〉の鏝絵の写真を見せていただいた。こうして情報は充実し、福岡県下の鏝絵総数は現在百十件（百五十点）を数えている。

展覧会の熱も醒め、改めて考えると、商人の町として栄えた博多には、旧市内や

佐賀市道祖元町・職人部屋の〈裸婦像〉

それを支えた産米地に多くの漆喰建築があったことが思い出された。かつて私が住んでいた近くには練塀《ねりべい》町があり、警固《けご》神社の近くには大きな醸造蔵が建ち並び、その蔵に小さなレリーフが施されていた。　数年前に濱徹親方が復元工事をされた武家屋敷と廃瓦を再利用した博多塀も防火が目的だったというし、博多祇園山笠で有名な櫛田神社横の修復された町屋にも白壁が多用されていた。鏝絵の材料となる漆喰が、家屋が密集する町並みの防火対策であったことを改めて納得させられた。

これまでのデータを整理して鏝絵の所在地を地図に記してみると、旧長崎街道や筑紫街道周辺に散在することが明らかになった。しかし福岡市の海岸線から中央部にかけては相当なスピードで都市化が進んでおり、既に鏝絵を持つような建物は認められない。

筑豊に鏝絵がある理由として、五木寛之著『青春の門』で知られる香春《かわら》岳や平尾台と山口県美祢市近辺が石灰石の産地ということがあげられる。日本の近代化の原動力となった石炭によって焼成された安価な石灰は、維新後の建築の自由化も追い風となり、各地に漆喰で作られた耐火構造の町並みを産み出す結果となった。つまり、安価な材料の石灰の供給も明治以降の鏝絵の登場の一因と考えられる。

それにしても北部九州の鏝絵は、豊の国の鏝絵とはひと味違って資本主義黎明《れいめい》期の願いのような世界を持っていた。

〈筆を持つ浦島太郎と蛸〉たこは多幸につながる

築上郡大平村の〈鷹に手を引かれた猿〉と〈サンタクロースのような白い袋の前に横たわる謎の人物〉の実物を見ることができたのは二〇〇〇年のことだった。

鏝絵があるのは「東山のバス停」と思いこんでいた私が延々と歩き回ったあげく途方に暮れて、日向ぼっこをしているおばあちゃんたちに尋ねた結果、「東山というバス停は、この辺りにはない！　それは『東上』の間違いじゃないかえ？」。

こうして三年越しに恋い焦がれた〈猿〉に出会うことができた。その後も何度か道を間違えながら一時間後にようやく〈謎の人物〉にたどりついた。これはすでに修復工事が施され大切に保存されていた。

どちらも鏝絵の伝承や職人名などを聞くことはできなかったが、同じ職人の仕事だということはわかる。また、〈猿〉と謎の人物の窓飾りの〈葡萄〉の鏝絵は川向かいともいえる大分県耶馬溪町や院内町で見られるものと同じである。昔の職人は一山二山は平気で歩いて仕事をしていたことを思い起させる福岡の出逢いであった。

謎の鏝絵師【長崎】

福岡の三浦親方から「長崎の小島に鏝絵で飾られた建物があります」という連絡

大平村の〈猿〉

を受けたのは、九一年の冬のことだった。

　西彼杵《にしそのぎ》郡西彼《せいひ》町に残された田崎家の供養庵は、一九三七年（昭和一二）に建てはじめられ四年後に完成した、室内全体が漆喰鏝絵で飾られた建物である。田崎家から管理を任されている磯田氏の話によると、この供養庵の鏝絵を塗り出した職人は、「裏日本」出身で旧満州で腕をふるった中尾という左官だった。

　満州帰りで「裏日本」の左官？　これだけで中尾という職人が外地で活躍した石州左官ではないかと推察された。というのも、満州国の都市建設の時に、島根や鳥取から石州左官と呼ばれる数多くの左官職人が渡満しているからだ。しかしここでの手掛かりといえば、壁に残された鏝絵と、中尾が当時白髪頭の五、六十代だったことくらいで、他は一切が不明だった。

　この時以来、私は山陰に出かけるたびに左官中尾の消息も尋ねるようにしたのだが、残念なことにこれまでなんの手掛かりも得ていない。しかし鳥取県米子市では、石州出身の松浦金次郎率いる「松浦組」という左官集団が存在していたことを知ることができた。松浦組はなんと二百人もの左官職人を抱えていたという。

　中尾の時代の左官に関係のある事柄を調べてみると、一九三四年（昭和九）、満州国で日本の植民地経営が始まった年に高村光雲が鎌倉芳太郎に「伊豆の長八」の調査研究を指示している。一九三六年に二・二六事件が起こり、十一月に左官技術の見本市のような帝国議事堂が竣工する。田崎家が新築を始めた一九三七年に日本は日中戦争を起こし南京を占領。三九年に第二次世界大戦が勃発すると、翌四〇年に日・独・伊の三国同盟が締結された。この頃からセメントが

石州左官、中尾某の手技（長崎）

配給統制品となり竹筋コンクリートの試作が行われるなど、生活物資が欠乏する困難な時代に突入している。

それでは長崎の小島に残された中尾の仕事を文字にしてみよう。

外部の白壁の上段に〈四匹の犬〉と棒や軍配を持つ〈七人の唐子〉。下段に〈太鼓やシンバルを叩く三人の楽隊〉。床の間は、大理石に似せたマーブル仕上げ、床柱は紫檀に似せた擬木という漆喰技法。地袋の襖に〈巻物と箒を持つ子の寒山拾得〉、棚には寺院建築を模した斗枡に〈象と獅子〉。引き出し奥の小壁に〈二見ヶ浦の夫婦岩と朝日〉床脇の壁に〈弓矢と太刀〉、続いて床の間の左側に五重塔、楼閣、土蔵と鼠、松竹梅、鶴亀、大福帳、富士山と旭日や「宝前」と書かれた枡や陶器の恵比寿大黒が乗った宝船。さらに床の間の長押の裏側の壁に〈龍〉、落掛の上の小壁に〈鼓と笛を持つ飛天〉が飛び、三方の長押上の小壁の栗畑の中に〈蜻蛉と八羽の鶉《うずら》と宝物を肩にかけた鬼が幼児を捕らえた図〉や〈その子を取り返そうとする二人の子〉が登場し、捕らえられた子の足元に「吾唯足知」と書かれている。西面の中央上部に〈天狗〉の面とその下の鉾に「豊受大神宮」と記され、〈稲田に八羽の鶉と臼、杵箕、鎌〉の農具が塗り出されている。

豊受大神宮とは伊勢神宮の外宮のことで、農耕神として篤い信仰を受けているところから豊作を願ったものと思われる。隣の壁には〈桐の木と鳳凰〉が見られ、古代中国で麒麟、亀、龍と共に四瑞の一つとして尊ばれた瑞鳥の招福破邪を願う鏝絵

内部の四面に塗り出された田崎家の供養庵

と推察された。

目を移すと東側の壁に〈目に真珠が嵌め込まれた十六頭の暴れ馬〉と〈柳に静止する一羽のフクロウと水車〉、もう一本の柳には〈二羽の鳥と四羽の雁〉が塗り出されている。馬の鏝絵はまるでパブロ・ピカソの「ゲルニカ」のようにも見え、中尾の平和を願う気持ちと私には解釈された。これと対面する二間の小壁に〈菊の花咲く渓流で軍配を持つ裸の男の子〉が登場する。これは中国故事の〈菊慈童〉で、入江長八の高弟・吉田亀五郎が一九一三年（大正二）に東京伝馬町の祭りで披露したことで知られる鏝絵だった。菊慈童は周の穆王に愛されたが罪を得て流罪となり、流刑先で菊の露を飲んで仙童になった伝説の人物である。

このような鏝絵が十畳程の部屋に所狭しと塗り立てられている。田崎家の庵が完成した一九四一年（昭和一六）という年は、太平洋戦争が始まり、多くの若者が戦場に送られた年でもある。四三年には左官職人の徴兵徴用が激化し、敗戦時には満州にいた多くの職人がシベリアに抑留されたという話も残されている。

この庵に墨書された「貫山人物書菊化白露七百歳長寿保云謡曲名高菊慈童諸祝贈答用好評題讃」という讃文を読んで、また私には田崎甚作や中尾が若い兵士の武運長久を願ったようにも思われた。庵完成の四年後、長崎と広島に原爆が投下されてようやく戦争は終わる。

左官中尾はこうした不幸な時代に田崎真珠の創設者田崎甚作と出会い、納得のゆくまで仕事をしたようである。物資が不足した時代にこうした仕事ができたのは、施主の理解と離れ小島というこ

田崎家〈暴れ馬〉

福岡県那珂川町〈龍に乗る女神〉、下は〈鳳凰〉

長崎県西彼町〈田崎家供養庵〉内部

とが最大の理由だったと考えられる。

今日の職人不在の要因として、戦後の税制改革で職人仕事を理解した旦那衆が消え、それまでの個人商店が法人組織に変わったことが上げられる。敗戦前の厳しい時代に足かけ四年も職人任せにした田崎氏も見事なら、それに答えた職人も見事である。この仕事は田崎甚作と中尾が残した「職人と旦那の文化」ともいえよう。

江戸時代より続いた緻密で繊細な日本の左官職人の技は、太平洋戦争の敗戦を境に戦勝国が持ち込んだ石膏プラスターやペンキによって急速に姿を消している。この貴重な手仕事が残ったのは、何よりも田崎家の努力が最大の理由だと考えられる。歴史の流れを知ると、これらの鏝絵が時代の犠牲となった多くの命の鎮魂のためにあるように思えてならなかった。

因幡の白兎【鳥取】

一九九一年一月、スッポンとブドウで知られる大分県の安心院《あじむ》町で「村に残る民衆芸術・鏝絵」と題したシンポジウムが開催された。こんなシンポジウムが開催できるのは静岡県松崎町の伊豆長八美術館ぐらいであった頃だが、それが漆喰鏝絵では全く無名だった大分県で開催されたのだ。

この時、職人調査で高名な故村松貞次郎教授に基調講演をお願いしたら、何と三

田崎家〈寒山拾得〉

百人を超える観客が押しかけ、町の一大イベントとなった。しかも遠くは東京から名著『日本の壁』で知られる故山田幸一教授のお弟子さんで入江長八や土壁を研究している斉藤金次郎氏や、福岡、広島、鳥取、長野からも自主参加された方々がいたのだ。なかでも長野県の医師で、鏝絵の研究をされている小井土《こいど》昭二先生が、休憩時間に飛び入りで長野県の鏝絵のスライドを上映されたのはとても印象的だった。先生はまるで学会で発表するかのように、淡々と長野の鏝絵と大分の鏝絵の共通点や相違点を的確に指摘された。僅かな時間ではあったが、この有意義な報告に村松教授もことのほか感動されたご様子で、会場からも温かい拍手が起こった。このことがシンポジウムを一層盛り上げることとなり、村松教授に講演をお願いするということは、こういう出会いがあるということなのかと心から感謝したものだ。

　この時、会場の隅で静かにビデオを撮影している人がいた。私はこの方が気になりながらも、村松教授のお世話や斉藤氏との面談でゆっくりとお話しすることもできず、失礼なことをしたと気になっていた。ところが、シンポジウムも終わりしばらくして、我が家の電話が鳴った。あの日ビデオ撮影をしていた方からである。電話の主は、鳥取県に在住の上田勝俊氏と名乗られた。こうして上田氏とのお付き合いが始まったのだが、鳥取の鏝絵事情を知りたい私と、大分の鏝絵のことを知りたい上田氏との間にさほど時間は必要ではなかった。数度の手紙のやり取りの末、「とにかく一度、鳥取にお越しください。歓迎します」と誘われ、九三年二月、鳥取に出かけることにした。

　上田氏の待つ鳥取市に行くには、まず別府から小倉に行き、そこで新幹線に乗り換えて岡山へ向

用瀬町の〈波兎〉

かう。ここからさらに津山線・因美線に乗り換えるのだが、何しろ初めてのことで、連絡便の少ないことを駅で知り、三時間の待ち時間を含め十四時間もの長旅となってしまった。

二人で始めた鳥取の鏝絵観察会は、今では三十名程の同好会に成長したが、第一回鳥取県鏝絵観察会ともいえるこの日の上田氏の案内は実に精力的だった。鳥取市内の〈天女〉から始まり〈因幡の白兎〉や〈大黒様〉を見学することになるのだ。これまでの調査を全部見せようとはりきる上田氏の案内はかなりハードであった。村松教授が大分に来られたときの自分を見ているようで、教授に無理をさせたことを反省する。

初めて訪れた山陰の鏝絵に眼を奪われ続けていたが、やがて民家の藁屋根の形や土蔵の錠前が、私の住んでいる大分とはあまりにも異なるので、そちらの方も珍しくて気にかかり始めた。それにしても山陰地方の民家は、豪雪のせいか柱が実に太い。

用瀬《もちがせ》町では、ピカピカ光る石州瓦の置き屋根（土塗りの建造物に屋根を置いた建物）の土蔵と、その妻壁に飾られた〈波兎〉、戸前と呼ばれる土の扉に施された〈龍〉や土蔵入口上部の楣《まぐさ》という場所に施された〈波兎〉。また、智頭《ちづ》町で印象的だったのは戸前に描かれた〈福・禄・寿〉の文字等であった。とにかくどこを見ても、素晴らしい職人の手技が散在し、まるで宝石箱を撒き散らしたような印象を受けたものだ。真打は淡路の名工・久住章親方から聞いていた美しい七宝ナマコの土蔵だった。

しかし鳥取には、大分で見られるような「自由でおおらかな」鏝絵は見られない。そこで上田氏にこのことを尋ねると、

七宝ナマコの土蔵

「鳥取にもかつては大分と同じような鏝絵があったと思いますが、昭和初期に日本海特有の強風で大火災が発生して、多くの民家が焼失しました。市内の鏝絵はその時に消失したと考えられます。鳥取特有の七宝ナマコや鏝絵は、フェーン現象で発生する火災から家財を守るために人々が産み出した技術と意匠なのです。この災害復旧で隣の島根から沢山の石州左官が鳥取に入り込んだのですが、当時の混乱した状況下では、施主も職人も人情的な交流や余裕など生まれる状況は考えにくく、ただ完成された技が要求されたと考えられます。ですから大分のような自由な鏝絵は市内では見られません。わずかですが郡部には見られます」という返事を頂いた。

　こんな会話を続けながら、用瀬町鷹狩にある林医院の土蔵を訪ねる。ここに来て、いまでも当然のように土蔵が作られていることに驚く。「土蔵は、ゼネコンや建築家の介在がない分、良い仕事ができる」という久住親方の言葉を実感させられた。

　この土蔵は、山陰の上田征治氏の手によって一九九二年に作られたが、塗り壁の丁寧な仕事に加え、蔵本来が持つ重量感や楣《まぐさ》に施された〈因幡の白兎〉の鏝絵が素晴らしかった。この漆喰で塗り出された兎の鏝絵は、施主に信頼された職人の心ばかりのお礼にしては、あまりにも見事なものだ。今日の、家を「商品」と考える殺伐とした時代に、施主と職人の間で物を作る関係が健全に繋がっていることに、私は感動を覚えた。

　そういえばつい最近、宮崎・鹿児島の両県でゴッタンという木製の三味線に似た楽器を取材する機会があった。この時、ゴッタンも専門の楽器職人が作るのではなく、大工が普請現場で派生する半端物の材料を使い、竣工時に施主に感謝を込めて贈る楽器であったことを知った。鏝絵も本来は

智頭町の戸前絵

ゴッタンと同様に、左官が白壁を塗り終えた時に余り物の漆喰で施主に仕事の喜びを感謝して贈与したもので、出現理由は同じである。

ついこのあいだまで、大工や左官に限らずさまざまな職人仕事には、こうした豊かな気分が溢れる関係があった。私も、こうした祝福を受けた場に惹かれて撮影や取材という形で職人の周辺をうろつき、今がある。二泊三日の旅はアッという間に過ぎ去った。

鷹がくわえた「大勝利」

二度目の鳥取訪問は、石州左官のメッカ島根県大田市での講演を終えてからだった。今回は、上田氏から送られてきた智頭町大内にある短冊をくわえた二つの鏝絵が目的だ。〈鷹〉の鏝絵はさほど珍しいものではないが、鷹がくわえた短冊の「大勝利」と読める文字が気になり、ぜひともこの目で見たい、撮影したいと思っていたのだ。というのもこの蔵の建築年代が明治三十年代ということで、日清・日露の戦勝記念と関係が深いのではないかと思えるからだ。

さらに、講演先の大田市で聞いた石州左官の出稼ぎ場だった鳥取県の職人の活躍も知りたい。上田氏の協力なくしてこれらの調査はできないが、とりあえず、米子の松浦金次郎が率いた松浦組や森田嘉六のことを調べ、この目で確認しようと島根県から深夜の国道を鳥取へと向かった。

翌日早朝から智頭町大内の短冊をくわえた〈鷹〉を訪ねる。

製材所の前にある土蔵は、足場がないので近寄れないのが残念だ。望遠レンズで

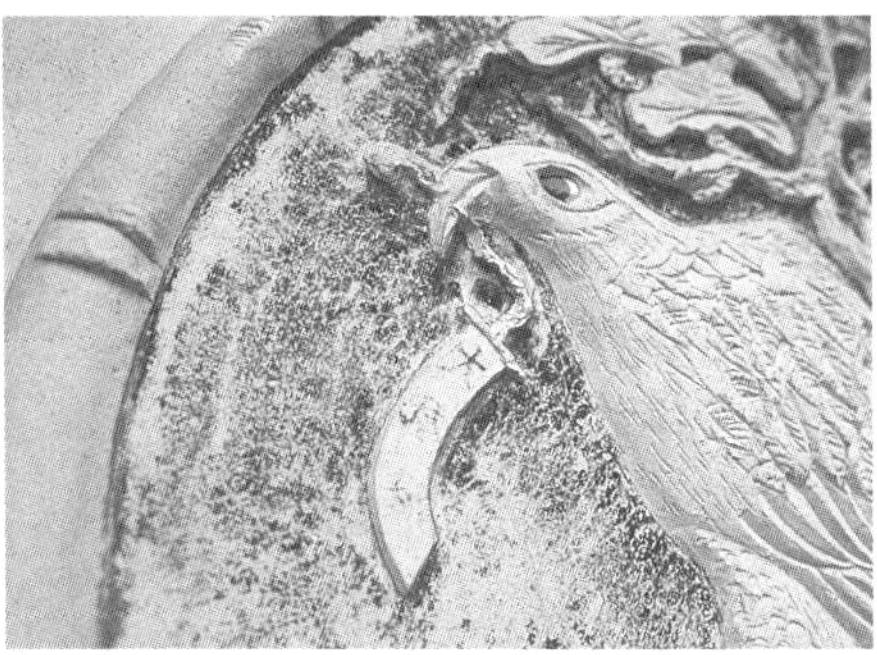

鷹がくわえた
「大勝利」

覗くと鷹がくわえた短冊の「大勝利」の文字が読みとれる。この土蔵の建築年代は不明だが、様式や雰囲気からして、明治中期の土蔵であることが窺える。次の目的地では、家人から土蔵の棟札調査の許可をいただき、梯子まで借りて眼前で「大勝利」を確認、撮影することができた。しかし残念なことに棟札は見つからず、「明治中期の土蔵」という伝承だけで、ここでも詳細は不明だった。

いずれにしても二件の土蔵が明治二十七年から十年間のうちに竣工されていることは、土蔵内に残された教科書や他の数々の道具類から明白だった。こうして私は、「早くしないとなくなるかもしれない」という不安から解放された。撮影を終えると、何か大きな使命を果したような気がした。

原色あふれる看板土蔵【長野・新潟】

取材旅行といっても、まるでスポンサーのつかない、いってみれば手弁当での取材である。こんなことをしていたのでは、貧乏からは逃れられないよなァ。でも、鏝絵を知り、その奥にある世界を一度覗いてしまったのだ。その世界はとてつもなく面白く、私を興奮させてくれる。もうこの世界から足は抜けないなあ、などと考えながら長野に向かう。

長野には、鏝絵仲間の小井土ドクターが待っている。先生は熱心な「鏝絵教」の信者であり、す

長野の名工矢澤翁（中央）

でに長野の鏝絵の本を出版されている。

軽井沢や木曽御岳を眺めながら渓谷沿いに走り、松本を抜け上田市へ向かう。

二十四日の夕方、上田市の小井土先生のお宅に到着。初めての長野は春とはいえ少し肌寒かった。

翌午前中は一人で映画「楢山節考」のロケ地で知られる上田市を散策し、九州では見ることのできない葦の小舞い（土蔵の下塗り用の構築材）で塗られた壁や土蔵の金具を見つけて撮影する。

午後は、臨時休診となった小井土医院を後に、長門町にある石屋さんの戸袋の〈鯉と鯰〉を撮影し、白樺湖の峠を越えて八ヶ岳と信州赤岳を左手に見ながら、茅野市に向かう。写真でしか見たことのない雀おどりの棟飾りに〈龍〉の文字が墨書された土蔵が見える。道筋にある道祖神やドブロクが作られる神社の〈丸に酒〉と書かれた土蔵や〈二宮尊徳〉、七宝ナマコの土蔵の〈ウサギと千鳥〉〈大黒〉〈恵比寿〉〈亀〉の鏝絵を撮影する。さらに峠を下って、雀おどりと〈龍〉〈松竹梅〉〈布袋〉を見ながら〈アルファベット〉の土蔵に着く。

その後、左官職人・矢澤雅之翁のお宅で信州の鏝絵事情を伺うことができた。道すがら見てきた鏝絵の中のいくつかが矢澤翁の仕事だったことを知る。

一九〇五年（明治三八）生まれの矢澤翁は、東京大井町の鈴木義太郎親方のもとで修行された。赤土に石灰を加える大津壁や漆喰壁が得意で、伊豆の長八の弟子の吉田亀五郎と同じように、隠居仕事として鏝絵を始めたという。ドブロク神社の〈丸に酒〉の鏝絵も矢澤翁の仕事だったが、自分の話になると恥ずかしそうに「オラァー金こさえる人じゃねえー」「壁をつくる人だ」という。明治・大正・昭和・

新潟県長岡市サフラン酒造の土蔵

平成を生き抜いた、純な職人の心と技を持つ名工である矢澤翁との出逢いは、私の心に焼き付いた。

翌日は、小井土先生と別れて一人旅。長年撮影を計画してきた新潟県長岡市のサフラン酒造を訪ねる。サフラン蔵は新幹線長岡駅からタクシーで十分位のところにある。ここの鏝絵は、迫力・大きさともに他を圧倒するものがある。絵柄の美しさと色の派手さで、日本の土蔵とは思えないほど、蔵全体が原色の氾濫と圧倒的な迫力に満ちている。

この頃は、まだ新潟県の鏝絵情報はここ一件だけで、上越市や富山県の竹内源蔵の存在は知らない。初めてサフラン蔵の写真を見た時、てっきり明治の蔵と思った私は、ここにきて大正時代に作られたものだと知らされて一瞬不思議な印象を受けたものだ。

桜吹雪と木蓮の花咲くなか、時はゆっくりと刻まれていた。途中でフィルムを使い果し、駅まで戻ってフィルムを入手してから再び撮影を始める。このコーヒーブレイクが冷静さを産み出したのか、アップの写真を撮り始める頃にようやくテンションを下げることができた。改めて冷静な目で眺めてみると、全体としては凄いが、同じ人の手によるとは思えないところも見えてきた。

数年後、富山の千光寺で、明治時代に竹内源蔵によって作られた鏝絵を目にすることになるのだが、サフラン蔵の室内の〈恵比寿〉や〈大黒〉は、竹内源蔵の鏝絵がお手本、いや源蔵の仕事のようにも思えた。そういえば、富山県砺波市と長岡市との距離はそう遠くはない。

サフラン蔵戸前の〈恵比須・大黒〉

　これは想像だが、制作年代から考えると、長岡の職人・川上伊吉が小杉左官の竹内源蔵から影響を受けたとも考えられる。しかし、富山では見られないサフラン蔵の〈犬〉〈羊〉〈馬〉などの自由な鏝絵は、同じサフラン蔵でも室内の鏝絵と違い、なんともおおらかで愛くるしい。これは、「流れ」の職人が完成された技を求められるのに対し、「地付き」の職人が仕事を任された喜びを贈与するという形で表わす所為かもしれない。

　造園の世界では佐渡の赤石は良く知られるところだが、サフラン酒造の庭には巨大な赤石が転がり、拳大の鞍馬のような小石が池に敷き詰められ、浅間山の溶岩が運び込まれて小山のような景色が作られていた。ここにきて、明治や大正の富の凄さを庭に見た。中庭にある犬小屋でさえ軽井沢の洋風別荘のような線を持っていた。土蔵の鏝絵と庭はサフラン酒造のイメージ広告的な発想から造られたなと思わず微笑んでしまった。

　全国でも数少ない、この全身を鏝絵で飾りたてた蔵は、長年の風雪でアチコチに傷みが出始めていた。主から保存の相談を受けるが、なにしろ遠すぎていかんともしがたい。修理する情熱と愛情があれば大丈夫ですと答えるが、これを本気で残すのなら国や県の補助も必要になるだろう。

サフラン酒蔵の庭

黒磨きの土蔵【岩手・宮城】

九六年夏、『消えゆく左官職人の技・鏝絵』の原稿書きと撮影に追われながら、東京での打ち合わせを済ませ、岩手県にある吉田春治の土蔵探しを始めた。このころは、まだ岩手の情報は僅かで、手元にあるのは陸前高田で開催された建築シンポジウムの記事と花泉の地名だけ。九州人の私に岩手の土地勘など全くなく、撮影できるかどうかも分からないアバウトな旅立ちである。駅で尋ね、人に訊き、写真を見せて鏝絵を追跡する。まるで、映画「砂の器」の初老の刑事のような旅である。

東北新幹線の車中で、陸前高田は一ノ関駅で乗り換えて二時間ほどのところだが、待ち時間を入れると三時間を要し、そこには旅館も民宿もないということを教えられる。さらに東北の日没の早いことを知り、九州との違いに不安がよぎる。鏝絵の撮影をしたいと思っているので、陽のあるうちに花泉に辿り着きたいのだが、いかんともしがたい。

再確認のつもりで電車を待つ地元の人に「陸前高田花泉は、この急行で良いのですか」と尋ねると「違う。花泉はここからバスで三十分のところ」と言うではないか。慌てて電車を降りてバス乗り場に行く。つまり陸前高田と花泉は全く別の場所で、陸前高田で行われたシンポジウムで花泉の土蔵が紹介されたのだとわかった。

運良くバスがきて、目的の花泉に日没前に着くことができた。ところがここで時間はすでに四時

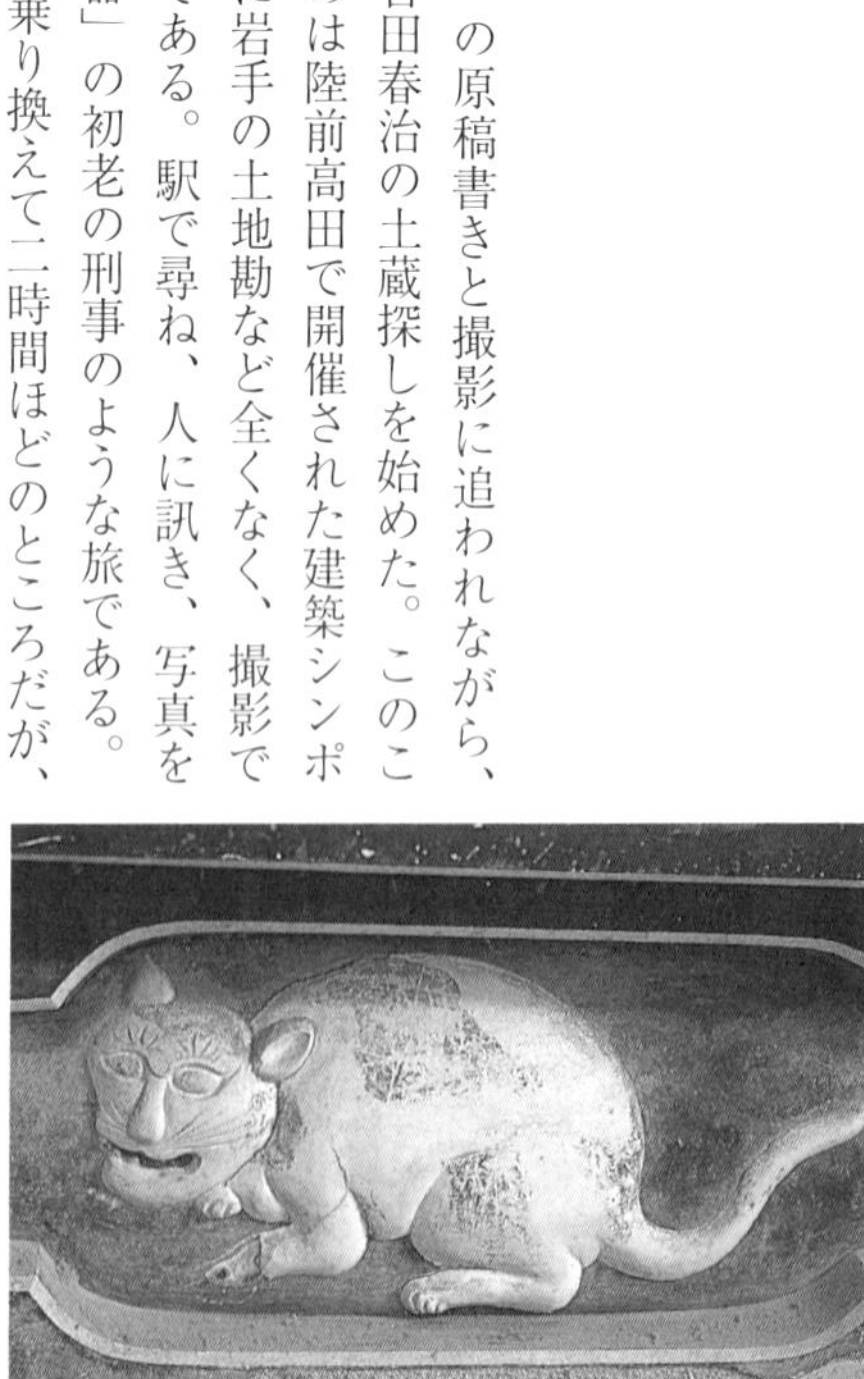

土蔵の戸前で〈ネズミを見張るネコ〉

半をまわっている。バスの運転手さんから聞いた駅前の旅館に宿も確保でき、花泉にある全てのタクシー（四台）に、蔵の写真を見せて尋ねるが、運転手さんの反応はない。ここで詮議してもラチがあかないので取りあえず目的地に向かう。タクシーは十分程で千葉家に到着し、ドキドキしながら家人に写真を見せると、母屋の裏側に鏝絵があることを教えてくれた。

九州を出て一週間、ようやく〈黒磨きの土蔵〉に辿り着いた。裏に回って唖然と呆然が交錯する。美しいのである。明日の天気次第では撮れないかもしれないと思い、夕暮れの花泉で、持ってきたフィルムを全て使い果たした後、ようやく家人に挨拶するありさまだった。

さて、千葉家の黒磨きの土蔵は、気仙左官の吉田春治が一八八五年（明治十八）から十年もの歳月をかけて塗り上げた、鏝絵が塗り出された土蔵である。ここで、花泉にはあと四軒の吉田春治の土蔵が残っていることや、気仙左官の研究をしている平山憲治氏のことを伺うことができた。

日もとっぷり暮れて旅館に引き上げると、温かい食事と風呂が待っていた。宿の主人は、バスの運転手さんが言ったとおりの親切な人で、花泉の歴史や吉田春治と縁のある金野栄吾さんを紹介していただき、ここで黒磨き壁の材料となる黒ノロの作り方まで教えていただくことができた。（＊黒ノロ＝土蔵の表面に塗る松根の油煙と鶏卵の卵白を練り合わせたペースト状の顔料）

翌日、早朝に宿を出て町を散策し、写真館でフィルムを求めてから千葉家の撮影に向かう。千葉家では、翌日から脆くなった土蔵を保護する工事を始めるということで、この風景も今回が見納めだと聞かされた。

油島・小野寺家

心配した天気も回復し、同家の室内にある巨大な〈ヒョットコ〉や土蔵戸前の〈猫〉の撮影が終わった頃は、すでに正午も過ぎたので家人に別れを告げ、西磐井郡花泉町上油田の小野寺家、同油島猪岡久保の小野寺家の〈唐獅子・鶴亀・蝙蝠〉、油島堀越の佐藤家の〈唐獅子〉、永井高倉の加瀬谷家の〈唐獅子・鯱〉の四軒を訪ね、ようやく撮影は終わった。

春治が残した黒磨きの壁は西洋のテンペラ画に似た技法で、当時高価な卵白と松根の油煙を練り合わせた、ほれぼれとする黒磨きの美しい土蔵であった。しかしどの蔵も文化財などの指定はなく、地震で生じたひび割れが痛々しいばかりであった。

この豊かな産米地に残る春治の黒磨きの土蔵は、無尽蔵に時間があった時代の職人の手技である。時代も変わり、今の日本の過疎と高齢化に喘ぐ農業の収益だけでこれだけの土蔵を保存するのは至難の技かもしれない。しかし、このまま放置されれば春治の手技による土蔵が崩壊することは目に見えている。

職人を育てない今の時代となっては、これらの修復保存は難しい。日本中の土蔵や朽ちてゆく左官職人の仕事を見ていると、失っていくものの重さを感じて胸が痛くなる。

油島・佐藤家の〈唐獅子〉

気仙沼の黒い土蔵

翌九七年の夏、江戸っ子左官の榎本新吉さんの知り合いという学生が、我が家を訪ねてきた。卒論に「左官職人の鏝絵」を選択したのだという。始めは「僅か数ヶ月の調査で卒業論文ができるのなら、あんまりたいした大学じゃないネ。泥狂いの道は、奥が深くて義理と人情で繋がっていて、そんなに簡単なものじゃないよ！」とそっけなく振る舞うが、サッパリ通じない。それどころかこの学生とてものんびりした奴で、何を言われてもニコニコしている。そんな奴だからアッという間に我が家の子ども達とお友達になってしまった。

その学生・石井君が全国を回って集めたアルバムの中に、岩手県の花泉と同質の黒磨きの土蔵があった。これは宮城県の気仙沼で見つけていたものだった。「黒で、磨きで、鏝絵付き！」。これは、岩手県の千葉家と同じ技法だ。前年の花泉町での撮影の折に、「他に同じような土蔵はありませんか？」と尋ねたが、誰からも反応はなく、気仙左官を調査した平山氏の報告書にも記載は見られなかった。（この報告書は、岩手県を対象としていたので、除外されているのかもしれない）。これから少し東北の資料を探してみようと思っていた矢先だったので、すっかり嬉しくなってしまった。

しかし九州から東北は遠い。昨年、ようやく念願の岩手行きを果したばかりだし、そうそう簡単に行けるところではない。そのうち行けたら……とそんなことを考えていたら、イナックス社の辻館長から電話が入った。一月十日にエクサイトヒルのショールームを閉館するので、土壁のスライドと撮影の準備をして上京して欲しいというのだ。

こうして二度目の東北行きのチャンスが訪れた。『左官教室』の小林編集長にこのことを連絡すると、石井君も参加することになり、前回の長野行きと同じメンバーで宮城県に向かうことになった。

明けて正月十日。天気予報は東北に大雪が襲来することを告げている。チャンス

雪の中の黒磨きの土蔵

到来だ。しかし降りすぎると身動きがとれない。なぜ雪にこだわるのか。実は、今回の東北行きで是非ともこの目で確かめたいことに「雪の中の黒磨きの土蔵」があったのだ。

本来、土蔵は大切な家具を火災から守る防火が目的で、次に富の象徴がある。しかし白い漆喰の土蔵では、雪中の鶴で、雪景色に溶けて見えなくなるのではないか？　そんなところから、吹雪でもハッキリした目印となり、かつまた富の象徴も明確になる黒磨きの土蔵が登場したのではないのだろうか。それを是非ともこの目で確かめて写真を撮りたいという、いかにも九州人らしい発想があったのだ。

こうして初めての宮城行きに私の期待と妄想は高まる。東北新幹線の一ノ関駅で下車し、そこからスタッドレスタイヤ付きのレンタカーに乗り換えて、以前から小林編集長が見たいといっていた花泉町の黒磨きの土蔵へ向かう。花泉町は思ったほどの雪がなくがっかりする。撮影を終えた一行は次の目的地の宮城県気仙沼を目指して国道を急ぐ。日もトップリ暮れた頃、車は無事に気仙沼駅に到着した。次はネグラと飯だ。取り敢えず町の全体を把握したいので市内を一回りして駅に戻り、先程から目星を付けていた駅前の魚屋さんを覗く。気仙名物ヤナギ鰈の一夜干しとここでしか賞味できない珍味が狙いだ。

予想通りお目当てのヤナギ鰈、珍しい秋刀魚のツミレやメヌケ（キンメダイ）、ダルマまぐろがあった。少しずつ買い求めたが、後はこれをどこで頂戴するかである。ところが案ずるより産むが易し。我々の顔にお腹がすいていますと書いているのを敏感に察知したおかみさんが、店先でパッパッと手際よく料理してくれたのだ。更に親切なオカミサンから宿まで紹介していただき、難なくネ

宮城県吉田家の鉢巻きの〈双龍〉

グラも確保することができた。

翌朝は所用のある編集長と別行動。そこで愛媛県の岡崎氏から教えられた、宮城県村田町の白鳥神社の文禄三年（一五九四）に奉納されたという〈龍〉の彩色扁額鏝絵の見学を検討するが、時間の調整が付かずボツとなる。そこで本命の気仙沼磯沢にある吉田正治家の明治二十二年竣工の土蔵の鉢巻きという部分に施された〈双龍〉を訪ね、ここで宮城の名工・藤代喜代蔵の手技を撮影することにする。

吉田家に向かうあいだ気になったのは、気仙沼には岩手県花泉のような広大な水田がないことだ。そこで御当主の吉田さんに竣工当時の土蔵の財源は何だったのかと尋ねると、農閑期に生産された「薪と木炭」であるという返事をいただいた。これに納得して午前中ゆっくりと撮影を楽しむことにした。その間、石井君は囲炉裏端で吉田さんと何やら親しげに話し込んでいる。後で聞いた話によると、吉田さんは数年前に一人息子を病で失い失意の日々を送っていた、そこへ卒論の調査で石井君が現れたので、亡くした息子が帰ってきたようだとことのほか喜ばれたのだそうだ。上機嫌の吉田さんから「今日は旧のお祭りで餅を搗きました。囲炉裏で焼くので食べていってください」とご馳走になった。

囲炉裏には、真っ赤な炎がパチパチと爆ぜ、豊作を願う「餅花」、そして今朝ほど使われた見事な欅《けやき》の臼に注連縄が飾られていた。天井を見上げると花泉の千葉家で見たヒョットコ面と同じような大きな面が飾られている。もしやこれも漆喰かと気色ばんだが、残念ながら木製の面だった。

吉田家の内部
「餅花」

こうして東北の豪農のドッシリとした雰囲気に圧倒されながら「世が世ならば自分など、こんな立派なところには上げてもらえないだろう」と思いつつ昼食を頂いた。食事中に吉田さんから「これも鏝絵の御縁ですネ。我が家の龍は福を呼んだ」と言われ、それがことのほか嬉しかった。

戸袋看板とムカデ【山形・佐渡】

見世物小屋に描かれた泥絵の妖しさと懐かしさ。それが壁に塗りだされた鏝絵の面白さとだぶり、シャッターを押したのが運のつきで、鏝絵という左官の技・漆喰細工の虜となり、アッという間に時は過ぎた。

九六年の秋、私は夕暮れの花泉を後にして山形県の銀山温泉を目指したのだった。このとき花泉の旅館で銀山温泉行きの列車の時刻を聞いたら「銀山温泉行きの列車というのはない」という返事だった。しかし親切な宿の御主人が、まずは列車で四時間、更に鈍行の待ち時間が二時間、そこからバスで一時間程です、と丁寧にルートを教えて下さった。

これで分かったのは、列車を使うと銀山温泉まで半日以上の時間がかかるということである。しからば車ではどれくらい掛かるのか、と尋ねると二時間ちょっとだという。そこで、レンタカーを借りて東北道を走ることにした。

山形県銀山温泉「源泉館」

あたりはすっかり暮れてしまい、先を急いだため食事のタイミングを失い、気がついた時は奥羽山脈のど真ん中だった。秋の暗闇の奥羽山脈を一人急ぐが、不案内な土地で道を間違えて銀山温泉への到着は予定時間を二時間半も過ぎていた。

銀山では「源泉館」に泊まりたかった。そこは私の青春時代、漫画雑誌『ガロ』につげ義春が描いた名作「ゲンセンカン主人」の舞台となった旅館なのだ。つげはまた、伊豆の長八を主役にした「長八の宿」という作品も『ガロ』で発表している。

しかし走ることに忙しくて宿の予約もできず、なんとかなるさと宿を訪ねたらやっぱり満室だった。あきらめて他を当たるが、どこの旅館も門前払いで空室はない。後で聞いたのだが、夜の温泉街の中年男の一人旅は自殺志望者か犯罪者にしか見られないそうで、それで玄関払いとなったようだ。

宿は諦めレストランを探すがそれも見当たらず、ようやく温泉街の入り口で電気の点いていた蕎麦屋「伊豆の華」にすべり込むことができた。食事を待つ間に銀山来訪の目的を聞かれて説明するうちに、ここのご主人が伊豆の長八と同郷の静岡県松崎町の出身であることが分かり、ここから全てが順調に回り始めた。「長八さん」こと入江長八のおかげで、宿の世話やら銀山温泉の資料を頂く等、大層親切にしていただいた。

銀山温泉は、名前の通り江戸時代に銀鉱山として栄えた所で、全国の山師が集まる山里だったが、明治の御一新で藩が解体され、山師も転職を余儀なくされた。やがて、通行手形や関所が廃止され、銀山に湧出する温泉に人が訪れるようになると、

銀山温泉の
〈名乗り看板〉

銀山の飯場は旅館街に変身する。

私の目当ては大正時代に作られた旅館の戸袋看板である。これは『路上探検隊奥の細道をゆく』(JICC出版局)で、著者松田哲夫氏に「名乗り看板」と命名されている。

漆喰看板は語る

日本の広告看板は、封建社会の「高札」や「触れ書き」の延長線上にあるといわれる。江戸時代の商業看板の多くは、木製や銅板を巻いて作られたものであったが、明治となって漆喰看板は時を同じくして登場する引き札・エビラ(明治初期の木版印刷による広告チラシ)に同調したように姿を見せ始める。それらは初期の近代広告史を飾るレタリングやポップデザインとして、また日本の広告史の黎明期の資料として、興味をひかれるものである。

入江長八の弟子吉田亀五郎が、鹿鳴館時代の洋館やニコライ堂、さらに遊廓の漆喰看板や銀座の岩崎煙草店の天狗の広告塔を漆喰で作った資料を見る機会に恵まれた。

そこでこれらに類似するものを地元大分県の資料で探したら、古いものでは江戸末期の元治元年に大分県九重町の舟小屋酒造(現八鹿酒造)の創業蔵に幅八メートル高さ六メートル程の巨大な「宝船」が塗り出されていた。

明治の開国で廃止された庄屋制度は、各地に醸造業を生み出すが、米を原料として発酵を重ねる醸造は、大量の水と貯蔵庫を必要とした。これらの工場は火災のおそれから当時唯一の耐火工法で

日田市「髙橋仕立て商」の看板

あった塗り籠め造りが採用され、こうした背景のもと各地に漆喰看板を登場させていた。明治に作られた醤油・酒・酢の看板は、一文字が一メートルもあろうかという巨大なもので、見る人を引きつけ圧倒させるものだった。

明治という時代は着物から洋服社会へ移行した時代でもあるが、大分県日田市川原町の商店街には、今でも往時を偲ばせる「高橋仕立て商」の漆喰看板が往還を見下ろしている。今となっては少し変わった洋服屋さんの看板に見えるくらいだが、視点を変えると、この看板は庶民に文明開化を告げた告知広告ともいえる。

開国後、中華料理のスープに使うカチエビ（干し海老）の底引き網を製作した宇佐市長洲の永元魚網製作所の漆喰看板や近くの森本家が所有した「盛漁丸」、既に剥落して台座だけの船名の漆喰看板も明治の近代化を物語るものだった。

しかし歴史を物語る漆喰看板の時代は長くは続かない。漆喰建築や看板が衰退した理由として、製作時に高度な熟練技を必要としたこと、材料の管理に手間取ったこと、冬場は凍結するので壁塗り作業ができないこと、ベースとなる塗り籠め建築が、大正十二年の関東大震災を境に、レンガやタイルに淘汰されたことなどがあげられる。

江戸時代の高札をルーツにもつといわれ、幕末期から日露戦争の頃に花開いた漆喰看板は、西洋建築が登場する以前の大工や左官が目と手で生み出した擬洋風建築と同様に、ペンキやトタンで作る看板屋さんが登場するまでの、短い命であったようだ。

大分県佐賀関
「太田鑵詰」
の漆喰看板

二メートルのムカデ

銀山での撮影も無事終了し、東京で待っている編集者に宅急便でフィルムを送ってから新潟県へ向かう。途中、愛機ニコンF４が動かなくなる。長年ニコンを愛用してきたが、よりによってこんな時にカメラにアクシデントが起こるなんて、何という不運！　とりあえず六×六判に切り換えて、新潟に着いてカメラ店に飛び込んだが、カメラはウンともスンともいわず、これも東京の修理工場送りとなった。

初めての土地を長距離走ったのとカメラの故障で身体はもうクタクタ。九州を出てずいぶん時間も経ち、疲れも溜まってきたので早めに休むことにするが、明日は金山の鏝絵と対面できると思うと、遠足前夜の子どものように興奮してしまい、結局就寝は深夜二時を過ぎてしまった。

翌朝、ジェットフェリーで佐渡へ渡り、ここで帰りの直江津行きの便を調べると、使える時間は僅か三時間しかない。金山までは往復で二時間かかるというし、撮影や取材はうまくいっても最低一時間はかかる。次の撮影地の富山行きがあるので、あまりノンビリもできない。だからといって二メートルもある〈ムカデ〉の鏝絵を、時間がないからとカットすることなんてできない。レンタカーで目的の相川郷土博物館に向かうことにした。

残念ながら館長さんは不在で、当時の話を聞くことはできなかった。しかし親切な職員さんに撮影許可を頂くことができ、ドキドキしながら展示室に入り、絶句した。

これまで沢山の鏝絵を見てきたが、こんな不思議なものは初めてだ。このムカデの鏝絵は、佐渡

佐渡島の〈大ムカデ〉（相川郷土博物館蔵）

島相川の吉祥山多聞院というお寺の土蔵にあったもので、これが取り壊される時、博物館の館長さんが貰い受けて保存したものだった。二年前に『左官教室』の小林編集長から教えられ、「いつか絶対に撮影に行くぞ」と思っていたムカデは、想像以上に大きくて見事なもので、民俗資料としても一級品だった。

これは、明治維新という緊張した幕開けの不安を祓い、安寧を願う表象ではあるまいか。今の時代には決して産まれない祈りの形であり、願いであり、魔除けなのだ。単なる壁飾りなんかじゃないぞと声を上げる。元来ムカデは、大黒様とネズミ、恵比寿とタイのように毘沙門天とセットになった神様のお使いであるが、佐渡島では金山の守り神となり多聞院門徒の守護神となっていた。余談だが、昔の人は、ムカデの足が多いところからオアシ（お金）が沢山入るようにという願いも込めたらしい。

それにしても、このような一見不気味なムカデの鏝絵をよくぞ保存してくださったと、不在の館長さんに讃辞を捧げ、フェリーに飛び乗った。

秋田の鏝絵情報

米どころ秋田平野の土蔵は意外に質素。それもそのはず、江戸時代の武士たちが庶民の奢侈を戒めていたのだ。そのせいか、秋田県角館の安藤家の明治時代に建てられた豪農の土蔵も外部は質素だが、内部はうならせるほどの職人達の技で埋め尽くされているという。

また、秋田県中仙町にある文化財の「水の蔵」は、明治中期に池の中に建てられ

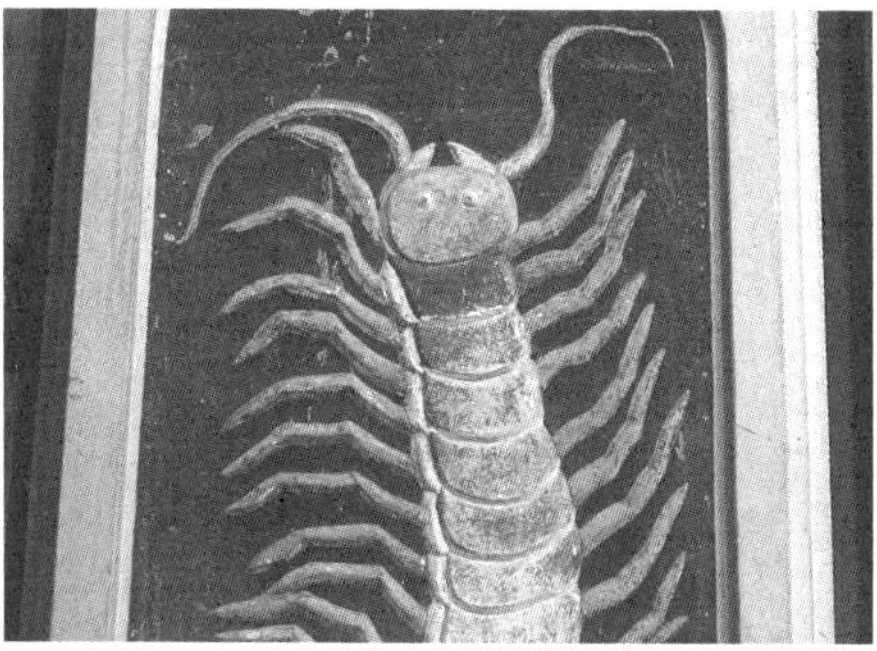

〈大ムカデ〉部分

た珍しい農家の板倉で、九一年にNHK衛星放送「日本の蔵」で全国に紹介されている。秋田では鏝絵が施された土蔵の資料や報告は少なく、九七年に『週刊新潮』で秋田の嵯峨家の床の間に施された〈竜虎・富士山・波〉が紹介されているくらいである。

大黒の里【岡山】

東京の出版社から電話があった。用件は、岡山県津山市にある水車の撮影依頼である。津山は、司馬遼太郎氏の『街道を行く』にも登場したが、吉井川を利用して米や材木を瀬戸内海方面に供給した町である。隆盛を極めた出雲街道の道筋には、往時を偲ばせる〈製薬看板〉と〈鯉の滝登り〉の鏝絵も見られる。今ではトラック輸送が盛んだが、恐らく津山城や出雲街道の民家の白壁には、瀬戸内海から吉井川を遡行した貝灰が使われたことだろう。

さて、岡山行きで最初に訪れた「桐の木水車」は精米用だったが、ここで不思議な光景を目にした。というのは米を精米する時に使う白い粉のことである。どう見ても壁に塗る漆喰と同じ材料だ。これを玄米に混入して精米すると、通常の精米の時間が半分で済むということである。つい先日まで石灰食について調べていたので、岡山ではお米に石灰を入れて食べるのかと思ってしまったが、実は白い粉は炭酸カルシウムで、食用ではなかった。

桐の木水車内部の精米道具

桐の木水車の撮影も終え、次の目的地に向かい国道五十三号線を走る。ところが初めて走る岡山県なのにどことなく見覚えがある。これはデジャビュ（既視感）かなと思いながら、さらに先に進むと見たことのある鏝絵が目についた。目的の水車はこの辺から右折した所にあるのだが、なんとも気にかかる。暫く走ってようやく、数年前に鳥取の上田氏を訪ねた時に電車の中から見た風景だと気がついた。つまりこの辺りは、鳥取県智頭《ちづ》町の近くだったのだ。

今回初めて訪れた津山市上横野では、紙の原料を焚く釜の周りがやけに白い。そこで地元の人に尋ねると、予想通り楮《こうぞ》を漂白するときに使う石灰の仕業ということだった。今まで白壁の材料としての石灰を追いかけてきたが、精米や和紙作りの漂白剤にも石灰が使われている現場を実際に見ることができ、貴重な体験となった。ここで以前に小林編集長から頂いた『蔵』（ナショナル・トラスト発行）という本に書かれた「岡山県には蔵飾りが多い」という一節を思い出した。

取材を終えて帰宅すると、鳥取から連絡が入っていた。なんと岡山在住の赤松壽郎氏という学校の先生が鏝絵に興味を持ち、調査を始めたというのだ。私はこれから岡山県の民俗関係者か教育委員会に、『蔵』に執筆していた筆者の消息を尋ねようと思っていた矢先だったので、まさにグッドタイミングだった。

あの時は岡山の鏝絵もさることながら、チラッと見た灰屋（薪や竈の灰を収納する小屋）の薄桃色や黄土色の土壁の優しさも格別だった。そこで岡山の鏝絵や土蔵をじっくり見ようと、「新春お石灰探偵団」の旅を実施することにした。

勝田町〈恵比寿〉

参加者は、鳥取の上田勝俊氏、新人の赤松先生、常連の二人と私の総勢五名である。十二月三十一日に津山へ集合となった。世間が大晦日で忙しい時にモノズキな！　と笑われそうだが、過疎地域の民家の鏝絵を調査する時は、盆や正月の方が家人がいて話が聞きやすい。しかも相手はお屠蘇が入った一杯機嫌となっていらっしゃるおとうさんなので、何でも話してくれるのだ。

秋祭りの日に農村を歩くのも心地良いが、こうして各地の正月を訪ねるのも楽しい旅である。民俗風習が明瞭に顔を見せるハレの日だけに、村はキチンと清掃されノンビリと穏やかである。鏝絵や民家の荒壁の材料となるニオ（刈稲を積み上げたもの）や藁こづみ（脱穀した後の藁を積み上げたもの）や注連縄を撮影しながら、こういう風に農村を歩き始めて二十年が過ぎたことを思った。

前年の元旦は四国の小さな祠にお参りしたが、今年は、津山市にある基督教図書館に施された〈ひつじ〉詣でで始まった。

今回ようやく念願の岡山県奈義町、勝田町、そして上横野を駆け巡り、前回ゆっくり見られなかった鏝絵を撮影しデーターをメモすることができた。最終日の夕方に〈アルファベット〉の鏝絵を発見して新春のお石灰探偵団は終了したが、初参加の赤松先生は、終始興奮状態でどうやら「急性鏝絵熱」に感染したようだ。

基督教図書館の〈ひつじ〉（上部）

大黒様のロマネスク

その興奮状態の赤松氏から、半年後「大黒の里・奈義町」という報告書が届いた。これには五十数点にも及ぶ鏝絵の報告が集録されていた。赤松さんは燃えていると思いながら報告書に目を通していたら、椅子から転げ落ちる程の鏝絵が目にとまった。私の目はそこで釘付けである。「出たあーっ！」である。鳥肌が立つくらい凄いのである。早速赤松氏に連絡するがあいにく留守だ。

そこに小林編集長から「鏝絵は終わっていないヨ！　ロマネスクだロマネスク！」と興奮した電話が入る。どうも同じ報告書が届いたらしい。さらに「鏝絵は、左官職人が資本主義に技術を売り渡す前の最後の手技だ」とも言う。

皿を舐めるように捜した奈義町なのに、と目こぼしした歯痒さも手伝って、三度目の奈義町へ向かう。目的はただ一つ「笑ゥせぇるすまん」のような〈大黒様〉である。雨が激しく降り出すが、そんなことはお構いなし。興奮を押さえ切れずメモを取りながら撮影し、撮影しながらメモを取る。赤松氏が言うには、我々と探索した後、再度奈義町を調査して発見したとのことであった。

奈義町の帰路、以前から構想のあった「全日本鏝絵研究探検隊」の話題になった。赤松氏が岡山県をまとめてくださるという有難い申し出である。仮称「全日本鏝絵研究探検隊」の発足は、名誉会長をお願いしていた村松教授の御逝去で沙汰止みとなっていた。先日、建築家の薩田英男氏からも「全国泥の会」を結成して鏝絵部会を設けましょうと、意向と同意を求められたばかりだった。

帰宅すると江戸っ子左官の榎本新吉親方の所から特使が派遣されてきていた。インターネットに左官のページを開いた積極的な泥狂い、前出の石井達也君である。十日ほど大分を回り、我が家の子どもたちと仲良くなったころの薩田氏からの電話

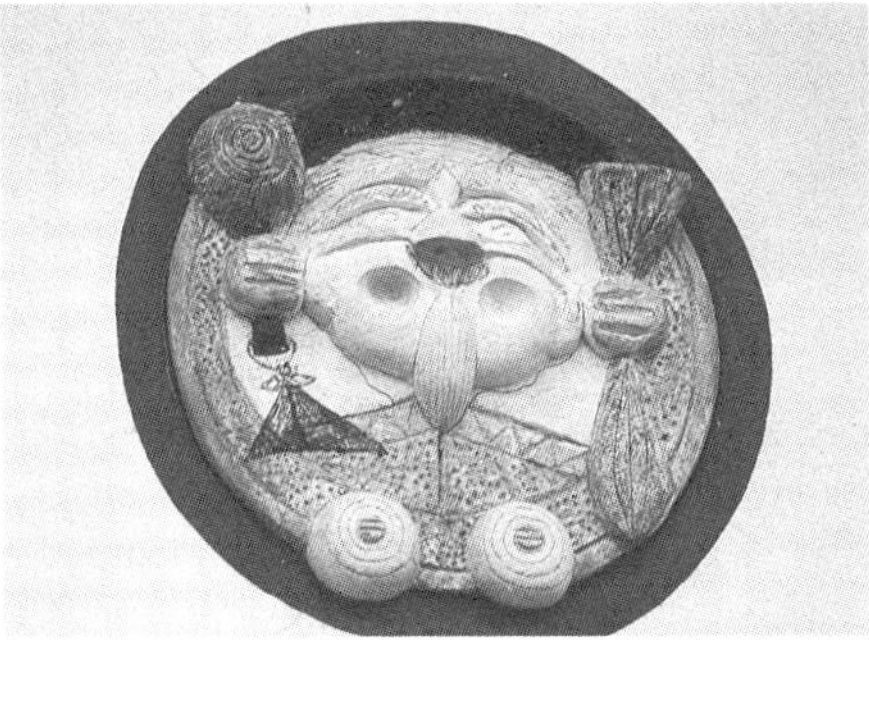

〈大黒様〉

だっただけに、彼も感激して「僕が事務局をやります!」と特使の役目を果たした。

四度目の岡山行きは九八年。二年前から岡山の鏝絵調査を続けている赤松先生の調査結果は既に三百件にのぼっているという。今回は広島県の平井さんという新メンバーも加わって、いかにも桃太郎の国らしい〈鬼〉の鏝絵と、鳥取同好会のメンバーが見つけ私が密かに壁新聞と呼んでいる〈人工衛星〉のある土蔵を訪ねるのだ。〈笑ゥせぇるすまん〉の次は〈人工衛星〉、しかも一九六一年に人類が初めて宇宙を飛んだガガーリンの宇宙船ボストーク1号のような〈人工衛星〉である。

今回の最初の訪問地、英田《あいだ》町の鏝絵は予想通りおおらかなもので、これらが残る山里は精気に満ち溢れ太陽の祝福を受けていた。ある民家で、左官が残した「土壁のパレット」のような鏝絵の色合わせの痕跡を見つけて驚喜する。また安東さんのお宅では、土蔵の中まで案内していただき、お米を保存した備前焼の古い大瓶や壷、そして先代が使った珍しい川釣りの道具を見せて頂くことができた。安東家の縁側で頂いたお茶と谷を吹き渡る薫風が疲れた体に心地良く、室内に施された芭蕉布の襖も涼やかで、いつまでものんびりしたい村だった。

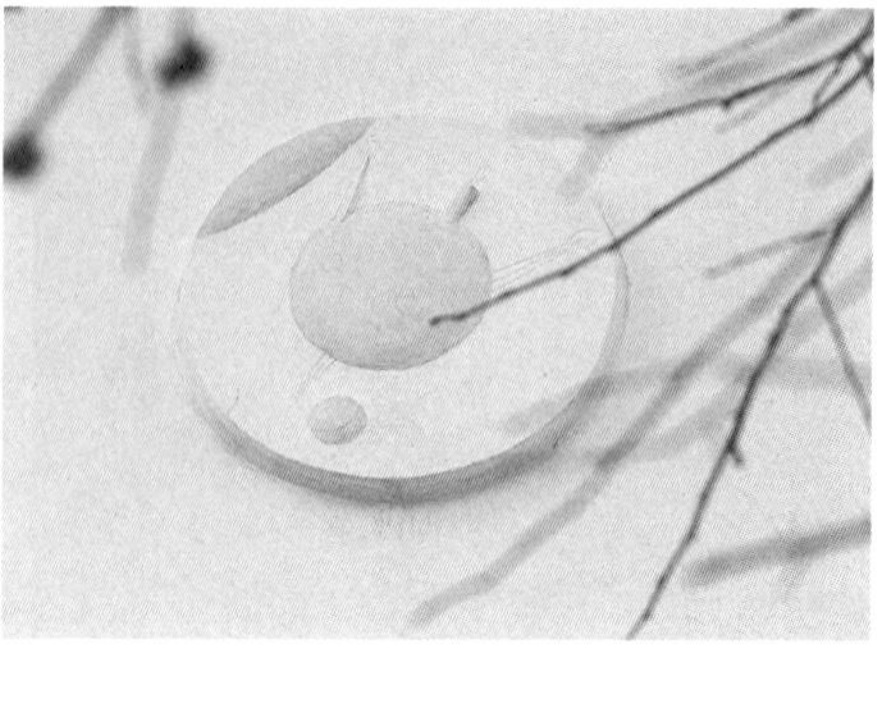
勝田町の〈人工衛星〉

次に岡山の〈大黒の里〉を見たいという『銀花』編集部のリクエストを受け、奈義町に向かう。奈義の人にとっては日常の風景なので特別な感慨はないらしいが、無造作に並ぶ鏝絵の多さに同行の編集者は圧倒されたようだった。これまでは私も記録することに目も心も奪われ、ゆっくり楽しんで眺めることなんてできなかった。四回目の訪問でようやく、大黒の里でそれをあたりまえのようにして暮らしている、そのことに感動する。

岡山から帰って今回の原稿を書いていたら、急ぎの取材で鹿児島県垂水市に行くことになった。鹿児島はカメラマンの駆け出し時代に写真の師匠だった北島直氏と初めて撮影にきたところで、その当時、師匠とフェリー乗り場で桜島のポスターを見て「いつかはこんな仕事をやろう！」と話したことを思い出した。急ぎの仕事も終え、垂水の取材の帰り道、同行のライターが「鏝絵があるーうっ！」と叫んだ。この鏝絵が、実は三十年前フェリー乗り場で北島師匠と一緒に見たポスターにそっくりな〈桜島と朝日〉だったのだ。「鹿児島県にも鏝絵があった」、それだけで充分なのに、両親以上に親身になって育ててくれた師匠と再会できたような気がして、ここでもゲニス（人）とロカス（土地）が繋がった。

大黒の里、奈義町

鏝絵は地霊の刻印だ

九七年六月七日。人生のほとんどを明治の西洋建築と職人の研究に費やされた村松貞次郎教授が鳥取県で講演をされた。その講演会のなかで、これまでの職人調査の経験から「柔らかいものへの思想」が必要だと話され、最後に「鏝絵は地霊の刻印だ」と結ばれた。

この日、私は所用で上京していた。東京駅のギャラリーで偶然にジョサイア・コンドル展を見ることができ、明治の鹿鳴館の壁紙が大蔵省印刷局で製造されたことを知った。

さらに、赤坂離宮や京都国立博物館を設計した片山東熊《とうくま》や曾禰《そね》達蔵、辰野金吾がコンドル先生の教え子で、工部大学校卒業生御愛用の壁紙が、実は大蔵省の製品だったことが見えてきた。つまり、壁紙も国家プロジェクトの一環だったのだ。なるほど、「洋館の現場では、町場の左官職人が口出しできる雰囲気ではなかった」(『沓亀』吉田亀五郎〈伊藤菊三郎による覚え書き〉)ということがこの展覧会でよく分かった。

先の職人調査で、長八の弟子の吉田亀五郎が漆喰装飾の腕を見込まれて、赤坂離宮やニコライ堂の西洋装飾をやった事情もよく分かった。これらは小林編集長の言ったとおり、そ

れまで培ってきた左官の技術が資本主義に売り渡された瞬間だったのかもしれない。この会場で、またもや静かに消えていった職人達の声に触れることができた。

洋風装飾

『銀花』に「鏝絵文明開化」を載せてもらってからというもの、我が家には様々な人から様々な情報が寄せられた。

石川県の鶴来町や新潟県上越市にも鏝絵があること。秋田市の嵯峨家の鏝絵が週刊誌に掲載されていること。福島県喜多方や京都福知山の読者から励ましの手紙と鏝絵報告。また、長野県から鏝絵の補修の相談や、岡山から「鏝絵分布報告書」。今治からは〈天女〉〈鶴〉〈旭日旗と日本兵〉と石灰窯のレポート。さらに、愛媛県から〈鶏〉〈金太郎〉〈八角時計〉〈猿〉などの写真と職人の報告が届き、拙宅が鏝絵のキー・ステーションのようになっている。私といえば、そのころはアルファベットの鏝絵に加え、以前に村松教授からご教示頂いた長崎にある教会建築の装飾が気になっていた。

日本の建築装飾は、江戸時代の日光東照宮に見られるように、過度のゴシックのような装飾がベースにあった。その後、文明開化で登場した西洋建築とセットになった新しい洋風の装飾が職人の前に姿を現すと、左官は漆喰を油土（粘土）や石膏に変え、鏝をヘラに持ち替え、文明開化の初期に擬洋風と呼ばれる建築を塗り出していった。

一八七三年（明治六）にキリスト教禁制の高札を撤廃したことで、日本に宣教師

京都国立博物館

やお雇い外国人が渡来し、明治十年に工部大学校が開設され、留学生の帰国とともに日本に本格的な西洋建築が登場する。こうした近代日本の建築史と建築装飾の先駆者を探るうち、幕末生まれで入江長八の弟子の吉田亀五郎に辿り着いた。通称沓《くつ》亀《かめ》は、神田駿河台にあるニコライ堂の建築装飾を塗ったが、その後、沓亀の弟子で建築家・妻木頼黄のスタッフとなった熊木三次郎達が、技師の指導の下に西洋建築黎明期の装飾を塗り出したことが判明した。

　明治政府が求めた西洋建築や壁の装飾は、ヨーロッパからの直輸入品ともいえるもので興味を引くが、それらは権威的で人間本来の自由さは感じられない。地方でも明治の西洋建築は随所で見られるが、多くは中央政府に追随したもので、町方の左官が残した鏝絵やアフリカの壁画のような、生命感あふれた自由な喜びを感じさせるものではなかった。

愛媛県
東予市の〈鶴〉

　そんなとき、長崎の知人の案内で、明治二十八年にマリア・ド・ロ神父が建てた外海町の大野教会を訪ねるチャンスに恵まれた。そこでは、百年の風雪に耐えた教会の雁振瓦《がんふりがわら》（屋根の棟の最上部にのせる瓦）に、紅殻《べんがら》漆喰で彩色された〈赤い十字架〉に巡り合うことができた。

　江戸時代はもちろんのこと明治十年頃の長崎のキリスト教徒に対する弾圧はまだ厳しいものだったという。そんな影響もあったのか、この十字架は密やかに遠慮がちに装飾されていた。この小さな瓦の十字架は、ド・ロ神父が長崎という殉教の地に贈った福音なのだろう。

こうして全国を歩くうちに、あることが気になり始めた。長崎・佐賀・福岡・山口県豊浦・島根・鳥取・京都・若狭・富山・新潟の長岡や佐渡・岩手県陸前高田・静岡県伊豆・兵庫県淡路島という一見なんの脈絡もない土地が、見えない糸で結ばれているように思えるのだ。撮影行脚が終盤を迎えた頃、旅先の今治で江戸時代の海路図を見せられ、気仙左官や小杉左官、石州左官の名工が輩出した地域が、明治まで活躍した弁才船や北前船の寄港地の近隣にあったことに気がついた。

江戸や明治時代に発達した海路は、ひと・モノ・くらしを西回りや東回りで流通させ、各地に繁栄した町並みを生み出した。ところが、明治政府は国内海運の近代化にも着手し、一八八七年（明治二〇）に五百石積以上の弁才《べざい》船の建造を禁止する。しかし、積載量が大きく荷役が簡単な弁才船の需要は高かったので、これに洋式の舵や帆装を取りいれた和洋折衷の「合の子船」が建造されることになる。つまり海にも擬洋風は登場していたのだ。同じ頃、石炭を燃料とすることによって、海路や寄港地が変わった。

やがて海上交通は明治五年以降全国に敷設された鉄道によって廃れていく。鏝絵が盛んに作られたのも同年代、職人はそれまで利用してきた海の道を捨て、新しい交通手段の陸《おか》蒸気に乗り換えて多くの仕事を残していったのだ。

これまでの取材旅行は、新幹線からバスやレンタカーに乗り継いで何時間もかかる所ばかりだった。かつて回漕業で栄えた寄港地や停泊地は、いまや車社会に取り残された過疎地となったが、このことが今日まで白壁の残る町として乗り経いで町並を保存する結果ともなった。今後、弁才船や北前船の寄港地の周辺を訪ねることができれば、それによってさらに多くの無名の職人の存在が判明すると確信した。

長崎外海町・
大野教会

かつて私は、鏝絵を「世紀末素朴派」とか「無名の者の捧げもの」と表現した。そして今、まさに工芸とか民芸の文脈では計れない、無名の人々が地霊に捧げた刻印のように思われるのだ。

流れ職人のマリア様【長野・新潟再訪】

九七年十二月、イナックス・エクサイトヒルのシンポジウムのために上京し、泥仲間との再会を果たした。一夜空け、我々は、以前に長野の小井土昭二先生から保存したいと相談のあった土蔵と、佐藤和佳子嬢から送られてきた〈マリア〉の鏝絵を見るため、長野経由で新潟県上越市に出かけることにした。車内で小井土先生から送られて来た土蔵の写真を見る。先生の写真にしては絵柄が小さくて不明瞭だ。長野上田駅で、既に連絡していた信州大学工学部社会開発工学科の西山マルセーロ宗雄先生とドクター小井土、そして石井君とも再会できた。

上田市を訪ねるのはこれで二度目だが、なんとなく見覚えのある場所に出た。ここは柳原白蓮女史の石碑があったところに似ていると小井土先生に言うと、「そうです」という返事が戻ってきた。車はここを左折して国分寺の方へ入っていく。国分寺に鏝絵がある？　まさか、と思ったが、国分寺の宝蔵に鏝絵が施されていたのだ。正式には天台宗八日堂信濃国分寺。

物産問屋の引き札（大分県国東町）

新年の準備をしている塩入住職に挨拶を済ませ、本堂を拝観して問題の宝蔵に向かう。それにしても七十過ぎには見えない若々しい小井土先生の、先程からの意味ありげなニコニコ顔、そして玄人裸足の写真の腕を持つ先生が送ってきた不明瞭な写真の意味が、ここにきてようやく理解できた。小井土先生が保存を訴えてきた鏝絵は実にユニークなものだった。

一つはアラジンの魔法のランプのような〈壷を持つ僧が龍を操る図〉、もう一つは、姿は人間で背中に羽を持ち顔は鳥。いや〈羽の生えた怪人と僧〉といったほうがいいだろう、それが壁いっぱいに描かれていたのだ（その大きな壁全体を写したため、ドクター小井土の写真の絵柄は不明瞭となっていたわけである）。

この鏝絵が作られたのは明治三十年代。なにゆえに国分寺に鏝絵なのか？　果たしてこの鏝絵はどんな意味をもっているのか？　なかなか手がかりが掴めない。ウームである。ムムム……である。絶句である！　隣では小林編集長が「これはボッシュだ！　ブリューゲルだ」と呟いている。

冬の長野は日暮れが早い。誘われるままに小井土先生の御宅にお邪魔して久しぶりに奥様にご挨拶することができた。初めて長野に来たとき、まるで実の弟のように親切な歓待を受けたことを思い出す。先生に〈鯰〉の鏝絵の消息や、その後の取材の成果をお尋ねし、結局、夕飯までご馳走になってしまった。

重い腰を上げて小井土先生に別れを告げ、長野市の近くにある温泉に向かう。ここは西山先生が時折利用する温泉だが、別府生れの私は長野が有数の温泉地だということをすっかり忘れていた。そういえば家を出て三日間お風呂も忘れていた。そ

信濃国分寺宝蔵

こで仲良く皆で温泉に飛び込むことにする。やはり温泉は最高だ。温かい湯につかると旅の疲れが癒され、先ほど見た国分寺の不思議な鏝絵の話で盛り上がる。

建築史を専攻する西山先生は全てにおいて慎重で、軽率な私の発言とはどこか違う。例の鏝絵については「このまま意味が解らない方がいいかもしれないですね」と言われたのが印象的だった。

西山先生と私が初めてに出会ったのは、建築史家で建築探偵としても知られる藤森照信教授の九州取材の時、確かあれは九五年の冬だった。そして二度目に再会したのが九七年の秋、急逝された村松教授の葬儀の日だった。あれから四ヶ月、今回の信濃路は、我々が尊敬しお世話になった村松貞次郎教授を偲ぶ一夜となり、アッというまに朝を迎えた。長野国分寺の印象深い鏝絵を後に翌日は、新潟県上越市に向かう。

私が最初に新潟を訪れたのは、東京での個展の打ち合わせの帰りに足を伸ばして、大分の鏝絵シンポに参加された小井土先生を訪ね、長岡のサフラン蔵まで足を伸ばした時だった。そして二度目は昨年の秋、佐渡島相川町の金山に「赤い土」を求めて渡った小林編集長と、イナックス社の辻館長が発見した〈ムカデ〉の鏝絵を撮影するため相川資料館を訪ねた時だった。

あの時は、出版を翌月に控えた撮影と取材で相当な強行軍だった。相川で撮影を済ませ、佐渡からフェリーで直江津まで行き、特急「雷鳥」で富山県砺波《となみ》市に向かう予定だった。ところがフェリーに忘れ物をして列車に乗り遅れてしまった。次の列車を待つ間、直江津の駅で「この町並みから

信濃の国分寺
宝蔵（部分）

察すると、ここにも面白い鏝絵が潜んでいそうだな」と思ったが、僅か一時間ほどでは何もできない。長旅の疲れも極限まできていて、「いつか再訪できたらいいな」と思うのが精一杯だった。

ところが旅を終えたある日、京都芸術工科大学の女子大生から卒論に鏝絵を選択したので協力してほしいという手紙が舞い込んだ。それが前出の直江津生れの佐藤和佳子君だった。この時、佐藤君が子どもの頃、『銀花』49号の鏝絵特集を見て、父親と自転車で鏝絵を見にいったことがあると話しをしてくれた。それが卒論に鏝絵を選択した理由で、この時新潟県上越市に鏝絵があることを知らされた。しかし上越市の鏝絵情報など全く知らないので「あなたは京都にいるのだから、京都の鏝絵を中心に卒論を進めた方が良いのではないか」と、大分から京都に転居した今井さんの労作「京都の鏝絵分布一覧」のデータと大分大学の鏝絵の文献、そして知りうるかぎりの全国の鏝絵資料を郵送した。やがて、卒論を終えた佐藤君から丁寧な礼状とともに数葉の写真が送られてきた。その後彼女は京都の出版社に就職したという。

卒論のお礼に送られてきた写真は私のスクラップブックに貼られ、「新潟県上越市に数点の鏝絵あり」とインプットされた。それが今回の〈マリア〉の鏝絵である。写真を見ると、この鏝絵、相当傷みが激しい。早く撮影しないと無くなってしまうかもしれない。なんとかして撮影にゆきたいと願うが、打ち出の小槌を持っているわけでもないのでなかば諦めかけていた。ちょうどそんな時、イナックス社の辻館長からこの度の撮影の依頼があり、仕事を終えてめでたく三度目の新潟行きの乗客になることができた次第だ。

上越市の撮影はなかば諦めていただけに感激もひとしおだ。長野から数時間かか

長野県長門町
〈鯰〉

って到着した直江津の駅舎は、改装中だったこともあって景色が変わっていた。しかし商店街は確かに見覚えがある。

「ここは以前に来たことがある」と編集長に言うと彼は静かに笑った。何かがおかしい。駅の名は直江津なのに町の名は上越という。前回は急いでいたので直江津を通過したが、ここに来て直江津と上越の区別がつかない。そこで『左官教室』誌上に佐藤さん親子が寄稿している記事を捲って、ようやくことの次第が判明した。つまり上越市と直江津は、福岡市と博多の関係と同じで、上越市直江津地区ということだった。

駅前にある佐藤君の親戚の酒屋さんで佐藤君のお父さんと待ち合わせる。お父さんは北越出版の社長さんで新潟の文化に詳しく、それを生業とされていた。この日は校正があって取材に同行できないことを残念がったが、〈マリア〉の道順を丁寧にメモに書いて頂いた。

現場まで歩いて十分足らず。十二月の雨のなか、「本来ならば雪だろうな」と雨を恨めしく思いながら目的地に向かう。表通りを外れた中央町四丁目の〈マリア〉様は、小路の中ほどにある土蔵の妻壁に施されていた。仏様からマリア様と節操なく渡り歩くカメラマンだが、長野で調子の悪かったニコンはいつのまにか動くようになっていた。

目的の民家に到着して声をかけるが返答は無い。とりあえず雨の中で撮影していると、家人が帰宅されたので来意を告げて撮影の許可を得る。全てを終えて片付けをしていると、家人の星野照子さんにお茶を勧められ、お話を伺うことができた。

京都・安井家の〈浦島太郎〉（次頁は拡大）

岩手県花泉町〈黒磨きの土蔵〉

この土蔵は、上越市の五代目左官・星野利吉親方の時代に建てられた土蔵で、星野家は、松ェ門→松太郎→利吉→松治→松蔵親方と江戸時代から続いた上越左官の名門だった。松蔵親方は既に他界されており、失礼ながら婦人では左官仕事の話はあまり期待できないなと思っていたら、意に反し、親方婦人は何でもスラスラと答えてくださる。不思議に思ってそのわけを尋ねると、実は松蔵親方が軍隊で耳を殴られて難聴となって帰還したため、照子さんが親方の耳となって仕事の手配や材料の準備など、すべての切り盛りをしてきたということがわかった。

件の鏝絵は、大正の「利吉親方」の時代に、流れの職人が病気になって星野家を頼ってきた時、親方が入院させて手厚く面倒を見たところ、全快した職人が感謝の印としてマリアを残したことが判明した。残念なことに古い話で職人名は記憶されていなかった。というのも当時の星野家は、次から次に流れの職人が港を降りて挨拶に訪れるので、名前を覚えきれなかったというのが真相のようだ。この時、なにもしない職人にも日当分の小遣いを持たせる職人のシステムが残っていたことも判明した。こうした西行の職人が昭和四十年代まで星野家を訪れていたという。（＊西行＝職人の修行の旅の意）

旅から戻った東京で大雪にあい、歩くことさえもままならない経験をしたことで、再度北国の職人のことを考えた。北国の冬は長くその間土壁の仕事はできない。そこで彼らは冬場は壁塗り以外の仕事をしたという。星野家ではお得意様であった料亭や旅館、病院の雪掻きをし、富山小杉左官の竹内源蔵は弟子を集めて室内で細かい装飾仕事をやっていた。

職人達が歩いた道をたどって思うのは、西行の職人達にとって、こうした扶助シ

新潟県上越市・星野家の〈マリア〉

ステムがいかに心強いことであったかということ。このシステムから生まれた職人の手技は、まさに「心の造形」そのものであった。

異界の手技【群馬】

以前から、建物の壁全体にべっとりと鏝絵が貼り付いている群馬県の庚申堂が気になっていた。これは九〇年に銀座の個展が終了したとき、『左官教室』編集部にお邪魔して、バックナンバーから全国の鏝絵情報を捜した時に発見したものだった。あの頃、関東の鏝絵といえば入江長八くらいしか知らず、東京や群馬、東北に鏝絵があるなんて夢にも思っていなかった。それが『左官教室』を捲ると出るわ出るわ、松浦伊喜三氏や出牛政雄氏が、群馬の三国街道沿いの鏝絵を舐めるように紹介しているではないか。お二人はすでに故人となられたが、共に職人の立場から無名の漆喰鏝絵を紹介されていた。

この時に知った群馬の庚申堂は、長八が得意とした薄肉レリーフの漆喰鏝絵とは随分異なり建物全体に鏝絵が施され、それらはまるで香港やシンガポールにあるタイガーバームガーデンのセメント彫刻を小さくしたような、日本の近代社寺建築に見られる彩色木彫のようだった。

この見慣れぬ鏝絵のことを知り、すぐにでも群馬に行こうと思ったが、バックナンバーは十年も昔のもので建物が残っているかどうか判然としない。群馬に知り合いでもいればと思うが、それも

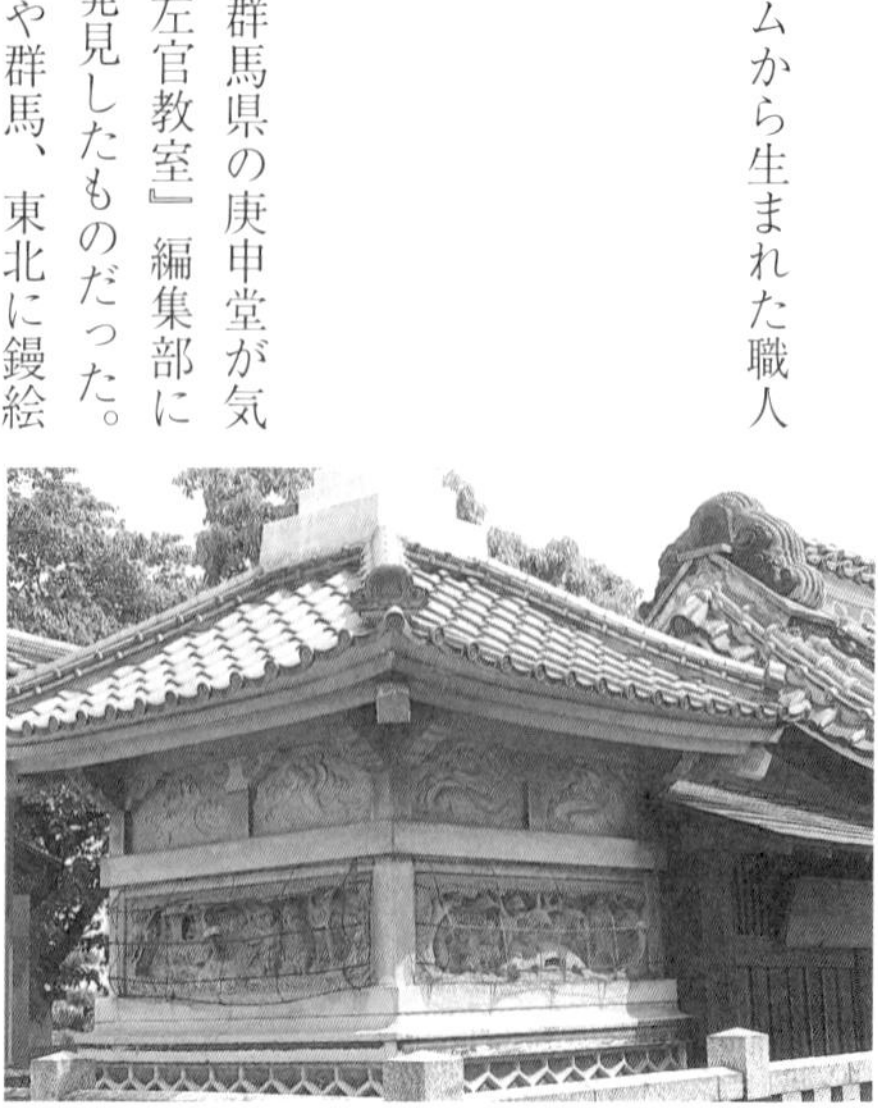

群馬県渋川市の庚申堂

かなわぬので確認のしようがない。地理も分からず、建て替えられているかもしれない未知の場所へ行くのは、あまりにもリスクがありすぎた。しかしそんなことにはおかまいなしに、富岡市の〈成田山不動堂〉や高崎市の〈諏訪神社〉、そして渋川市にあるという猿田彦を祀る〈庚申堂〉は、私の脳裏に棲みついた。

それから八年。群馬県に近い青梅市成木で、江戸時代初期に焼かれた石灰櫓《やぐら》が復元されるというニュースが舞い込んできた。

厳しい台所事情の中で、どうしたものかと思案していたら、私の心を見透かしたように編集長から『ラフカディオ・ハーンの耳』（西成彦著・岩波書店）という本が送られてきた。これを読んで、中学生の時に読んだ三角寛の山窩《さんか》小説を思い出した。当時の私は、登場する主人公たちを日本のインディアンのように感じていたのかもしれない。その人達に会いたくて、大分県にある由布岳の山麓で、彼らの真似をして深夜の森でしばしば野宿をしていたのだ。

――森の闇はどこまでも深く、森閑とした辺りでは時折、獣の気配がする――。

私は焚き火をみつめながら耳を澄ませ、一人でまんじりともせず彼らを待っていた。今思うとなんとも可愛いげのない中学生であった。

『ラフカディオ・ハーンの耳』を読み終えるとなんともいえない高揚が体内を駆け巡った。そこで、気分としては山伏の始祖といわれる役小角《えんのおづぬ》のように空を飛んで上京した。

庚申堂の〈武者絵〉

成木では太古から棲息しているパルナシウス（ウスバシロチョウ）という白い蝶々の歓迎を受けた。この蝶は九州には棲息していないので、いつかはホンモノが見たいと思っていた。それが思いもかけない成木の山でこの蝶に会えて、すっかり嬉しくなり、時の経つのも忘れ見とれてしまった。そういえば鏝絵に登場する〈蝶や蛾〉は先祖の霊を運ぶというが、谷間を優雅に飛翔するウスバシロチョウは、我々を歓迎する石灰の神様のお使いだったのではなかろうか。

成木のイベント会場には、既に関係者や参加者が集まっていた。ところが、江戸時代に焼かれたという石灰櫓は復元されていたものの、これを燃やすとダイオキシンが発生すると反対する人たちがいて、石灰焼きは中止となっていた。少し残念な気もしたが、私は古い時代の石灰櫓を撮影することができたので満足だった。

翌日は、長年思い焦がれてきた群馬県渋川市の庚申堂を訪ねる。目的の猿田彦を祀る庚申堂は旧三国街道沿いに鎮座していた。初めて庚申堂を訪れた小林編集長は「異界の人の手技」だと感激している。しかし、庚申堂に塗り出された無彩色の〈鯉〉や〈中国の故事〉のような漆喰鏝絵は、管理者の大島氏から〈三国志〉と聞けただけで、室内に残された〈武者絵〉や漆喰製の〈奉納扁額〉の詳細は不明だった。堂内に奉納された蚕の繭を見て、確か蚕の神様はコノハナサクヤヒメで、姫が蚕のように産室を泥で塞いで出産した話を思い出した。

次に『左官教室』で出牛氏が何度も紹介していた富岡市の成田山不動堂に向かう。一時間ほどの移動で富岡に到着するが着いてビックリ。なんとこのお堂は総カラーの漆喰鏝絵で飾られている。こういうのも初めてだ。建物は相当傷んでいるものの、数年前に建物全体を覆う工事がされており、

青梅市成木の石灰櫓

これ以上漆喰鏝絵が傷むことはないので、まずはひと安心する。

不動堂を一周するといつもの「ウーン」と「ムム…！」が同時に襲ってきて、頭の中をさまざまな色が駆け巡る。たとえば九州伊万里の呉須の色や九谷焼の派手な色合いであり、子どもの頃に見た公衆浴場の男達の刺青や祭の見せ物小屋の怪しげな泥絵、そして端午の節句の幟の色が、渾然となって壁を飾り立てていた。はるばる訪れた甲斐があった。

絵柄は中国の親孝行シリーズの〈二十四考〉や〈鶴に乗った仙人〉、そして極彩色の〈大蛇〉が塗りだされている。しばらくして、このお堂を管理する天台宗小幡山宗光院福寿寺の田中住職の奥様が、不動堂の鍵と資料を持って見えられ、堂内を拝観することも許された。改めて富岡の鏝絵を見ると、先に見た渋川の庚申堂と同じ職人の手になることが見えてきた。これは山の民の祈りと里の民の願いが一致した産物なのかもしれない。

私が「異界の人」と考えていた人々が活躍した世界は、九州の阿蘇や久住高原から山口の秋吉台→山陰の伯耆《ほうき》大山→岡山の吉備高原→関西の鈴鹿山脈→岐阜や長野の日本アルプスを貫き、関東の武蔵野平野を抜けて榛名山系に至り、奥羽山脈へと続く。そしてこの線上を辿って歩くと、不思議なことに、申し合わせたように石灰山があり、また風変わりな鏝絵に出会えるのである。前に鏝絵は北前船のルートと深い関係にあったのではないかと書いたが、今回の旅で、従来の街道や海路に加え、もう一つ「山の道」があったのではないかと思うようになった。

記憶は定かではないが、異界の人が守り刀としたウメガヤという両刃の刀は、砂

群馬県富岡市・成田山不動堂

鉄を鋳溶かした良質の鋼《はがね》だと聞いたことがある。良質の刃物を手に入れるには、良質の石灰が欠かせないはずだ。数年前に「鉄の町起こし」で知られる島根県吉田村の名誉町民だった村松教授と湯布院を旅した時、最後に鉄と石灰の話になったことが懐かしい。

同行の建築家の薩田氏や東工大の石井君は、富岡の不動堂の前で言葉を失ったままだ。二度目の小林編集長はいつものように微笑んでいる。昨日から興奮状態の私は今日もハイテンションで、ヨーロッパにある骸骨を飾る教会も印象深いが、ここも負けていないなどと思っていたら、隣にいたイタリー帰りの建築家が「フィレンツェにあるジョット作の天国の門みたいだ。ヨーロッパでは彫刻は神に捧げるが、ここでは民のものですね」と語りかけてきた。「ヨーロッパの建築装飾は絵画的で、アジアは漢字で神を讃美する文字文化なのに不思議だ」と何やら考え込んでもいる。それにしてもこの不動堂、いったいどんな人達がお参りしたのだろう。考えるほどに興味が湧いてくる。

資料によると、富岡の不動堂は修験者多治見福寿坊の内仏堂だったが、一七一六年（享保元）に福寿坊二十三代の多治見賢友が不動堂を勧請し、再三の火災に遭いながら明治時代に廃坊になった歴史を持っていた。この資料をめぐって不動堂の話は尽きず、今回の最終目的地である高崎市内の諏訪神社への移動中、次のような会話となった。

――あの不動堂は、近代国家を目指した明治政府の「神仏分離」や「文明開化」政策で山伏禁止

富岡市の成田山不動堂（部分）

ということになって廃寺にされたのではなかろうか。

——山伏禁止は、近代化を目指す明治政府の文明開化の政策に逆行する怪しげな加持祈禱を禁止したものだから、これに触れた不動堂が明治四年に廃坊になったのなら辻褄があう。それが、やがて廃仏毀釈のうねりが鎮まる明治二十年頃に、信者の手によって復興されたのではないか。

——不動堂の詳細が不明瞭なのは、いつまた変わるか分からない新政府の政策やその手先となった邏卒《らそつ》の咎めを嫌う人たちが、再度の禁止を恐れて秘密にした為ではあるまいか。

さらに話題は富岡製糸工場へと広がる。

——九州に作られた官制の八幡製鉄所では、近郊近辺のみならず、あらゆるところから労働者や商人が集って八幡村は町となったが、ここ富岡も例外ではあるまい。

——仕事と富、明治時代でなくてもこうした好況の熱があれば、いつでも人は集まるものだ。

——封建社会が崩壊した「アバウトでノープロブレムな時代」に、日本の外貨を稼いだスター産業の官営の製糸工場が目の前に出現したのだから……。

製糸工場で働いた近隣の少女が百円工女になった話はよく知られるところだが、新政府の財源となった生糸がもたらした富は、さらに多くの神話を生んだことだろう。この生糸マネーが、自然相手の産業の町「群馬」の好況に沸く人々の心に、コノハナサクヤヒメをはじめとするこのような信仰を育む土壌を形成させたのではないかと推察された。

パリのノートルダム寺院の寺院彫刻

兎とワラニゴ【岐阜再訪】

『銀花』百十四号（九八年）で「鏝絵文明開化――藤田洋三のあれから十七年」という特集が組まれ、その特集の最後で「江戸萬登場」として岐阜の鏝絵が大きく紹介された。

その発行日から何日も経たないある日、岐阜県の挾土《はさど》組の左技士《さぎし》を名乗る挾土秀平氏から「あの特集のおかげで江戸屋萬蔵の土蔵と鏝絵が、高山市の手によって修復保存されることになりました」という電話が入った。以前、「ヨソモノとワカモノとバカモノがいたら、保存話や村おこしなど、大抵のことは成就する」と大口を叩いたのが、こんなにも早く現実となってしまった。嬉しくて愉快な電話に喜んでいたら、岐阜県左官組合青年部の大会があるからスライドを持って講演に来て欲しいという依頼を受けた。

今回は、挾土組が竣工した荏野《えな》神社の荏野文庫、修復を終えた久々野《くぐの》家の土蔵を見学し、鏝絵や泥壁探索、前回駆け足で撮影した藁塚を撮影したいと思っていた。

岐阜県高山市「江戸萬」の鏝絵

高山市のグリーンホテルで開かれた岐阜県左官組合青年部の大会は、最初に手渡された「岐阜県左官組合の百三十周年史」にまず驚かされた。数年前に大阪府左官組合から謹呈された記念誌も中身が濃かったが、高山の本もそれに負けていない。面白くて講演会が始まる前に半分程読んでしまった。恒例の大会のプログラムも無事終わり、熱の入った青年部の勉強会になると、岐阜という歴史のある町の奥深さを感ぜざるを得なかった。

行政側である高山市役所の都市計画のベテラン職員や文化課職員の大会参加は、組合に相当の調整役がいなければできないことだ。単なる挨拶だけの政治家がいないことや、シックハウスの取り組みや土壁の研修など、古いものと新しいものの積極的な取り組みに感心させられる。懇親会では、高山市役所で江戸萬の保存調査をされている田中氏と隣席になり、高山市が九十戸前もの土蔵を所有する市であることや、高山の土蔵には三階建てのものがあり、地下室と中二階に書庫をもつ土蔵が三十戸前ほどあるという話を聞く。

翌日は乗鞍岳を源流とする小八賀川《こはちが》を遡行して長野県安曇野《あずみの》に向かう。目的は〈兎〉の鏝絵。これは『左官教室』の表紙を飾ったこともある、挾土氏が仕事先の土探しで見つけた美人のウサギちゃんだ。

なるほど現場でないとこの鏝絵の凄さと興奮は伝わらない。周囲の広葉樹林の根幹は大量の水を保有し、清冽な環境を土蔵の連なる小路に提供している。そんな安曇野の凄さも鏝絵の存在を引き立てている。この豊かで緊張した清潔感漂う集落と人の温もりと土蔵が心地よい。この〈兎〉は、かつてこの家が鍛冶屋であったことから、無名の職人が火の神にこれを捧げ子孫繁栄を願ったものと推察された。

今年開通した安房トンネルを戻り、山頂のレストランで食事を頂くことにする。途中で見た石積みの風穴が気になり、あれはかつての蚕種業《さんしゅ》、お蚕様の種（卵）置き場じゃないかと店の主に聞くとまさにそうだった。これで安曇野の民家の二階に

楣《まぐさ》に塗り出された〈兎〉

無造作に置かれていた蚕の寝床となる藁製品の謎も解けた。

　昼食を待つ間、窓の外を眺めていると、なんと日本アルプスの妖精のようなコゲラ、ヤマガラ、シジュウカラ、コガラ、そして私が初めて見るゴジュウカラまでが歓迎してくれた。

　野鳥の美しい羽根の色は日本画でもよく見られるが、昔の左官職人が塗り出した床の間に見られる土壁の色もこれに負けていない。日田の原田氏や飛騨の挾土氏を捕らえて離さない土壁の世界も、よく見るとこれに似ていなくもないのだ。

　電車の時間があるので、いつまでもここに止まるわけにはいかない。そういえば朝見かけた藁塚も、道すがらの土壁も千光寺の御神体といわれる両面宿儺《りょうめんすくな》の像も見なければならない。フィルムが残り少なくなり、電車の時間まで二時間を切った頃、朝方見かけた高山市松之木町の藁塚にたどりつく。朝方目にした藁塚は、まるで前世紀末にヨーロッパに登場した信者のいないロマネスクの教会のようだ。ここではこれが当り前なので顧みる人がいないようだ。これも民の産み出した素晴らしい造形である。

　二十年前の安心院町の鏝絵発見の時と同じだなと思いながらカメラに目を向けると、なんとフィルムは残り二枚しかない。そこで感動の心を込めてツーカットを撮影し、表に回り農家でここでの呼称を尋ねる。家人は「ワラニゴ」と「クサニゴ」と答える。私は一瞬？？？となり、藁と草の二種類のニゴがあったことを知る。

　ウーンしまった。フィルムはカラッポでしかもタイムアウト。感動と無念を残して駅に向かう。残り時間はもう何分も残っていないが、それでも荏野《えな》文庫を見たいと我侭を言う。行ってビックリ、

岐阜県高山市
のワラニゴ

足場が取り外された荏野文庫は、何と池の中にあったのだ。

柔らかいの柔毛色の土蔵とそれを引き締める丁寧な黒磨きのストライプ、残念ながら池に水はなかったものの、盆栽のような小さな水芭蕉が小さな白い花をつけていた。この景色は何年もしないうちに凄い美人になりそうだ。

飛騨の左技師は最後になって遠慮がちに自分の仕事を出してくる。もう少し余分にフィルムを持ってくればよかったと思うが、後の祭りだ。小林編集長も以前、高山でフィルムを打ち尽くして買いに走ったというが、納得するまで撮影するにはもう一泊するしかない。しかし今回はそれができない。

駅に近づいてもう一戸前、今度はさる醸造倉のタタキや年代不詳の土壁の現場を見せられる。これはもう絶世の美人を前に撮影させてもらえない、写真屋の生殺しだ。後ろ髪を思い切り引っ張られながら、高山駅に向かう。

別府へ戻った翌日、高山から電話が入った。

講演を聞かれた河野ドクターからの伝言で、私の知らなかった〈逆さに泳ぐ河豚〉の鏝絵の意味についてだった。かつて中華料理屋で「福」の文字が逆さまに書かれていたのを見た先生が「これは何か」と質問したら、店の人が「福は逆さにすると福が舞い込む」縁起ものだと教えてくれた、というもの。それと秋に講演会をするから再び飛騨に来て欲しいという嬉しいものだった。

秋といえば稲刈り、新品のワラニゴが作られる時期だ。左技士秀平が見つけ小林編集長が感涙にむせんで名づけた「笑う壁」も見ることができるかもしれない。

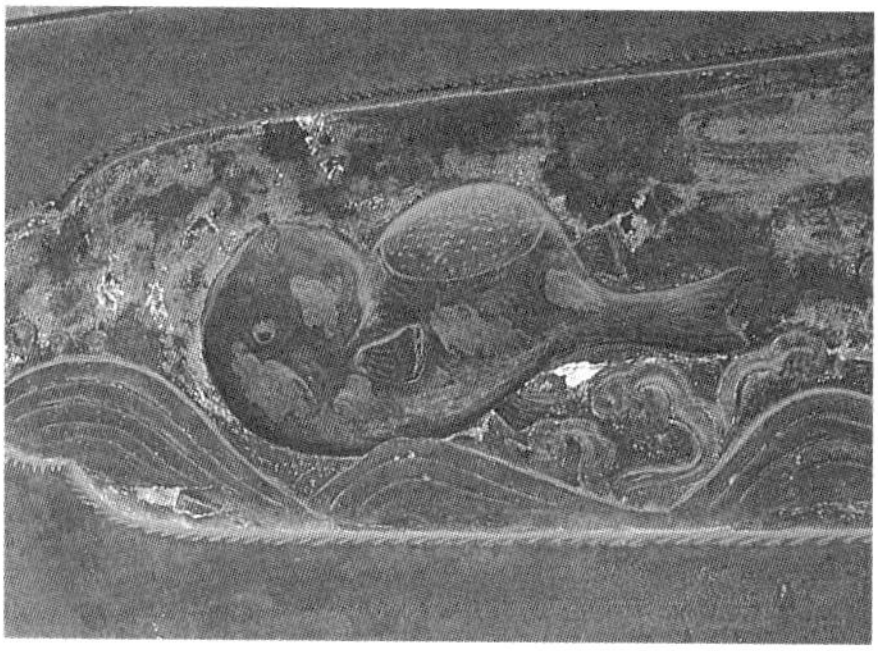

大分の民家内に塗られた〈逆さに泳ぐ河《ふ》豚《ぐ》〉

中国でルーツを探る【中華人民共和国】

一九八六年から翌年にかけて、二度訪中するチャンスを得た。

最初は中国湖北省武漢市で、大分県の写真家集団ＪＡＢによる「大分の風貌」という写真展を開催し、故郷大分を中国に紹介することと中国の写真作家と交流を図ることが目的だった。

滞在中は、武漢市の協力を得て武漢・武昌・漢口の三つの地域を撮影してまわることになった。私は農村部を自由に取材することを強く要求したのだが、思惑は見事に外れ、先方の組んだスケジュールに従って、近代的な機械化された農村を通訳に見張られながら撮影することになってしまった。

ゆっくりとした時間の流れる豊かな風景のなかに身を置いて、鏝絵や美しく歳月を重ねた壁を探したいと思っていたのだが、実際には外事弁公室の用意したワゴンカーで、近代的な農村巡りをすることになってしまった。ワゴンカーの車窓から時折見える民家の古い蔵の妻壁に、私の目的の鏝絵らしきものが見えるのだが、公式の行事を消化することと、近代化された中国を日本のカメラマン達に撮影させようと必死になっている中国官僚に、私の個人的な思いなど通用しない。

武漢郊外の民家

通訳の人に、「あの壁をもっと見たい」と恐る恐る申し込んでみる。もしかしたらニッコリ笑って車を停めてくれるかもしれない。しかし、返ってくるのは「あの地区は非開放地区です」という愛想も何もない言葉だけ。お役人独特の言い方には妥協もつけ入る隙もない。こうなったら別の手を見つけるしかないのだが、びっしりと組まれたスケジュールから抜け出す策も見つからず、今回は諦めて出直すしかないのかも、などと思っていたら、チャンスは思いがけずやってきた。

いよいよ明日でお別れという日の朝、そろそろ疲れの見えてきたカメラマン達を見て、息抜きも必要だと思ったらしく、今日は一日観光地を案内してくれるという。有名な黄鶴楼《おうかくろう》を始めとする観光地巡り。しかしそこで目にしたのは、中国の文化大革命の残した深い傷痕だった。紅衛兵によって粉々に打ち砕かれた孔子の言葉が刻まれた石碑。その石碑を、まるでジグソーパズルのように一つ一つ丁寧に組み合わせて修復する現場を目にして、カメラを構えると、例の「非開放地区」が飛び出してくる。

しばらく、そこに佇み思いを巡らせてみた。我が国の明治時代に行われた廃仏毀釈が脳裏に浮かぶ。多分あの頃の日本にも、こんな光景が見られたのだろう。そう思いながらあたりを見まわすと、小さな庵の修復現場が目に入ってきた。その屋根の上では中国の若い左官職人が漆喰鏝絵を作っているではないか。早速、登って行って撮影しようとすると、またもや「非開放地区」である。ウンザリしていると、近くで喧嘩が始まり、パトカーが来る騒ぎになった。

たぶん、この喧嘩も例の「非開放地区」に違いない。しかし通訳と外事弁公室のメンバーは今や喧嘩という「非開放地区」に気を取られている。この隙にもう一つ

中国武漢市・近代化を推進するモルタル運搬車

の「非開放地区」の撮影をさせて貰うことにする。小さな庵に組まれた足場を駆け上がり、カメラを構えあっという間に一本のフィルムを撮り終える。若い左官は嫌がる風もなく黙々と仕事を進めていく。「左官屋さんも国家公務員なのかなあ」と思う間もなく慌ただしく撮影を終え、フィルムを抜き取りポケットに隠す。

若い左官は、紙に書いた下絵を基に、ちょうど日本画の模写の技法に似た要領で、紙を上下に動かしては漆喰を塗り、唐草の模様を仕上げていく。下地は、日本ではもうすっかり見られなくなった、ラス板張りにセメントを塗ったもの。その上に漆喰を塗っている。鏝の種類もそう多くなく、僅か七本位のものだった。

漆喰も日本のものと大差なく普通のノロ（布海苔）を使う漆喰で、近くではツノマタに似た海藻を大釜で炊いていた。足場は、形態こそ日本の杉丸太を使ったものと同じだが材料は竹が使われている。後で考えてみると、よくもまあ、あのグラグラと揺れる足場を駆け上がったものである。火事場の馬鹿力というけれど、人間の持っている潜在能力には我ながらビックリさせられる。

その後、市内なら自由に撮影しても良いということになり、早速武漢市内にある旧租界地を訪ねた。ここはかつての列強国の建物がそのままに残っているところで、アカンサス、コーナーストーン、オーナメント等、当時の流行の西洋装飾で飾られた建物がかなり残っていた。しかし、それらは漆喰ではなく石造の建物だった。明治・大正の時代に多くの日本の左官職人が大陸に渡ったことがあったが、ここには私の求めていた鏝絵も美しい壁も残っていなかった。

鶴がテーマの
黄鶴楼

民家に鏝絵を発見

武漢から帰って二ヶ月も経たないうちに、写真の師匠で福岡に住んでいた故北島直氏から電話が入った。「来月、中国に行くから来るように」である。今回の訪問地は広東省中山県というところである。この旅は、師匠のお母様の所属する佐賀県の農業婦人学級の国際交流の勉強会で、孫文の生家を訪ね中国の農村婦人と交流を図り、現地の農家で研修をするらしい。それらを写真やビデオに収めるのが私の仕事だった。

またもや農村である。ピカピカのトラクターが走り回る中国の模範的農村である。武漢の再現である。撮りたいところは「非開放地区」であり、撮りたくないところは「是非どうぞ」である。しかし懲りない私は再度機上の人となっていた。

香港からマカオに上陸し、バスで国境を越える。広州というところは中国でも人気のある牡蠣《かき》油の産地である。牡蠣油の産地ということは、牡蠣殻が無尽蔵にあるということである。その昔、西江が運んだ大陸からの大量の砂は、僅か二百年の間にマカオの港まで埋め尽くした。その結果、西江の河口一帯が牡蠣と牡蠣油と牡蠣灰の産地となった。中国本土からの土砂で浅くなってしまったマカオの海は、往時の賑わいこそないが、水中翼船が走るのにはちょうどよい深さの海となり、牡蠣や蛤が採れるようになったそうだ。

名物の松露の牡蠣油炒めと干しアワビとパクチョイの牡蠣油炒めを食べながら、石灰工場を目で探す。

数時間前マカオで見た白亜の教会はスペイン人が建てたものだが、牡蠣灰はここ

中国の左官・水泥匠

で焼いた石灰が使われたものではなかったのか。そんなことを考えていたら、帰国後『左官教室』に「土佐漆喰のルーツは中国にあった」という記事が登場した。なるほど、漆喰は中国古来の技法であったのか。

かつて広州には立派な港があったという。その頃は牡蠣の養殖もなく、ポルトガルやスペインの帆船が往来していた。その中の一隻がフランシスコ・ザビエルとキリスト教を日本に運んだ。ザビエル一行は、豊後大友家の庇護を受け、臼杵市に日本で最初の白亜のコレジオやセミナリオを建設したと伝わっている。もしかしたら、土佐漆喰は広州→マカオ→臼杵→土佐というルートで伝わったのではないだろうか。

中山県の路地

さて、いよいよ農村である。孫文の生家がある村は、大きな網を持った農民がゆっくりとした足取りで歩くのどかな所である。その網は五メートルもある大きなもので、一体なにが獲れるのだろうと皆で話していた。さすがに、クリークで有名な佐賀県の婦人会らしくニガブナだのモロコだのと、それぞれに魚の名前を口にする。さて、バスはこの大きな網を持った農夫に導かれるように古い村の方に入って行った。

後で判ったことだが、彼女たちの答はすべて違っていた。農夫の持つ網は田蛙《デンチー》という中国の食用蛙を獲るための網だったのだ。もちろん、その夜の食事に牡蠣油で炒められたデンチーが出てきたことはいうまでもない。

村は、二百メートルほどの通りを挟んで左右に約三十戸ほどの民家が並列する小さな集落で、それは不思議なほど懐かしい光景に満ちた空間だった。何十年か前、そう、私が子どものころに見た「村」がそこにはそのままに残っていた。そしてなによりも私を喜ばせたのは、民家に塗り出された鏝絵たちだった。あんなにも恋い焦がれ憧れ続けたものが、ここではごく普通の風景として存在していた。体が小刻みに震え棒のように立ち尽くしたままの私は、今は亡き師匠が声をかけなければ、いつまでもそこに立ちすくんだまま動けなかったに違いない。素晴らしい出会いがここにあった。

その小さな村の中の三軒の民家の妻壁や大壁、そして入り口の小さな庇のところに〈煎茶の道具〉〈花〉〈動物〉が塗り出されていた。色彩もベンガラやキンベルといった、今まで私が日本で見てきたものと全く同じ物である。村長さんが出てきたので、挨拶もそこそこに筆談で質問をする。しかし、村長さんは鏝絵には全く興味が無い様子で、詳しいことは何も知らなかった。ただ、あの家は義和団の乱の年に建てられたもので、「これは、われらの同胞の水泥匠（左官）が作ったのだ」という。村長さんは、若い頃あちこちでこれに似たようなものを沢山見たとも言った。日本では「鏝絵」と呼ばれる技法であるが、さて、中国ではなんと呼ぶのだろう。村長さんはただ「彫刻」としか書かない。そして「中国は古い国だから、もっと古い彫刻が沢山ある」と胸を張るのだった。

鏝絵のルーツ探し

八七年八月、今回は烟台・青島・北京を訪ねる機会を得た。前年の中山県に続く

〈煎茶〉の道具が塗り出された中山県の民家

中国の旅である。今回で中国の旅も三回目になるが、この国はとにかく大きい、そして広い。広すぎる。

今回の旅は、友人の書家の計画した「子どもたちと中国書家の友好の旅」の同行取材である。書家の目的は、山東省にそびえる雲峰山と天柱山という山のアチコチに彫られた鄭道昭の磨崖碑を訪ね、北京の故宮殿で王羲之の書の展覧会を見学する「書の旅」であった。撮影の依頼を受けた時「中国の農山村部にも行く」という言葉に、またもや即座にOKの返事を出していた。

実は私は、中国の農村・山村を訪ねるという目的のほかにもう一つ目的を持っていたのである。青島はハマグリの産地として有名なところで、その殻で作る碁石で知られている。ハマグリといえば、碁打ちには憧れの碁石であろうが、囲碁とは何の縁も無い私にはそんなものはどうでもいい。気になるのはただ一つ、そのハマグリを原料とする唇灰《しんばい》と呼ばれる貝灰のことだけである。

牡蠣《かき》灰より上質なのがハマグリの灰である。ハマグリの産地なら、きっとこのハマグリの貝灰も作っているはず。ハマグリの貝灰で作った漆喰の出来上がりはどうなるのだろう。青島でそんな漆喰の壁に出会えるのでは……。そんな期待に突き動かされての旅である。

今回の乗り物は主にバスと汽車である。まず福岡空港から香港に飛び、広州へ。ここから烟台まで三十人乗りの古いバスで十八時間程揺られる旅である。私にとっては絶好の「民家観察の旅」である。しかし何時間走っても黍《きび》畑が延々と続く広い風景で、思い出したように村落が現れるのみである。バスはプラタナスの街道をひたすら一直線に進む。あちらこちらに赤い煉瓦色の瓦をのせた

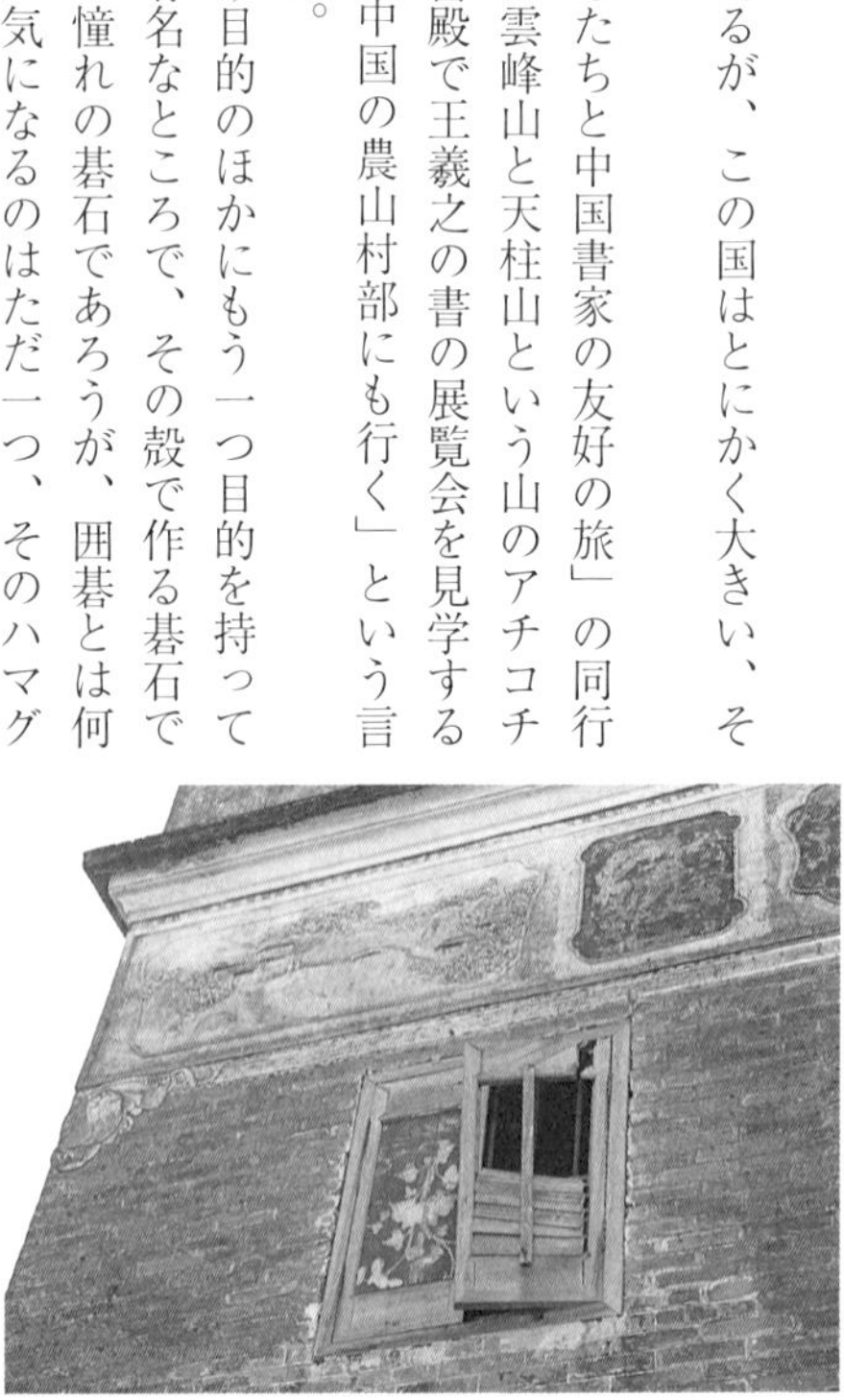
中国広州の鏝絵

クリーム色の新しい蔵が見え始める。街が近いのだろう。妻壁に一九七五年と書かれた文字と漆喰の飾りと毛主席のレリーフ像が見える。激しかった文化大革命の嵐もやっと一息つき、人民公社も解散して民主化の兆しを見せている中国だが、いつまたその方向が変るか分からない国でもある。

想像はしていたものの、一日走っても一面の黍畑で、北京に近づく頃、ようやく黍畑から麦畑、そしてコーリャン畑へと作物が変わる。広大な畑の中に、穀物倉のような例のクリーム色の倉庫が時折見える。このクリーム色の倉の間に僅かではあるが、古い民家の集落が姿を現すことがある。この地方独特の物であろう、バリカンで刈った髪の毛を積み上げた様な黒い藁こづみの間から、民家が見え隠れする。バスはこんな村の近くに来ると、スピードを上げクラクションを鳴らし、逃げるように走り去ろうとする。たぶんここは、例の撮影禁止の「非開放地区」なのだろう。でも、こういう所にあるんですよ、鏝絵は。

やっぱり思った通りありました。それは古い民家の玄関口の煉瓦の壁に飾られた赤い鏝絵で、大きさは六〇センチ位。右側には雉か山鳥のような尻尾の長い〈鳥〉が描かれ、左側には〈花瓶と花〉。鳥と花瓶は白い漆喰で盛り上げられていた。もちろんゆっくりと観察している暇なんかありません。時間にして五秒程。走り抜けるバスの窓から見えた鏝絵である。デコボコ道を走るバスの揺れは半端じゃない。これじゃあ写真を撮ることなんて、とても無理。石川啄木じゃないけど、あまりの歯がゆさに、じっと手を見る。

なぜ、こんなに中国の鏝絵にこだわるのか。実はこれにはわけがある。鏝絵の創始者は入江長八ということになっているのだけれど、はたして本当にそうなのか。

天住山

もしかしたら大陸に鏝絵文化があって日本に輸入され、それを長八さんが広めたのではないだろうか。という実に大胆な仮説を立てているのです。その仮説が正しいかどうかを確かめたい。ただそれだけなのだ。

『職人衆昔ばなし』（一九六七年・文藝春秋社）に池戸庄次郎（思楽）さんという左官職人の話が載っている。池戸庄次郎さんは入江長八の孫弟子である。その中に非常に興味深い話がある。少し長いのだが、引用してみたい。

――長八さんは、色土壁に、共土で鏝画（鏝絵）の着色をしているんですが、これは徳川初期の名工の法や、日本古代の秘法と一致しているといって研究家が驚いています。（中略）

それを例証するのは奈良の初瀬の長谷寺の壁なんです。この寺は、慶安三年（一六五〇）に徳川家光が再建したのですが、本堂本尊仏の背後の外に木摺の壁画があります。そしてこの技法は、下塗り漆喰のアク止めに中塗りをして、その上に白土を塗って描いています。下層漆喰のアク止めに中塗り土をかけたんでしょうが、これは偶然にも、土壁の素地へ鏝画した古代の法に一致しているんです。そしてこれが、色土壁に共土で鏝画した長八さんの工法ともピタリと一致するんです。――

恐らく入江長八は、庄次郎さんが語っているように、ここら辺りから鏝絵のヒントを得て、当時画期的だった新しい漆喰彫刻を完成させたと考えられる。そして私は、入江長八が手本にした奈良の長谷寺の鏝絵のルーツが、実は中国にあったのではないかと思っているのだ。いつかは、ゆっくりと思うまま「中国鏝絵の旅」をしてみたいのだけれど、なかなか思うようにはいかない。でも、

武漢の旧租界地

偶然の出逢いを待つのもいいものだと、今では本気でそう思っている。

前回の中山県と、作る作物の違いこそあれ民家の形態はほとんど変わらない。中山県の壁は、さすがに牡蠣灰の産地だけあって漆喰塗りや赤土に石灰をまぜた大津に似た土壁が多かったが、この烟台地方の母屋の壁は泥の壁が多く見受けられた。十八時間の長かったバスの旅で出会った鏝絵は、僅かに一件二点のみ。たった五秒位の間だったが、それだけに印象も深かった。

先日、上海駅に溢れる中国の農村難民がテレビに映し出されていた。彼らは、働き口を求めて農村から都会へとやってくるのだ。中国の農村部ではまだ開放されていない所も多く、小さな部落や古い農村部の取材や個人の気ままな旅など、とてもじゃないができるものではない。こうして、通過するバスや汽車の窓から眺めるしかないのである。

瓦と漆喰で作られた韓国李朝画の〈虎〉

鏝絵を塗り出した職人たち

石州左官との出会い【山口県豊浦町】

鏝絵の取材を始めた頃は「鏝絵って何？」とか鰻絵、湖底を撮影して何が面白いのか、などと言われたが、最近はどこへ行っても鏝絵というと「ああ、あれね」という応えが返ってくるようになった。それはそれで嬉しいことなのだが、友人の影響か「土壁」が気になってしようがない。日田の原田氏からも再三「鏝絵は左官のオマケ、壁ですよ、壁」と会うたびに囁かれる。泥の仲間には悪いが、もう少し辛抱して頂いて、近県の様子を見ることにする。

そこで山口県。なぜ山口県なのかを簡単に説明すると、山口県豊浦町役場の建設課長さんが大分県に鏝絵の見学に来られた時、豊浦町に残る鏝絵の写真をお土産に頂いたのがことの始まりである。その絵柄と山口の鏝絵の存在が気になり、機会があったら本物を見ようと心に決めていたのである。

今回訪ねた山口県豊浦町室津浦は、鏝絵の残る数少ない漁村で、JR下関駅から車で約一時間程の所。豊浦町の歴史を紐解くと、江戸時代の元和年間（一六一五―二四）に、漁業史に残る画期的な定置網「大敷網」の発明によって室津浦は大いに栄え、江戸末期には五島列島や平戸まで出漁していたという。

富あるところに人は集まるものだが、急激な人口増加で家屋が密集したため、明暦の大火に似た状況で明治二十四年と三十七年に大火災に見舞われる。室津浦ではこの大火を教訓に「かみさん小路」「ふくろ小路」「てんじん小路」など通路に防火帯を設けると同時に、罹災家屋の再建時に漆喰を導入して、二階の壁まで延焼防止の耐火工法で施工するという、江戸の町の防火対策そっくりの経緯を辿る。そして、幕末期の江戸に伊豆の長八という左官の名人が生まれたように、ここでも名工が登場する。

もとより室津浦は漁村であるため、複雑な塗り籠めの白壁が塗れるような左官職人はおらず、アチコチから村の再建のために職人が乗り込んできた。山口県宇賀村の古谷道庵という医者が残した日記に室津浦復興の様子が残されているが、それによると、大火後近郷近辺からさまざまな援助物資が送られている。中でも興味を引くのは、何々村から藁何束、下関や防府から竹何束、材木何石等と当時を偲ばせる建築資材が寄せられていることである。また「ハイザラエ何名」の記載も見られ、近隣の人達の相互扶助による村の復興の様子が記録されている。

ここで、お隣り島根県の「石州左官」と呼ばれる左官集団の出番がくるのである。この石州左官の一人が、後に室津の名人と呼ばれた「井沼田桝市」こと富士永桝市

山口県豊浦町の海岸

である。桝市は、島根県温泉津《ゆのつ》郡馬路《まじ》村出身と伝承されており、この温泉津は「石州左官の発祥の地」として知られたところであった。

石州左官は、左官職人の間では伝説になるほどの腕前を持ち、日本各地を渡り歩いた職人集団である。この石州左官と共に仕事をしたことがあるという元島根県左官組合長の山田安治氏の話によると、「石州の左官職人たちは、腕が良いのはもちろん、職人の楽しみだった酒や博打には目もくれず、休むことを知らない働き者だった」ということである。彼らは島根県のみならず九州・四国・山陽・山陰・関西・北陸と広範囲に足を伸ばし、各地でさまざまな建築現場に携わったという。

石州左官の地元である島根県大田《おおだ》市には、もう少し詳しい資料が残っている。その資料によれば、石州左官は江戸時代の石見銀山と縁の深い職人の末裔で、維新後の銀山の縮小や廃止で生きる糧を失った職人達が、日本各地に仕事を求めて出かけるようになったのだという。

彼らは、故郷に残した家族のために、爪に灯を点すような暮らしをして仕送りを続け、故郷の郵便局は月に一度、その仕送りを受け取る家族でごった返したという。彼らは仕事のない冬場は石州に戻り、お寺やお宮に漆喰鏝絵を奉納したという。その仕事は今でも何点か残されているが、じつに見事な出来栄えである。

さて、山口の石州左官・井沼田桝市の話に戻ろう。桝市の仕事は室津浦に四件残っていた。その撮影をしている時、かつて熱心に写真を撮っていたという峯永等氏のことを聞かされた。早速、峯永氏を訪ねアルバムを拝見すると、二十年前に取り壊された桝市の手によると思われるものが六件

豊浦町の民家の戸袋にあった〈天狗〉

ほど写されており、狭い漁師町のアチコチに桝市の手技があったことが判明した。また室津浦には漆喰鏝絵を持たない母屋や土蔵も多く見られ、石州左官の仕事と伝えられるものもたくさん残っていた。

桝市が富士永姓になった経緯は詳しくは残されていない。富士永家の先代が桝市の仕事ぶりに惚れ込んで養子に迎えたのか、粋な職人振りに一目惚れをした娘さんがいたのか、など想像されて楽しい。

富士永桝市の漆喰鏝絵は海風を避けるように施され、その仕事は壁も鏝絵も見事なモノで、やがて百年を迎えようとしていた。しかし、なかには空き家となり傷みの激しいもの、補修の手を必要としているものがあることも事実である。山口県にはまだ掘り起こされていない鏝絵がかなりあると思われる。室津浦や小串に残る鏝絵を、漁民文化の遺産として保存して欲しい。

その後、峯永氏から郷土史家の岩務《いわづか》克元氏を紹介された。岩務氏は、かつて室津浦の古老の採話をしておられ「いぬまた」という左官の名前を聞き取りされた方だが、残念ながら井沼田桝市についての詳細な記録や墓地の所在は不明であった。

さて、石州左官には伝説の名工と呼ばれる職人たちがいる。その中に松浦栄吉・井沼田助四郎がいるのだが、山口県室津に名工としての名を残している桝市の名字も井沼田。さて、桝市と助四郎という同じ名字を持つ二人の職人には何か関係があるのだろうか。しばらくは石州左官を追いかける旅が続きそうである。

小路にあった〈恵比寿、大黒、小判とネズミ〉

石州左官を追いかけて【島根・鳥取】

一九九四年、暑い夏の盛りに我が家の電話が鳴った。私は留守であったが、電話は島根県大田《おおだ》市町並み交流センターからで、家族によると「壁と鏝絵」についての講演の依頼だったという。

私はただの写真屋である。講演依頼を頂く心当たりはない。数日後に再度町並み交流センターから電話をもらい、やっと事の次第がはっきりした。どうやら電話の相手は、私が『左官教室』の編集長に煽《おだ》てられながら書いている連載「鏝絵通信」の読者らしいのだ。

さて、この話に何と返事をしたらよいものか。島根県大田市は、前述の石州左官といわれる凄腕の左官職人達で知られる町だ。石州左官のことは話には聞いているが、その実態に触れたことはない。大田市に行けば、石州左官について詳しい話が山のように聞けるに違いない。しかし、私にはそんな「左官職人の聖地」ともいえる石州左官の故郷で話すことができるほどの知識はないし。いや、待て。もしかしたら、これまでの無邪気で無責任な「鏝絵通信」を読んで、「なんという知ったかぶりの浅学非才の輩《やから》か。一つここに呼んでお説教してやろう」と手ぐすねひいて待ち構えているのではあるまいか。ま、そうであったとしても、すべて自分の招いたこと。この際担当のお嬢さんの可愛い声に従ってみよう。

豊浦町の〈牛若丸〉

交流センターから送られてきた資料に目を通し、井沼田桝市や松浦栄吉が生きた時代を想像してみる。一九四一年（昭和一六）に書かれた「馬路《まじ》と職人」という資料には、次のように紹介されていた。

――石州左官の名の起こりはかなり古いが、馬路では大工と共に馬路職人は知る人ぞ知る、この世界では有名である。明治の中頃から九州・京阪神はもとより明治四十年代には朝鮮や満州まで、その足跡が及び（中略）馬路地区では背後が山地で農耕面積も少なく、これといった産業もなくいきおい資本のいらない「腕」で食ってゆける技術を生かした大工や左官として出て行く他に生計の道がなかった。――

そして、明治五年の村明細職業別一覧表に、次のような記録が残されていた。

職種	農業	左官	大工	桶職	木挽	石工	船乗	漁業	瓦工
馬路	**一〇二**	**四四**	**四七**	**七**	**一四**	**一九**	**六三**	**八二**	**三**
大国	三六六	一〇	一一	一	二	一	〇	〇	〇
宅野	一七一	六	一六	四	一四	四	一八	一九	四

これを見ると、馬路という村が他と比べていかに左官や大工が多かったかが分かる。なぜ職人の道を選ぶのか。それには二つの理由があるという。一つは、産業や田畑もない馬路で生きていくためには職人はもっとも手軽で元手もいらない職業だということ。二つ目は、次男三男対策である。

馬路の全景

明治の徴兵制度は維新後全国で大規模な一揆を誘発しているが、明治元年の「常備兵免役概則・徴兵令第三章」の資料を見てみると、この時代の庶民（小作人）の次男・三男が徴兵から逃れる策として、

他家に入籍するか、絶家、廃家を再興して戸主になる
養子になる
嗣子または丞祖の孫となる
独子・独孫となる
病気若しくは事故の父兄を作為する
北海道・琉球に転籍する

というものがあり、こうした時代背景も見逃せない。彼らは戸籍の筆頭者になるためにも、左官や大工という職業を選択して、親方について見習いとなり技術を習得したことが考えられる。

「馬路と職人」には、明治の中頃、馬路地区と上子路《かんごうじ》地区には十人もの親方が存在し、なかでも弟子を連れて出稼ぎをした折戸姓や島崎姓の一族や、石州左官の代表ともいえる松浦栄吉のことが詳しく紹介されている。

松浦栄吉は一八五八年（安政五）生まれ。左官職人として東京で活躍中に外務省の嘱託として上海領事館の仕事で中国に派遣され、そこで英国左官技術のジャバラを習得する。その後、日本に呼び戻され大阪で郵政管理局（大阪で初めての洋館）の木造洋館の工事に参加し、他に下関山陽ホテル・福岡医大・工科大を手掛ける。栄吉は「松浦式人造石」という新しい技術も考案し、在朝鮮時

石州瓦の工場

島根県大田市〈竹に虎〉

山口県豊浦町〈浦島太郎〉

代に京城の東洋拓殖株式会社の妻壁に〈月桂樹〉の彫刻、大邱で大邱郵便局と頼慶館を塗り上げ、大正時代になると故郷の大森町にある西性寺《さいせいじ》の経堂四面に、〈鳳凰〉と〈牡丹〉の漆喰鏝絵を奉納している。

松浦栄吉と井沼田助四郎

大田市は、山口県の宇部駅でＪＲ山口線に乗り換え、観光地として有名な津和野を経て三時間程の所である。車中から見る山口や島根の民家の屋根はいずれも石州瓦で、太陽の光を受けて鏡のように光っている。山陰は豪雪地帯なので、屋根に太陽電池の雪溶かしを付けていると、石州の人は自慢げに話してくれた。

小俣保線区までの土蔵の妻壁や民家に、恵比寿や大黒らしき鏝絵が見られ、益田の辺りでは土蔵に描かれた文字鏝絵が目立つ。ごく普通にあちらこちらで見られるこれらは、全て石州左官の手形だろうか。列車は国道九号線と並行しながら美しい江津の海岸を過ぎる。海岸にはサーフィンをしている若者が見うけられ、どうも、「裏日本」のイメージからは程遠いな、と思っているうちに列車は温泉津駅を過ぎて大田市駅に滑り込んだ。

大田市駅には、今回の講演会の仕掛け人である大田市交流センターの井野裕子《ひろこ》さんと、大田市役所建設部の職員で「まちなみ」探偵団の渡部孝幸氏が待っていた。時間がないので挨拶もそこそこに、〈猫のような虎〉の鏝絵を見学してから会場の大森町に向かった。

大田市・西性寺の〈鳳凰〉

大森町には、松浦栄吉の力作が眠る西性寺がある。石州左官の名誉は、なんといっても故郷のお寺やお宮に鏝絵を奉納することだったというが、栄吉の〈鳳凰〉や〈牡丹〉はさすがに見事なもので、上海の日本領事館の壁を塗り上げた棟梁の栄吉が、故郷に錦を飾るに相応しいものであった。これは長い時を経て子孫に伝えられているようで、今でも大切にされていた。

続いて安養寺経堂の〈龍〉を見学する。ここは西性寺と違い無住のお寺であったせいか、傷みがひどく、経堂の屋根には穴が空いている。早急に修理をしなければ取り返しのつかないことになってしまうと少々心配をしてしまう。これを町の宝物として石見銀山の観光コースに加えて整備すれば、鏝絵の保存もできるし、石州左官も喜ぶというものだ、などと皆で話しながら交流センターの会場へと向かった。

会場では鏝絵の写真展が開催され、町の人々が大勢詰め掛けて盛会であった。鳥取から駆けつけてくれた鳥取県鏝絵同好会会長の上田勝俊氏にも飛び入りで鳥取県の鏝絵のスライドを上映していただき、私も二時間の講演を鏝絵のスライドを交えながらなんとか終えることができた。

講演を終えると建築探偵団の始まりである。せっかく石州左官の聖地を訪れたのだから、「ぜひとも石州左官についてこの目と耳で取材をさせていただきたい」と交流センターの井野女史にお伺いを立てたところ、それはこちらからもお願いしたかったのだという心強い言葉が返ってきた。そこで、まず大田市交流センターの計らいで、松浦家に伝わる写真を見せてもらうことにする。

これは、松浦栄吉の葬儀の写真と韓国の大邱郵便局の竣工写真で、昭和二年八月一日と書かれた

韓国大邱郵便局（＊大田市交流センター提供）

当時としては高価なモノクロのエイトバイテンのプリントである。葬儀写真には、東京都四谷区永住町町内会の花輪と松浦増太郎・大野重太郎・伊藤喜太郎・梅野為吉・西原○○・朝倉浅○・河村裕・中西勇次郎・（横浜）・重実利八・兼田唯親等の名前が花輪から読み取れた。これらの人々は栄吉の弟子で、高橋組装飾部の花輪は建築会社の左官装飾部であろうと思われる。葬儀の行われた松葉山源慶寺の場所は不明であったが、四谷左官・吉田亀五郎師匠のすぐ近くで石州左官が頑張っているところがすごい。

残念ながら上海領事館の竣工写真は見つからなかったが、上海銀行の設計者平野勇造が一九一一年（明治四四）にこれを完成させているところから、同年代に活躍した松浦栄吉達が工事に関わったことも考えられる。松浦栄吉の息子栄太郎も父について左官となり、六十歳でその生涯を終えている。

ずいぶんと回り道をしてしまったが、いよいよ井沼田家の登場である。馬路という所は、キュッキュッと砂が鳴る「ナキ砂」で有名な砂丘の上に集落があるような場所で、水田や耕地は少ないようである。

井沼田助四郎（兼四郎）は、同じ馬路村出身の松浦栄吉と同郷で、栄吉と並び称される石州左官の名工である。邇摩《にま》郡仁摩《にま》町西往寺にある、明治十六年に作られた児島嘉六の〈安珍清姫と龍〉の鏝絵を撮影した後に、井沼田桝市の生家と思われる前述の馬路の井沼田家を訪れた。挨拶もそこそこに、室内の助四郎の手による〈ランプ掛け〉の見学を済ますと、家人の御厚意で過去帳まで拝見させて頂くことができた。こうして、島根県馬路村の左官・井沼田助四郎の系譜が判明した。

井沼田助四郎の〈蝶々のランプ掛け〉

過去帳から、井沼田家の助四郎は一八四五年（弘化二）生まれで松浦栄吉より十三歳年上であることや、井沼田家の養子であったことなどが判明した。しかし、残念ながら井沼田桝市との関係を示す明確な資料はなかった。井沼田家が助四郎を養子に迎えていることから、同時代を生きている桝市がこの井沼田家から養子に出たとは考えられない。おそらく桝市は他の井沼田家の出身なのだろう。この件を家人にお尋ねしたところ、分家の井沼田家の話は聞いたことがあるが、現在は何も残っていないとの返事であった。

翌日は初日に見ることのできなかった鏝絵に加え、石州瓦の登り窯を探検する。同行していただいた元島根県埋蔵文化調査員の児島弘氏は、石州左官の名工・児島嘉六の孫である。児島氏から、嘉六が鳥取で森田家の養子になったことを始め貴重なお話を伺うことができ、思いがけない充実した一日となった。しかし、ここでも井沼田桝市の手掛かりは、なにも掴むことはできなかった。

石州最後の訪問先は、明治二十二年に左官・山本庄吉が温泉津《ゆのつ》の安楽寺に塗り出した巨大な〈龍〉である。鳥取の上田氏にこれを見せたくておいでを願ったのであるが、予想通り鳥取に残るお寺の鏝絵と類似しており、上田氏は心に思うことがあったようである。

今回の旅の目的であった井沼田桝市については何も分からなかったが、石州左官の故郷で彼らの残した仕事の数々に触れることができたのは、大きな収穫であった。大森町の民家の土壁の美しさも印象的で、交流センターの若い井野さんの鏝絵に対する理解や保存に対する姿勢にも感心させら

温泉津・安楽寺の巨大な〈龍〉

れた。関係者との反省会を含めた夕食会では、保存や分布調査の再確認に花が咲き、鳥取県と島根県の間で石州左官の情報交換が始まった。

山田翁の話

翌日は上田氏の計らいで、鳥取県にお住まいの元鳥取県左官組合長・山田安次翁を訪ね、幸運にも安次翁から次のようなお話を伺うことができた。

——我が家は、青谷宿の庄屋でしたが、維新で没落し、明治二年生まれの荘太郎の代に左官職人になりました。父・荘太郎は、土蔵を得意としておりました。私が左官になったそもそものきっかけは、父に自転車を買ってもらったことです。それまでは、青天井で跡がとれるとか、末は坊主か神官になれとか言われて、いやだなあと思っていましたが、自転車を買ってくれるんなら、左官も良いもんだなと思ったんです。

最初は、土地の親方のもとで昭和元年まで修業に励みました。十四名の弟子は皆、島根県の出身者でした。当時は一人前の左官職人になるためには、まず便所掃除から始まって、家の掃除や風呂掃除、兄弟子の蒲団の上げ下げなど、相当の我慢が必要でした。これが終っても、まだ半人前ですから、今度は荷物を背負って現場に通います。もちろん、せっかく買ってもらった自転車に乗るなんて、もってのほか。

そろそろ独り立ちするという頃になると、未熟なりに仕事が見えてくる。そうなると、今度は親爺と喧嘩です。私は「もう土蔵の時代じゃない、洋風建築の左官仕

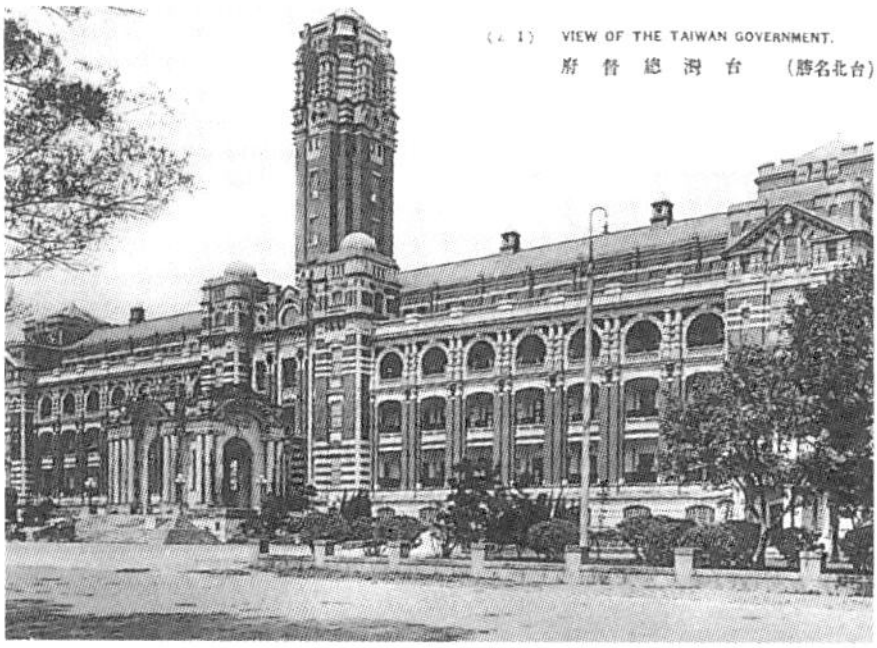

若い職人達が憧れた西洋装飾（台湾総督府・絵葉書）

事がしたい」。親爺は「そんなことに手を出すな」と。

親爺のところにいたんでは自分の思う仕事ができないと、倉吉の岡喜太郎親方のもとで再度修行をしました。岡の親方も島根県温泉津の出身で、俗にいう石州左官でした。ここでは、倉吉の議員さんの家や、名家のミガキ壁などをやらされました。当時は、米子に松浦金次郎率いる松浦組（二百名）があり、洋館造りが盛んになりセメントが登場した頃でした。松浦組の松浦金次郎や松浦栄蔵さんも島根県温泉津の人で、弟子のほとんどが石州の人だったと聞いています。

私も、昭和三年か四年に、大工の安藤棟梁と一緒に足利邸の洋館をやらせてもらい、昭和七年に海軍や陸軍の煉瓦を積みました。大阪に修行に行ったこともあります。当時は、身近に洋風装飾のアカンサスやダイコッパ等を教えてくれる人がいなかったので、浅井親方の所に入門を許されるまでの二ヶ月間、今でいうホームレスをやりました。大阪駅に野宿して棟梁のところに通ったのです。後で、親方に叱られましたがね。

この頃、洋風建築といえば、東京の安岡某、京都の前田某（左官学校の先生）、兵庫の佐藤某が知られていました。——

最後に、奈良時代に使われた油スサの話になった（スサ＝藁や麻などの植物繊維を微塵にしたもの）。奈良時代は機械などない時代であるから、菜種油を絞るとき、菜種を麻布の袋に入れ、袋の上から叩きそれを絞った。千葉の潮田《うしおだ》海岸ではこの菜種やカラシ菜の殻で貝灰を焼いたというが、この菜種油を絞るのに使った麻の袋を細かく刻んだものが油スサである。漆喰には防水効果や艶を

旧島根県庁
（絵葉書）

よくするために油をほんの少し混ぜるが、この油スサを使えばそんな必要はなくなるというものである。

次に訪れた鳥取県用瀬《もちがせ》町の左官・高田明氏の話の中にも、石州左官は登場した。高田の父・高田久蔵氏の師匠だった森田松次郎が、島根県温泉津の出身であった。久蔵氏は用瀬の宿に泊まっていた森田松次郎に会い、ぜひにと頼み込んで弟子にしてもらったのだという。

この取材で、大勢の石州左官が隣県の鳥取県に根を下ろしていたことを知らされた。こうしたことから考えると、島根県内にとどまらず、全国各地に石州左官の手技が散在していることが予想され、島根県大森町交流センターの今後の活躍が期待された。

山口県豊浦町の名工・井沼田桝市を追いかける島根・鳥取の旅は、残念ながら空振りとなったようだ。しかし、短期間ではあったが石州左官の跡を追いかけて、当時の職人達の気持ちに少しは触れたような気がした。強い意志と腕だけを財産として日本中を仕事を求めて歩く。彼らこそ、日本の近代化を支えた職人達であったのではないだろうか。彼らの歩いた跡には、こんなにもくっきりと多くのものが残されているではないか。

多くの職人が渡った満州国（絵葉書）

「四谷沓亀」こと吉田亀五郎

私の手許に、四谷左官・伊藤菊三郎による覚え書き『沓亀』という冊子がある。これは、江戸時代に生まれ、西洋の建築装飾の導入という左官技術激動期の明治を生き抜いた関東の名工「吉田亀五郎」のことを、弟子の一人である伊藤菊三郎が記録したものである。読み辛い明治人の文体に手を焼きながらも、江戸時代から続く明治の左官職人の暮らしの全体像が摑めたのはありがたかった。

また「新宿歴史博物館特別展資料・鏝」という図録中に明治五年、大工の清水喜助（後の清水組・清水建設）と共に、亀五郎が西洋建築に似せた擬洋風建築の日本橋の三井組為替座を手掛けた記録が見られる。後の清水組を興した大工との出会いは定かではないが、吉田はやがて日本の西洋建築の父、ジョサイア・コンドル設計の岩崎邸やニコライ堂を手掛けるようになる。こうした意味からも伊藤菊三郎の手記は、近代黎明期の左官史を照らす貴重な証言といえる。

――師匠は裕福な環境に育ったせいか性格は温厚でしたが、不幸にして母親に早く死なれ十一歳

吉田亀五郎が皿に塗り出した鏝絵

の時、左官の奉公に出ています。しかし「父親の主意を継母の立場から義息を他所に出すことの叛義を説得されて之より家にいた」といいます。本業の左官技能を習得する傍ら狩野派に絵を学び、入江長八に塑像を学んでいます。師匠が長八先生のもとに通っていたころ、長八先生は日本橋・深川・浅草と転々と住居を変えていた頃で、四谷からでは遠いので宿掛けで通ったという話です。

身長は一メートル七〇余あり、当時としては大男でした。他職のことは知りませんがこの頃の左官は、その好む派の芸事を習得しており沓屋の弟子の中には名取りもいました。師匠も舞踊を身につけていたらしくある宴席で踊った事があると聞きました。情の細やかな人で、信仰心も厚く弟子の習作は、丁寧に誠意をこめて指導してくれました。（抄出、以下同）――

師の鏝捌きの一例をあげると、

――下地に針金と麻を巻いてこれを四半と称し、柳葉の鏝の背裏で漆喰をすくい裏から表に押し付けると、漆喰がまるで虫のように針金に絡み付きました。私はその技の凄さに驚きましたが練磨すれば、そのようになれるのだと思いました。――

と当時の様子を記している。また時代背景として、

――明治の初めから欧米の文化の輸入と共に建築もまた欧米の風を輸入し、その担当者が欧米の建築様式を外国から取り寄せた参考書によって指導して作業させたので「様式選択主義」の時代とまで言われ、各担当者の好む様式で施工が進んでいました。しかし様式が変ればそれに伴なって細部も変化しますし細工の凹凸も違ってきます。こうした複雑な技術変化の時代を経て、弟子から弟子へと優秀な技能者が出て日本内地は言うまでもなく朝鮮、満州、中共、台湾と連なる建造物の彫刻の

旧東京駅（絵葉書）

八〇パーセントまでが沓亀師匠の流れを汲む者達の手によるもので、師匠の業績が如何に大きなものであったかが窺われます。――

――二十九歳の頃（明治六年）に日本橋海運橋畔の三井組為替座の軒下蛇腹に、長八風の大波模様を塗り出すことになり、この現場が余りにも長いので構図に困り果て、銭湯で風呂の温度を調節する振りをしながら波を起こして構想を練ったため、湯気にあたって倒れてしまった話もあります。その後、煙草が専売品になる前の銀座二丁目の岩谷天狗煙草店（松屋デパート）の屋上に「地球儀に立つ天狗」という中央地区で人目を引く大作を作ったので、これが大層評判になって四谷沓亀の名がひろまったといいます。――

つまりチョンマゲを付けた庶民に地球とか世界というものを知らせた今でいう立体の広告塔をやっていたのです。

――明治十五年（三十八歳）、霞ヶ関の離宮の仕事で花鳥の模様を塗った時、兄弟弟子の「唐草の善キ」と呼ばれた中橋善吉と競争することになりました。師匠は朝早くから現場に行って開門を待つので、門衛がその熱心さに心を動かされて開門を早めてくれたという話もあります。ここで監督に認められて品川の大富豪・岩崎邸（J・コンドル設計）や箱根の別邸を頼まれたとのこと。また明治二十二年には、神田駿河台のニコライ堂（二十四年竣工・Jコンドル設計）に西洋風の模様を塗り出しました。その後、伊賀町の絵も上手なら細工もできる「岩さん」という職人と共に宇都宮県庁を手がけることになります。――

――大正の初め頃、旧見附外の三河屋肉店が本格的な料亭に改装することになりました。この界

柱の間に彫刻を入れた例

隈では有名な店で、出入りの職人は天狗連ばかりなので評判の普請となりました。名人ばかり集りましたが、二階の客座敷の床柱に以前から保存していた珍しい材木を使おうとした時、寸足らずで困り果て師匠に相談が持ち込まれました。師匠は少しも慌てず柱の空間に「鷹」を塗りだしてスキマを納め、座敷を引きたたせたのです。——

という記録も残している。

この資料を残した伊藤菊三郎は、明治二十二年に生まれ、明治四十一年に吉田亀五郎に師事。大正三年に吉田と共に大正博覧会の「鉱山大模型館」の制作に参加。大正六年に遠藤於菟《おと》設計「東京日日新聞社」。大正十一年に、日本で最初の建築彫刻模型師となった熊木三次郎の弟子で甥の牧野萬蔵から、西洋建築の装飾模型や石膏彫刻を伝授される。

昭和三年に渡辺節設計の「日本勧業銀行」を振り出しに「松坂屋」「伊勢丹」「三越デパート」。昭和十一年に四谷左官の藤井平太郎と共に「国会議事堂」の装飾を塗り遂げ、晩年は千葉県松戸市に居住。この頃に高橋工業所の戸袋に塗りだした〈花咲か爺〉が、松戸市の福田商店に移築保存されている。

伊藤翁は、

——我が師・吉田亀五郎のその師である伊豆の長八の技能を慕う心は他の同輩より格別でありました。名工伊豆長八にも疑問作はありますが、師はそれには目もくれず、長所ばかりに目を見張り「どうしたらこのように出来るのだろう？」と涙ぐみ、その長所を慕うさまは、まるで乳児が母の乳房を慕うようでありました。また

沓亀の弟子・熊木三次郎が〈水龍〉を手がけた日本橋（絵葉書）

それでこそ名工伊豆の長八師匠以上の技を獲得することができたのでしょう。――と結んでいる。

伊藤菊三郎翁の筆先から、「様式選択主義」とか、各担当者の好む様式で施工が進むことの不自由さが読み取れる。関東では西洋建築に取り込まれることで職人本来の自由が奪われるが、左官仕事の延長線上から発達した明治の建築装飾も、昭和のモダニズムという装飾を拒否する建築様式の台頭で消滅していくこととなった。

彼の文中に建築設計者や監督の名前は一切登場してこない。晩年の沓亀が好きな鏝細工を始めると宣言するあたりに、西洋建築の世界から身を引いて自己表現を始める職人魂を感じる。この頃になると腕自慢というよりも何やら宗教的な匂いさえしてくるが、それは伊藤菊三郎にも同様に現れている。

東京劇場（絵葉書）

建築彫刻の世界ではさまざまな人間が活躍するが、四谷に住んだ石州左官・松浦栄吉などもその一人で、彼の記録を見ると四谷という職人町の自由さと日本の建築装飾を支えた町の自由な熱気を読み取ることができる。人情味溢れる四谷という町で吉田亀五郎が入江長八を慕ったように、伊藤菊三郎もまた吉田亀五郎を慕っている様子が窺えて微笑ましいが、自分の手掛けた建築装飾模型や野丁場（公共建築）の仕事についてはほとんど言及していない。

入江長八が創案したといわれる下絵の上に直接漆喰を塗る鏝細工の手技は、吉田亀五郎や伊藤菊三郎が伝承するが、社会情勢の急激な変化の中で終息を迎える。晩年、伊藤は『左官教室』の取材を受けるが、この時も吉田亀五郎と鏝絵についてしか語っていない。翁もまた吉田亀五郎のように黙々と鏝絵を作り続け、一九八三年に九十四歳の生涯を終えている。

吉田亀五郎と青柳鯉市

沓亀こと吉田亀五郎の生家は江戸時代より続いた左官で、地の利に恵まれて多くの人に巡り会いながら様々な仕事を成していった。江戸の名残りを伝える焙烙《ほうろく》に塗り出した漆喰の役者絵やオカメ、また煙草が専売品になる前の銀座の天狗煙草店の屋上に掲げた立体の天狗看板や、演芸場の小屋の上に揚げた〈桃太郎の鬼退治〉、四谷界隈の料亭や遊郭の〈漆喰看板〉は、我が国の資本主義黎明期の商業看板の白眉といえる。

何よりも興味を引くのは、明治二十七年の日清戦争の戦勝祈願のお祭りで〈左官細工〉と呼ばれた漆喰の飾りものを須賀神社の祭礼で展示したことである。左官細工の展示がこの年から始まったものか江戸時代から続いたものかは判然としないが、資料ではこれ以前にはこのような祭りに左官細工なるものは見られない。

四谷の須賀神社は、甲州街道の出入り口だったことから大勢の参拝客が訪れ、祭礼になると足の踏み場も無いほど賑わったという。この左官細工は、明治十年に上野で開催された第一回内国勧業博覧会に多くの「泥鏝画」が出品されたことも影響していると推察される。当時、名を馳せた伊豆長八の高弟で四天王の一人・沓亀の

産業博覧会の引き札（チラシ）

仕事のオンパレード。この左官細工を見ようと、各地から腕自慢の左官が訪れたことだろう。

日清戦争の大勝利は、開国後の日本にとって経済的にも大きな転機となり、この年から一九二三年（大正一二）の関東大震災まで好況に沸き立つ時代が続く。

大分県日出《ひじ》町の左官・青柳鯉市《あおやぎこいち》は、こんな時代に地方で活躍した職人で、沓亀より五歳年上の一八三九年（天保一〇）生まれ。沓亀と同じ時代に生きた職人ではあるが、その仕事の内容は大きく違っている。

四谷の沓亀は、資本主義の台頭で場所柄商業性の強い看板や西洋建築の飾り物が多く、遠州の左官・松浦伊吉も妓楼（貸し座敷）の戸箱（戸袋）に〈武者絵〉や、欄間に〈虎〉を残したのに対し、鯉市は農家を主にした縁起物を中心にした仕事をしている。明治二十二年に、沓亀は神田駿河台のニコライ堂の西洋装飾を手掛けるが、鯉市はそれ以前の明治十八年に日出町藤原の農家の馬屋に〈猿の三番叟《さんばそう》〉を、対する沓亀は同二十七年に〈桃太郎の洗濯婆〉を作るが、鯉市は同四十年に長寿を願う〈高砂の爺婆〉を残している。二人の、同時代に生きた左官職人の残した仕事は、それぞれが生活した土地柄を反映して興味深いものがある。

今は亡き沓亀の弟子・伊藤菊三郎氏の記した吉田亀五郎の資料や遠州の左官・松浦伊喜三の記録は、東京の四谷見附や遠州浜松という限られた地域に関してだけの記述であるが、幕末から明治・大正・昭和の左官の歴史を明確に伝えている。おそらく他の地域を調べることができれば、さらに埋もれたままの左官史が浮上してくるだろう。

青柳鯉市の
〈高砂の爺婆〉

こうした時代に、山口県豊浦町で活躍した井沼田桝市や、島根出身で四谷に拠点を置き洋風装飾に腕をふるった石州左官の松浦栄吉、富山から出稼ぎに来て冬場は故郷に帰るという生活をしていた富山県小杉左官の竹内源蔵、彼らが伊豆の長八や沓亀から影響を受けたことがうかがえて興味は尽きない。

明治という時代は、関所と通行手形が廃止され、人の往来が自由になり、庶民が初めて日本各地を旅する自由を手に入れた時代でもある。また、貧しい土地から豊かな土地へ出稼ぎに出るという生活を可能にした時代でもあった。職人が腕を頼りに日本中を旅した時代。しかしなかには青柳鯉市のように、生まれ故郷で腕一本で生きていく職人もいた。日本の近代化は、こんな職人たちの腕が支えていたのだ。

つい先日も「気仙《けせん》左官」という名前を聞いた。彼らは東北で活躍したという。今後の調査で、まだ私の知らない地域の左官職人がそれぞれの都市に誘引されて、無名の職人として日本の近代化に関ったことが判明すると思われる。

大分の鏝絵職人

〈猩々《しょうじょう》〉と〈南極老人〉は大分に特徴的な鏝絵の図柄である。これらは、室町時代後期から江戸時代初期にかけては他地域でも七福神に数えられていたが、江戸時代

土蔵窓枠に塗り出された〈猩々〉

になるといつのまにか寿老人や福禄寿に入れ替わり、その姿を見る機会は少ない。ちなみに猩々は富貴のシンボルで天然痘除け、南極老人は福禄寿の別名で長寿への願いがこめられているという。大分ではそれが鏝絵となって明治時代に登場している。このような例は全国的に見ても極めて珍しく、他県におけるこれらの存在の報告は現在のところ得ていない。

明治という時代は、江戸時代の厳しい身分制社会から解放された人々が来るべき時代に託したその願いとは裏腹に、不安な時代の幕開けでもあった。大政奉還に始まり廃藩置県、地租改正、身分制度の廃止とキリスト教の自由化、廃仏毀釈、徴兵制度の発布、西南戦争、日清・日露戦争と続く。こうした時代に、自らの家族と家を守るため、民家の内と外を分ける壁から「魔」が入らぬように、素朴な願いや魔除けを壁や戸袋に塗り籠めていったことが考えられる。

安心院《あじむ》や院内は、大分県でも特に鏝絵が集中して残る地域で、その絵柄は物語性が高く、招福、魔除け、防火、耐火、装飾など複合した意味を持つものが多い。この地方には、一八四八年（嘉永元）生まれの長野鐵蔵とその弟子の山上重太郎、佐藤本太郎の他に十数名の左官職人が活躍していたことが判明している。

宇佐市で最も古い鏝絵は、明治二十年に長野鐵蔵が宇佐神宮の参道に披露した高田家の持ち送りという部分の〈龍〉と〈虎〉の鏝絵である。

長野鐵蔵は大分県宇佐郡安心院町に生まれ、昭和二年に七十九歳で没する。明治五年、近代国家を目指す明治政府は修験道を禁止するが、修験者の父を持つ鐵蔵は当時二十四歳である。明治十五

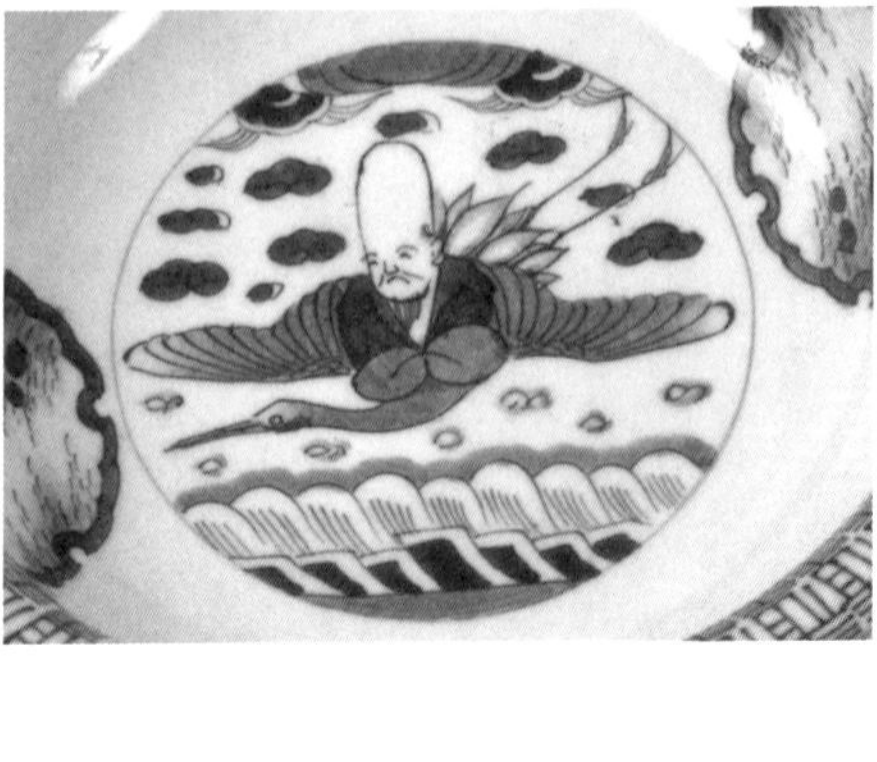

江戸時代の伊万里焼に登場する〈南極老人〉

年に竜王村の自宅近くの古庄東洋二郎宅に、安心院ではあまり見かけない三連の虫籠窓《むしこまど》を作り、戸袋に〈朝顔と雷〉の鏝絵を塗り出す。これが現在のところ最古の手技である。

　この朝顔の鏝絵は、ぶん回しと呼ばれるコンパスで朝顔の花を描きだし、上部に雲、下に波と水に関るものをまとめて仕上げている。この鏝絵が火伏せ（防火）を意味することは言うまでもない。

　また院内町の中野家で塗り出した〈南極老人〉は極めて貴重な習俗で、大分の鏝絵を特徴付ける秀作である。なぜ鐵蔵はこのような鏝絵を塗り出したのだろうか、大いに興味をひかれるが、今となっては想像する以外にない。山伏の父を持つ鐵蔵が修験道の開祖といわれている「役小角《えんのおづぬ》」をイメージしたものか、はたまた当地の左官の棟梁たらんとした意気込みの姿か。ともあれ、広がりのある構図と南極老人の軽やかさは、鐵蔵の仕事の中でも会心のものであるといえよう。

　また鐵蔵の人柄に付いては、元安心院町教育委員の故大江醇氏など古老の話によると、大酒飲みで喧嘩や博打が好きな暴れん坊だったが、一方、絵などをよく描いており、村に来た物乞いに着ている着物を与える優しさもある親方であった。弟子の面倒見もよく、それは鐵蔵の死後、弟子十四名によって建てられた門人墓が安心院町竜王にあることからでもわかる。鐵蔵の仕事は宇佐、院内、安心院の広い範囲にあり、現存するのは七件（九点）である。

　また安心院町の斎藤家に残されていた鏝絵の作者が、宇佐金屋の「南某」と伝わっていたので金屋で調査した結果、明治後期に活躍した南喜一であることが判明し、金屋に残る二基の門弟墓から五十一名もの左官の存在を確認することができた。こ

院内町中野家の〈南極老人〉

の南喜一が、長野鐵蔵や佐藤本太郎と何らかの接触があって宇佐長洲に鏝絵を持ち込んだと考えられるが、安心院職人の門弟墓に南姓は登場せず、資料も得られなかった。

明治維新の開国は海から始まった歴史を持つが、自由になった宇佐市長洲の明治人も同様であった。豊田清平という人物は明治十二年に、朝鮮半島南端の木浦《モッポ》で中華料理に使われる干し海老の製造法を学び、周防灘に無尽蔵に棲息していた海老を使って「鰕舎《えびしゃ》」という水産加工業を興した。清平は、次々に漁場を開拓して韓国・釜山市から台湾の基隆《キールン》、北海道、樺太に豊田鰕舎の支店を開設する。鰕舎がもたらした漁場の開拓は、加工経済の好況に伴い、四国や瀬戸内からいまでは特定の地域でしか見ることのできない風力を利用した底引き漁の打瀬《うたせ》船を長洲の海に呼び集める結果となり、最盛期には百隻もの打瀬船を集結させた。こうした賑わいが、近郊近辺の漁民や商人も吸引する結果となり、開国時に人口八百人ほどであった漁村を、明治四十年になって八、七七〇人の町に変貌させた。長洲はこうして日本の近代化の恩恵を受けながら急速に発展し、人口の集中とともに建築ラッシュが起こり、津久見の石灰窯が登場して金屋村に幸運をもたらした。

南喜一が生まれた金屋という村は、台地にあるのでもともと米はほとんど収穫できず、「金屋のカラスはカアカアとは鳴かずアーワアーワ（粟）と鳴く」といわれるほど貧しい村で、石州の馬路村と同様に、男たちは腕だけで生きる職人の村となっていた。

さらに金屋の職人達にとって追い風が吹く。明治という時代は、江戸時代に庶民がもてなかった

宇佐市長洲の「カチエビ」

漆喰壁や屋根瓦がお金さえ出せば誰にでも手に入る時代であった。しかも建築基準法や消防法などの規制のまったくない、野放図な時代である。

　木造密集地の火災ほど怖いものはない。そして当時の唯一の防火対策は、塗り籠めの漆喰建築であった。明治の開国で自由と富を得た海産問屋や鰕舎に関わる漁民や商人の経済力と金屋職人の技術、津久見の石灰という金・人・物の三拍子が揃って長洲の黄金時代が始まると、漆喰で防火された住居や土蔵が押し合うように建てられ始め、日出や安心院に遅れながら、二人の南親方とそれを支えた五十一名もの左官職人達が活躍して、長洲の白壁に当時流行の鏝絵が装飾されていった。

　次に鏝絵の材料である貝灰の動線を調べてみた。津久見市の織田清綱著『津久見石灰史』（一九七五年、津久見石灰協業組合発行）によると、豊前地方の石灰焼きは、豊前長洲の海岸で明治末期までサクラ貝やアサリ貝の貝灰焼きが記録されている。津久見の石灰焼きが登場するまでは、長洲の海岸から宇佐・院内・安心院の民家や土蔵に使われる貝灰や海藻が供給されていたが、新しいものが台頭すると先行のものが消滅する世の習いに従って、長洲の貝灰は安価な石灰《いしばい》の登場に太刀打ちできず姿を消してゆく。

　石灰は銑鉄の製造に重要な役割を果たすために需要が高まるが、それだけではなかった。長洲では人口の急増で海岸の埋め立てが始まり、埋立地の土壌の凝固材や宇佐平野を控えた民家、政府の穀物倉庫の目地材、隣町の豊後高田市の建材や農業肥料として焼かれるようになる。材料の石灰石は津久見から船で、燃料の石炭は筑豊から新しくできた鉄道で運ばれてくるようになる。

埋立て用に焼かれた津久見の石灰石

石灰は貝灰より焼成が難しいので、津久見の石灰焼夫や窯築きの出稼ぎ人が請け負った。親方は現地の人であったという聞き取りを調査した結果、港町の鰕舎の「高橋家」であったことが判明した。

宇佐地方の石灰窯は、長洲町、金屋、鉄道沿い、柳ヶ浦川向、柳ヶ浦稲荷、柳ヶ浦中須賀、布津部《ふつべ》村の七ヶ所で焼かれ、完成した石灰は、馬車で付近の村々に運ばれたと記録されている。石灰石は、津久見徳浦港から六万斤（四〇トン）の船で運ばれ、石揚げは複数の資本家が組になって請け負い、人夫が浅いザルでかつぎ揚げた。長洲は海が浅いので、のんびりしていると干潮になって船が出られなくなることもあったという。津久見から運ばれた人間の頭大の石灰石が、今でも南一郎氏の自宅に保管されている。

静かな白壁の町長洲を歩くと、〈盛漁丸〉や既に船名が剥落して文字の読めない〈△△丸〉と打瀬船の船名が戸袋に塗り出されている。また鰕舎の経済を根幹から支えた海老網工場の倉庫の戸袋には〈永松漁網所〉という文字や〈松に鷲〉の鏝絵があり、長洲の歴史を語りかけてくる。

大津絵「外法の梯子剃り」

文明開化と鏝絵

明治の初め、「ザンギリ頭を叩いてみれば、文明開化の音がする」と庶民は囃したが、職人は文明開化をどう見ていたのだろう。

大分県安心院町永田家の戸袋には、いまでも〈外法《げほう》の梯子剃り〉という珍しい鏝絵が残されている。これは大黒様が福禄寿のハゲ頭を散髪するユーモラスな図柄で、一八八五年（明治一八）に作られたと伝えられている。玄関に回ると吉祥を運んで舞い下りた〈二匹の鶴〉や〈鼠〉に〈指差す手〉、そして〈富士山にさしかけたパラソル〉、土蔵の戸袋には〈夫婦の虎〉となんとも愛くるしい鏝絵達が、百年以上の時を越えて飾られている。

　これらの図柄の元となっているのが、江戸時代のお伊勢参りのお土産として人気の高かった「大津絵」だと知ったのは、ずいぶん後のことだった。永田家の鏝絵に出会った頃は、まだこの鏝絵の持つ意味も知らず「なんでこげなものが安心院にあるんか？」と思うばかりだったが、一つ一つのモノとコトをつないでいたら、いつのまにか大津絵に辿り着いていた。

　廃版寸前の大津絵の本をなんとか入手して、大津絵の「外法の梯子剃り」と永田家の〈外法〉を見比べると、それがずいぶん様子が違っていたのだ。本に登場する大津絵は、大黒様が福禄寿に梯子をかけ、剃刀でハゲ頭の髪の毛を剃ろうとしているが、永田家の鏝絵は剃刀を西洋鋏に持ち替え、梯子は椅子、袴は洋服、履物はブーツに変わり、後ろの棚にはなんとヘアートニックの色付きガラス瓶まで描かれて散髪屋のようになっていた。

　永田家に何度も足を運ぶうち、もっとモノとコトの繋がりを明確にしたいと思うようになり、この時代の年表を作ってみた。すると明治四年に散髪脱刀令が公布され、明治七年に、安心院の近くの福沢諭吉の生誕地として知られる中津市で、「田舎新聞」なるものが登場していた。明治十年には西南戦争に辿り着いた。このこと

安心院町の〈外法の梯子剃り〉

から、この山里に登場した外法の梯子剃りが「はようチョンマゲを切るんじゃ！」と催促するオカミの壁新聞のようにも思われ、興味は更に増していった。

　この鏝絵が作られた明治十八年という年は、地方に限らずまだまだ江戸時代の名残の濃い時代で、庶民の鋏といえばお伽話に登場する舌切り雀の和鋏である。洋鋏を始め先に紹介したモノは、これまで庶民が見ることのできないハイカラなもので、これらが文明開化を伝えているように思えてならなかった。

　永田家の鏝絵が契機となって、文明開化に関する鏝絵が気にかかるようになり、やがてヨーロッパの建物で普通に見られるアカンサスやコーナーストーンや窓飾りのアーチという装飾鏝絵に突き当たるが、安心院や山香《やまが》町ではこれにも大黒様や恵比寿様が加わってチャンポン装飾になっていた。

　本来ヨーロッパでは、アカンサスは彫刻を賛美する装飾で、コーナーストーンは石で作られ建物の角部を補強する役目と装飾性を持つ。ところがここでは農家の土蔵の妻壁にアカンサス、そして漆喰壁の角々に、赤やブルーの顔料で練り上げた泥の彩色のコーナーストーンが、なんの違和感もなく村の風景に溶け込んでいる。さらに明治になって登場する国旗、つまり庶民に国家を認知させる〈日の丸〉の鏝絵が、何軒もの民家の大壁や土蔵に飾られていた。

　やがて、苗字もオカミから「いただいた」アリガタイものであったと知って、山香町の〈アカンサスで装飾された家紋〉や土蔵に描かれた〈ＴＡのイニシャル〉の謎も解けてきた。さらに日清・日露戦争の名残りのような〈日の丸と二百三高地〉や玖珠町の〈萬歳〉、そして湯布院町にあった〈日の丸を持つ鳳凰〉や、擬洋風建築の日野病院に付された先祖の霊を運ぶという〈蝶々〉の鏝絵

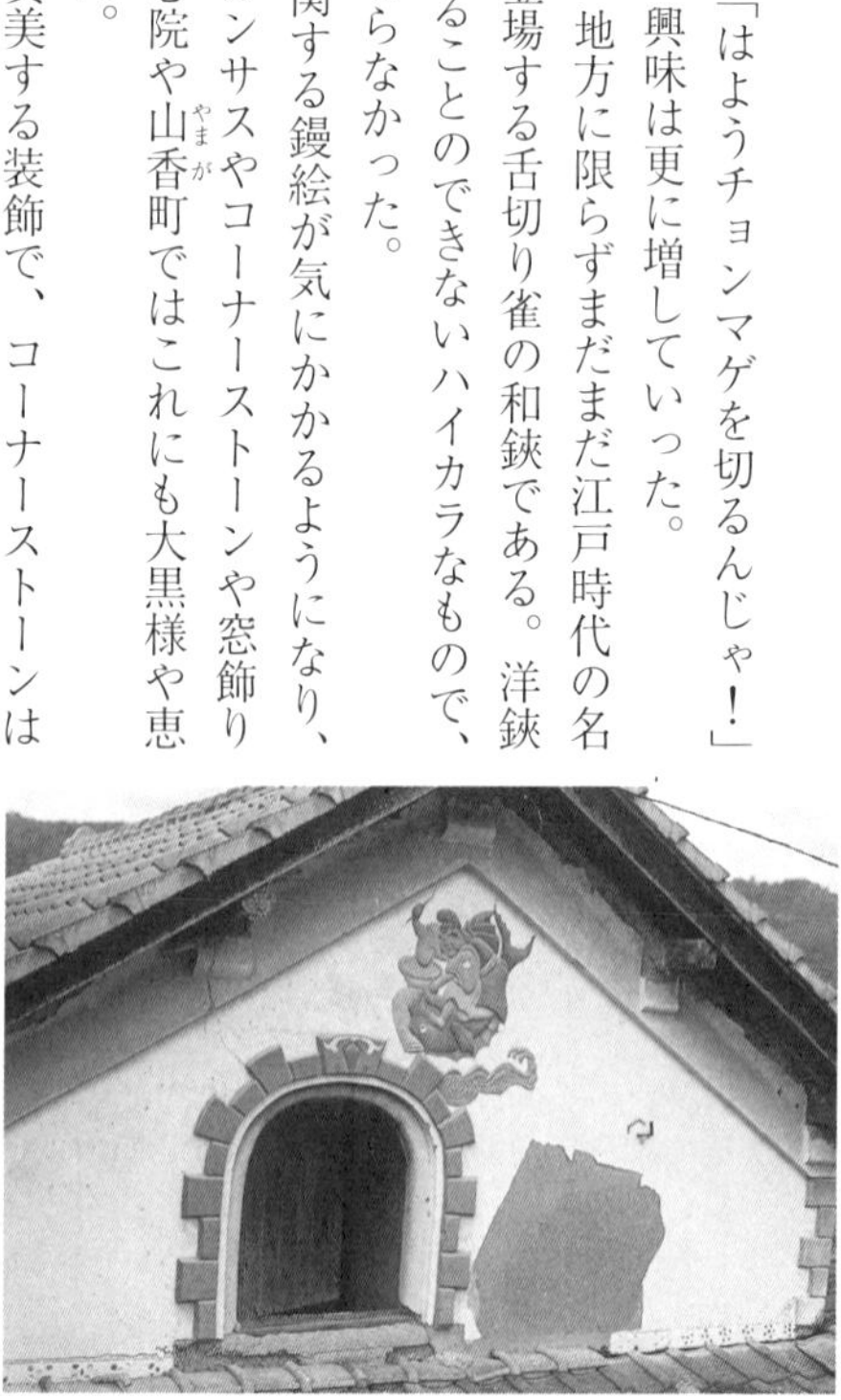

院内町の〈恵比寿〉とアーチの窓飾り

につながった。

ところが、こんなにも文明開化の匂いがプンプンする鏝絵があるのに、どこを探してもそれに関する資料は見当たらない。各地で不思議なものを見つけても、歴史を知らないままでいるとたくさんのことを目こぼしするようで、不安な思いがしたものだ。

そこで、先に作った年表と鏝絵を並べ、写真が語り始めるのを待つことにした。

しばらくすると鏝絵は、当時の左官と施主が一緒になって、文明開化のハイカラさんを鼻高々に自慢したことを語り始めた。

明治の建築装飾に採用された左官の装飾技術は、開国当初に建築界や彫刻界をリードした時期もあったが、絵画や彫刻とは一線を隔てた所に位置づけられる。こうした時代に同じ左官でも、権威的な官制の建築装飾や商業性の強い看板鏝絵と、庶民の民俗信仰に支えられた鏝絵に大別できることが、薄々と分かってきた。

そうこうするうち、私のアンテナから発する電波を受けた同好の仲間から、次々に情報が送られて来るようになり、その中に私が注目している文明開化に関するような鏝絵も混じるようになった。その一つが鳥取県の上田氏から送られてきた〈短冊を咥えた鷹〉だった。短冊には「大勝利」という文字が読める。

また、茅野市の〈ローマ字〉や保内町の〈世界地図〉など、メッセージ性の高い、いかにも文明開化の影響が色濃い鏝絵情報が送られてきた。

伊藤菊三郎氏が残した小冊子『沓亀』（前出）の中に次のような興味ある話が書

西洋装飾〈アカンサス〉に囲まれた山香町の家紋

かれている。

――明治二十七年六月に須賀神社の祭礼が、四谷二丁目の三和銀行の跡地でありました。日清戦争突発の直後で敵国征伐の意味もあったのでしょう、師・沓亀は御酒張の飾り物に昔話の〈桃太郎〉を壁土細工で飾りました。――

という内容である。この資料によると、関東ではしばしば壁土細工の展示会が行われていたらしい。

明治という時代は、西洋と東洋の文明が激しくぶつかって熱を発した結果、これまでになかった文化を数多く誕生させることとなった。どうやら鏝絵はこうした影響を受けた可能性が高い。

鷹がくわえた短冊の「大勝利」の文字は、開国日本が日清戦争、日露戦争への勝利を祈念したのか、はたまた勝利した人々の昂揚した気持ちを表わした戦勝記念の鏝絵ではないかと推察された。鳥取では、さらに青谷の民家で〈アルファベット〉の鏝絵と、色漆喰を下地に塗り上に塗った漆喰が柔らかいうちに棒や釘で引っ掻いて絵を描く、グラフィートという珍しい西洋の技法の鏝絵も発見することができた。

こうして時間の許すかぎり各地を訪ね始めたら、文明開化を伝えるようなものや資本主義の黎明期に登場した〈漆喰看板〉や招福破邪の鏝絵が、全国で手つかずのまま眠っていることが判明した。これらの左官仕事はどれも無名の職人による時代のメッセージと呼べるものだ。私の取材ノートには、現在十四県三十点の「文明開化鏝絵」が記録されている。

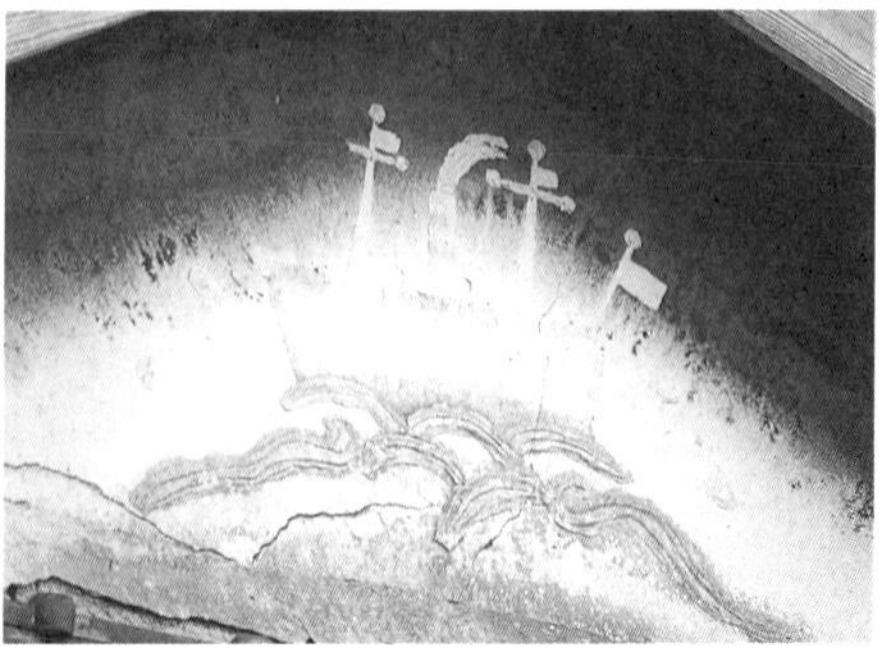

国旗をつけた〈蒸気船〉（八代）

新潟県　〈マリア〉
静岡県　〈ランプ掛け〉　擬洋風建築・岩科学校　アカンサス
長野県　〈イニシャルSA〉〈国分寺の鏝絵〉　擬洋風建築・開智学校
岡山県　〈ひつじ〉〈イニシャルMA〉
鳥取県　〈土蔵の「大勝利」〉二件〈アルファベット〉
島根県　〈ランプ掛け〉
山口県　〈天狗とアカンサス〉、擬洋風建築の〈龍〉他
愛媛県　〈世界地図〉〈八角時計〉
高知県　〈八角時計〉
福岡県　〈龍に乗る女神と獅子〉〈ネプチューン〉〈炭坑夫の大黒〉
〈龍と女神と鳩〉
佐賀県　〈職人部屋の裸婦とライオン〉
長崎県　〈赤い十字架〉　大野教会
熊本県　〈蒸気船〉
大分県　〈日の丸と二百三高地〉〈パラソル〉〈萬歳〉〈外法《げほう》の梯子剃り〉〈イニシャル〉〈コーナーストーン〉〈アカンサスと家紋〉

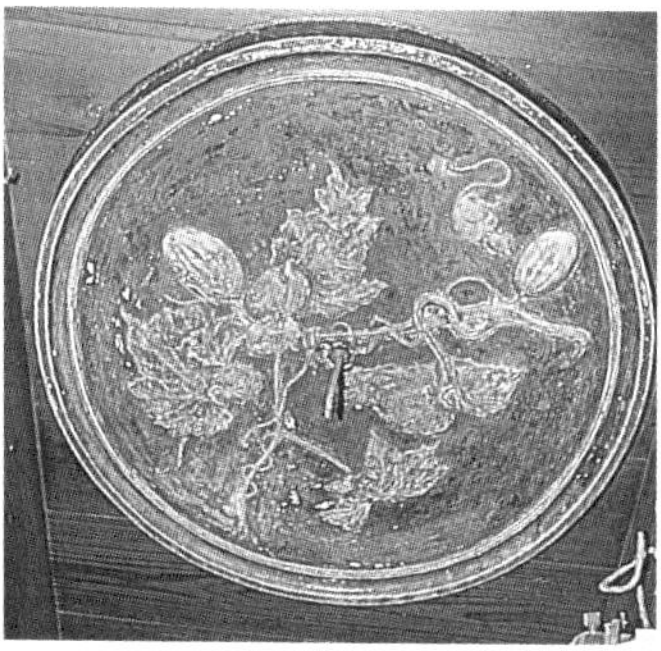

伊豆長八のランプかけ（松崎町）

この原稿を書いていると、愛媛の岡崎さんから、鳥取で全国二例目の〈八角時計〉の鏝絵を発見したという連絡が入った。

飛騨左官・江戸萬登場【岐阜・京都】

『左官教室』の小林編集長から連絡が入った。「岐阜県の飛騨高山で、伊豆の長八より十年も古い時代に、祭りの屋台蔵に鏝絵を塗り出した江戸屋萬蔵という職人がいたよ」という。

この時、岐阜は江戸時代に漆喰の材料となる石灰を焼成していた所だから、鏝絵を作る職人がいても当然だ、やっぱり出たかと思ったものだ。実はこの江戸屋萬蔵こと江戸萬の情報は、飛騨高山で屋台蔵を修復している挾土《はさど》組の左技士《さぎし》秀平こと挾土秀平氏から寄せられたものだった。いつか撮影にいけたらいいなと思っていたら、ちょうど季刊雑誌『銀花』に全国の鏝絵が取り上げられることになった。そこで江戸萬を撮影しようと小林編集長を誘い、飛騨高山から京都、岡山を回る二千キロの旅に出かけることにした。

飛騨高山の匠《たくみ》の評判は古くから全国に知られているが、いくら飛騨匠の仕事が巧みでも、木造建築は火災に脆い。ここも例外ではなく度々火災が発生している。そんな時代に、度重なる大火災で発達した江戸の塗り籠め技法を引っさげた江戸屋萬蔵こと通称・江戸萬という左官職人が高山に現

高山・江戸屋萬蔵の手技

れた。長八が天保十二年に江戸日本橋茅場町の薬師堂で見せた〈龍〉より八年も早い天保四年、江戸萬は高山の大火災の修復時に緻密な防火壁を屋台蔵に施し、戸前に鏝絵まで塗り出していたのだ。

江戸萬は、東京神田の祭りで人を殺《あや》め天領の飛騨に逃げ込んだという伝説を持つ左官職人だった。この屋台蔵の登場は高山の人々にいかばかりの喜びと驚きをもたらしたか。江戸時代の閉鎖的な職人社会の中で、江戸萬がすんなりと高山の町に迎えられたことでも想像はつく。

祭りのカラクリ山車を業火から守るための屋台蔵の戸前に塗り出された〈松に親子鶴〉と〈旭日〉は、画家を目指した長八とは異なる、緻密と稚拙が交錯する鏝絵だった。親子鶴というモチーフはこれまで見たことのない図柄だ。もしかすると、江戸を出奔した時に残した子どもを思って作ったのか、はたまた江戸に残した両親を慕う江戸萬自らの姿ではないかと想像すると、また、入江長八とは異なる世界を醸し出す。

江戸萬の仕事を収蔵している高山郷土館を後に、陽のあるうちに京都に向かう。これまで「京都には鏝絵はない」と言われてきたが、実は数年前、清水寺の随求堂《ずいぐ》の妻壁に〈龍〉が鎮座しているのを見つけていた。それが今井明さんの三十七件の京都報告に繋がった。今回はその清水寺で今井さんと待ち合わせ、大原野地区で見つけた〈布袋和尚〉の撮影に向かうのだ。

ところが現場に到着するやいなや、その今井さんが力のない声で「壊されとる」と言う。皆が落胆していると、持ち主の上田さんの奥さんが笑顔で「今井さんから大事にしろといわれたので土蔵を壊す時、母家に移しました」と出てこられ、一同

上田家の〈布袋和尚〉

大感激。さらに撮影中に見知らぬご婦人から声をかけられる。どうやらこのご婦人宅にも鏝絵を保存しているから見て欲しいというのだ。

撮影後、そのご婦人の安田家にゆくと小林編集長が興奮した面持ちで「これはもう大事件だ」と嬉しそうに呟く。京都に鏝絵があった！ しかも保存されている、そしてそれを見ることができた、というわけだ。上田家の〈布袋和尚〉の保存劇にも感動したが、安田家の〈浦島太郎〉にも感動した。同じ職人の手技であることは一目瞭然だが、明治十三年の棟札以外一切が不明である。後は、縺れた糸を解きほぐす今井さんの活躍に期待することにしよう。

長八以前の鏝絵

季刊雑誌『銀花』で再び鏝絵を紹介するチャンスに恵まれた。九八年五月のことである。このとき話題になったのが入江長八の取り扱いだった。というよりも問題は、鏝絵の発生年代をどこで線引きするかということだった。実はこの問題はまだ誰も取り組んだことがないらしく、文献はもちろん情報の検索を試みるが、長八以前のまとまった鏝絵情報を見つけることはできなかった。

鏝絵は幕末期に活躍した入江長八が始めたということが通説となっているが、実はこれは、長八の仕事と資料を結城素明という人が『伊豆長八』という本にまとめ、それが根拠となっているから

左官界を風靡《ふうび》した長八の〈千羽鶴〉

だ。この本は長八を中心に話が進められているので、当然といえば当然なのだが、江戸時代の他の職人のことについてはほとんど触れられていない。

こうしたことは最初に手を上げた人の功績でよいのだが、以前に伊豆を訪れた時、他の左官職人の仕事が置き去りにされているのを見て、複雑な気持ちになったことがあった。というのも、しばしば長八以前の鏝絵の話を聞くことがあって、これまで切り捨てられたり無視されてきた職人を見過ごすことができなくなっていたからだ。鏝絵の本を出版した所為もあって、現在もこうした情報がしばしば寄せられている。

たとえば島根県大田市の講演会に招かれたときに見せていただいた奉納鏝絵の絵馬。一五九四年（文禄三）に作られ昭和七年に修理されたと伝わっている宮城県仙台市の白鳥神社の〈龍〉奉納扁額、これはなんと秀吉の時代のものである。先月訪問した岐阜県の高山市では、長八の江戸日本橋茅場町の薬師堂の鏝絵より八年も古い、一八三三年（天保四）製の屋台蔵の〈親子鶴〉の鏝絵。さらに京都若狭の浦島神社に残る〈貘〉や〈ホトトギスと月〉と、年代は不明だが近くの民家で〈烏天狗の子どもに餌を与える金太郎親子〉の鏝絵を発見したという報告を受けた（後に京都浦島神社の〈貘〉は〈麒麟〉であったことが判明）。また『左官教室』のバックナンバーから、大阪府住吉神社の書庫蔵の〈龍〉。そして今回訪ねた群馬県高崎市の諏訪神社の漆喰彫刻は一八〇七年（文化四）に作られている。

こうしてこれまで全く知られていない長八以前の鏝絵の情報が、私の机の上で整理されるのを待っている。

京都伊根町・浦島神社の宝蔵戸前〈ホトトギスと月〉

ある日、原稿をまとめようとワープロの前に座ったら、テレビから長野諏訪神社の御神木を運ぶ御柱祭のニュースが流れてきた。何気なく見ていたら、今回訪れた高崎市新町の諏訪神社を管理する小野里さんに送っていただいた資料と深い関係があったのでビックリしてしまった。新町にある諏訪神社は、長野県の諏訪下社と深い関係にあることが記され、諏訪神社は高崎の藩主が長野から転封された時に高崎に建立されたものだった。

この建物は二回も火災に遭遇し一八一三年（文化一〇）に再建されている。鏝絵の詳細については不明だが、小野里さんの資料には、一八〇二年に蜀山人が中山道高崎宿を通って江戸への旅を綴った紀行文「壬戌紀行・木曽の麻衣」のなかで「諏訪大明神の社は小さき土蔵作りなり」と記している、というものも同封されていた。

鏝絵については何も書かれていないので確かなことは言えないが、この資料によると建物は文化十年に再建された時のままである。同時代に作られた鏝絵だとすると、伊豆の長八が生まれる二年前のことになる。この祠の漆喰鏝絵は、繊細かつ緻密で九州では全く見ることのできない、むしろ長八の仕事に近いものだった。

信州大学の西山先生にこのことを報告すると、偶然にも先生は諏訪下社に関する職人の調査をしており、今回の資料は、何よりの手掛かりだと喜んで頂くことができた。これも地霊のなせる技であろうか。

それにしても行く先々で不思議な縁が繋がっていく。どうやら鏝絵の旅は今回の群馬行きで第二

〈烏天狗の子どもに餌を与える金太郎親子〉

楽章に突入したようだ。第一楽章は、アダージョのテンポで「大分の鏝絵」から始まり、時代と職人と施主が産み出した庶民文化だと表現したら、それが第二楽章ではアンダンテとなって「全国の鏝絵」に成長し、「時代を示唆する無名で無言のメッセージ」とか「不安な世紀末を導く護符」という表現を突き抜け、モデラートのテンポになって「長八以前の鏝絵」となり、さらに加速して展開を始めている。

この先どうなるか予測はつかないが、シンフォニー「鏝絵」の第四楽章の完成は、まだまだ先になるだろう。ただ答を急ぐ人々に聞かれたら、職人の世界は実に自由で、結果がどうだと断定することは難しく、その全体像がウッスラと見え始めたのが現状だとお答えすることにしよう。

さて、第四楽章はアレグロとなって帰結するのだろうか、そんなことを思いながら鏝絵のあった所を地図上に赤ペンでマークしていたら、これまで歩いてきた長野県上田市や岐阜県高山市、富山県の砺波市が意外に近く、今回訪ねた富岡・高崎・渋川・高崎を線でつなぐと、これらの町が榛名山を取り巻く百キロから二百キロの範囲に点在していることに気が付いた。はたしてこれは偶然か、それとも目に見えない何かが、私を招いているのだろうか、そんなことを思わせる旅だった。

諏訪神社部分

2章
石灰の世界

石灰ってなんだ？

壁の穴は土でふさげ

昔話の中のネズミは娘の結婚相手を選ぶために、お日様を訪ね、雲を訪ね、風を訪ね、壁を訪ね、最後にネズミに辿り着いた。そのネズミの姿は、ちょうど鏝絵から漆喰へと移り、石灰や土壁や壁の材料となる藁へと興味の対象を移していった自分の姿に似ている。

きっかけは、大分県姫島で板壁の前を通る花嫁さんの姿を写した一枚の写真だった。その時の私の視線は花嫁さんに注がれていたのだが、写真の隅っこに小さく鏝絵が写っていた。この一枚の写真がその後の私の人生を決めてしまうとは、誰が予測しただろう。

初めて出会った鏝絵の絵柄は家紋であった。その時は、これが鏝を使って描かれたものだなどとは思ってもみなかったし、こんなにも魅力のある被写体になろうとは考えてもみなかった。それはたんなる背景の一部分でしかなかった。

鏝絵に出会い、その写真を撮っていくうちに、鏝絵を中心にして多くの人との出会いが生まれた。左官職人である沓掛のおじいちゃん、『左官教室』編集長の小林氏、若手左官の原田進氏、鏝絵をテーマに卒論を書きたいと言ってバイクに乗って我が家を訪ねて来た女子大生。

私自身は鏝絵の写真を撮るうちに、今度は鏝絵の材料である石灰のことが気になりはじめた。石灰って何だろう。どうして建築材料としての漆喰や石灰が表舞台から姿を消してしまったのか。

日本中のあちらこちらから、こんなものがあるが見にこないか、と嬉しい声がかかるようになった。そのうちに、写真を撮ることよりも調べることの方が面白くなってきた。細い糸が手の中にある。この糸を手繰っていくと、その先にはその糸に繋がる新しい糸がある。その糸は二本に分かれていたり三本に分かれていたりするのだが、どこに繋がっているのか皆目見当がつかない状態にもつれ合っている。それを丁寧にほぐし、たどっていくと思いもかけないものに繋がっていて、いつも驚かされる。これは写真だけを撮っていた頃にはなかった喜びだった。

ちょうどその頃、年齢的な壁にぶつかっていた時だったこともあり、これ幸いと写真から調査に乗り換えたのかもしれない。写真を撮ることが精神的に苦痛で楽しくなくなった時期でもあった。その時期を越えてしまうと、今度は撮りたいものが向こうから押しかけてくるようになった。今は、あの時どうして写真を撮ることがあんなに辛かったのかどうしても分からない。この地球という星のあらゆる場所、あらゆる建築、あらゆる壁、そのすべてを手の中のカメラを通して表現してみたい。

しかしこうして今、自分の辿ってきた足跡を振り返ってみると、回り道をしたと

玖珠町の〈牛若丸と弁慶〉

いう気がしない。たぶん、写真を撮ることが辛かったあの時期があったからこそ、今こうして楽しく写真が撮れるのだと思う。

ことわざに「壁の穴は土でふさげ」というのがあるが、これは、気を多く持って迷うことなく、本来の道に励むことのたとえだという。ネズミの最良のお婿さんがネズミであったように、私が壁と関わる最良の方法は写真であったようだ。それ知るためには、これだけの回り道が必要だったのだ。

もしかしたら、あの最初の一枚の写真の花嫁さんはネズミのお嫁さんだったのかもしれない。

石灰と近代化

石灰のことを身近な人に尋ねみても、ほとんどの人が興味がないらしい。そういう私も最初は石灰やセメントがどうやって作られているのか知らなかったのである。数年前から漆喰や石灰に興味を覚えて調べて行くうちに、石灰が人間の暮らしに深く関わっていることを知った。そこで「お石灰探偵団」と自称して一人で探検を始めたら、現代の暮らしと石灰は切っても切れないことが明らかになってきた。

たとえば、現代社会に不可欠なものの一つに車がある。その車社会は道路なしには成立しない。

静岡県松崎町「伊豆のなまこ壁」

しかしその道路を作るのに大量の石灰石が使われていることを知る人は少ない。

　つまり道路の材料となるセメントは、石灰石と粘土を焼いて作られているといってもピンとこないらしい。最初からセメントというものが自然にあると思っている人さえいるくらいだ。もちろん、アスファルトのなかにもアスファルトの結着材として石灰石粉（炭酸カルシウム＝通称タンカル）が使用されている。これに数パーセントの消石灰を添加するとアスファルトの剥離防止効果が高くなるという。さらに、高速道路に不可欠な鉄筋、つまり鉄の製造にも石灰は使われてきた。自動車本体に使う鉄やガラスやゴムも石灰なしには存在しないのだ。

　次に石灰と情報。これも全く無関係のようだが実は深い関係にある。かつて道路が街道と呼ばれていた頃、情報は人伝えに運ばれた。今では遠い宇宙の人工衛星から送られてくるが、その情報はコンクリート製のダムで作られた電気を通して各家庭に配送され、電気信号となった情報がさまざまな形をとりながら我々の元に送られている。

　情報を運ぶ鉄や銅の精錬にも石灰は深く関っている。簡単に説明すると、コンソメスープの濁りを取るとき卵殻で不純物を固めて取り除く方法と同じ理屈で、石灰を触媒として鉄や銅などの不純物を取り除くのだ。古い時代の鏡や銅剣、大仏の鋳造にも石灰は使われていた。

　石炭がなければ日本の近代化はなかったといわれるが、明治政府は文明開化や富国強兵策として外国人技師を招聘し、自然科学をはじめとする西欧の知識や技術を輸入することで電気・製鉄等の産業を興し日本の文明開化を推進させた。石灰もこの頃から石炭で焼かれた。高価なペンキの代わりに、値段も安く、空気中で固まる

風化を始めた耶馬溪の鞘蔵

性質を利用した生石灰が灯台に塗られていたのである。明治の開国で渡来したものの一つに西洋建築があるが、西洋建築に必要なセメントや鉄・ガラス等は、幕末から明治初期にかけては国内生産はまだまだおぼつかない研究段階であった。

建築材料が手に入らないときはどうするか。輸入すれば簡単なのだけれど、それにはかなりの財力が必要となる。そこで登場するのが「擬洋風」と呼ばれる建物、つまり和洋折衷の建築である。この擬洋風建築にも石灰は深く関っている。石灰無しには擬洋風の建築は作ることができない。もちろん石灰無しには純粋な洋風建築を作ることもできない。そこで一八七〇年（明治三）、新政府は英仏の技師と役人・土木技師十五名とで、石灰を産する栃木県葛生《くずう》を訪れている。そして明治六年には皇居造営技師の古市光威が再度ドイツ人技師と共に訪れ、このあと葛生石灰は宮内省や諸官庁に月産三十万貫もの石灰を納入することを命じられるのである。

我が国のセメントの歴史は、明治十年に官営のセメント工場が完成したことから始まる。工場はその後士族に払い下げられ、小野田セメントや、浅野セメントが登場することになる。

それと共に、これまで少量の松葉で焼くことのできていた貝灰が使われていたのが、大量の木材で三日三晩焼かねばならぬ石灰山の石灰に替わり、やがて富国産業政策のもと大量生産されるようになる。大量の石灰石を掘り出しセメント焼成のために大量の燃料を必要とするという、自然破壊の道へも一歩踏み出したのだ。お雇い設計技師のコンドル先生やウォートルスやエンデとベックマンの活躍の後の一八八八年（明治二一）、日本銀行の設計者に辰野金吾が選ばれ、日本人による本格的な西洋建築の歴史が始まる。

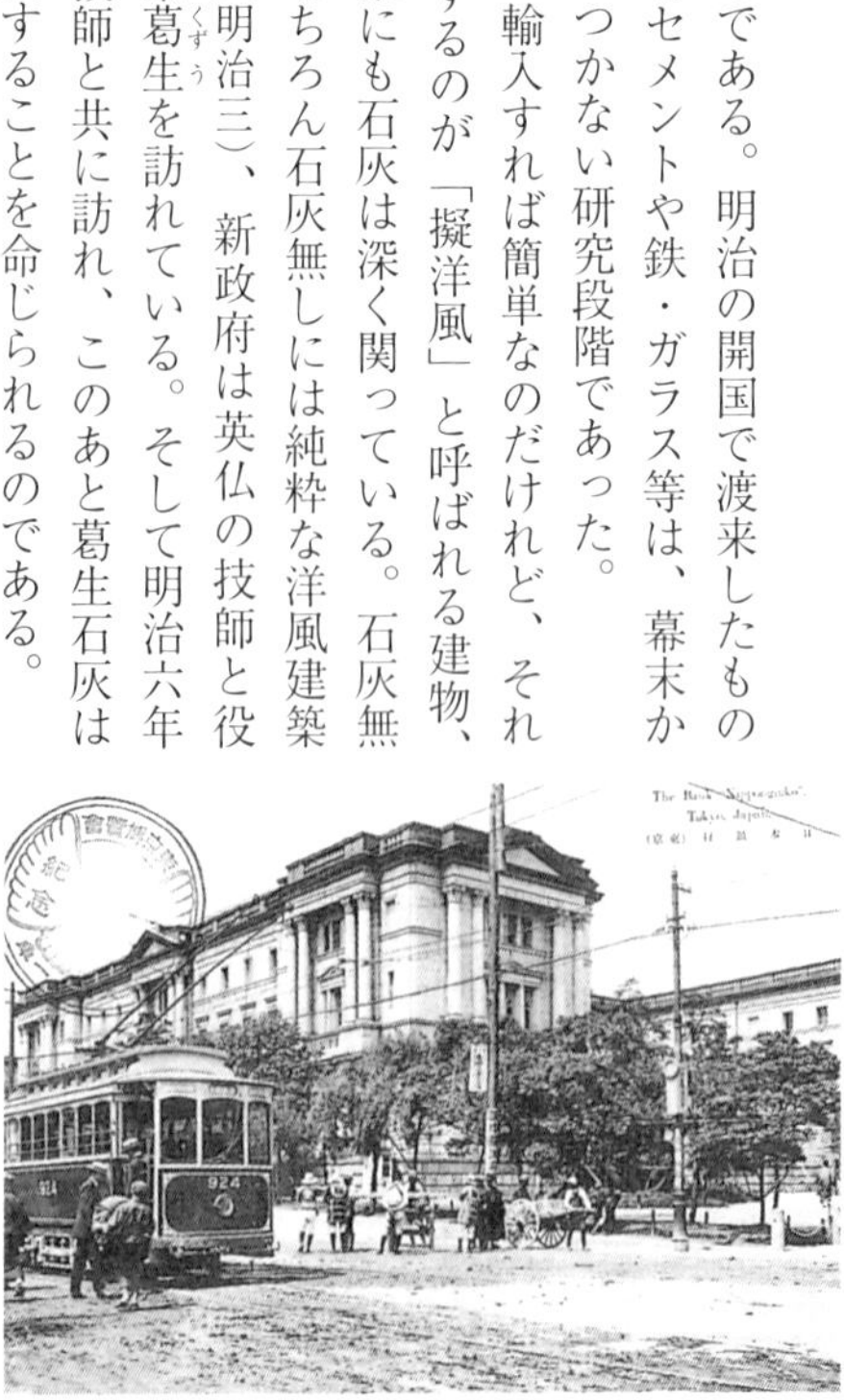
日本銀行（絵葉書）

こうした外国の建築技術とともに、石灰を母体に鉄やセメントとガラスが誕生し、どれ一つ欠けても現代の都市は成立しないようになる。また明治期には新興の資本家が生まれた。石灰山の上に誕生したセメント産業も、石炭と鉄と電気の発達に伴って経済や戦争の影響を受けながら離合集散を繰り返し、明治政府という揺り籠の中でスクスクと成長した。

しかし日露戦争後の不況や第一次世界大戦後の深刻な不況、そして一九二三年（大正一二）に東京を襲った関東大震災が日本経済の崩壊を決定的なものとする。再建に苦悩した日本は、日露戦争で獲得した長春―旅順間の鉄道を手掛かりに新しい市場を求め、「満州は日本の生命線」と公言する軍部とともに中国東北部に満州国という幻の国家を建設し、同時に首都新京や大連・奉天など広範囲にわたり西洋式の都市計画を実行する。この都市建設で、寒冷地用の接合材として石灰岩層の近くに産するドロマイト（炭酸マグネシウム）が注目され、マンドロと呼ばれるドロマイトプラスターが開発され消費されるようになった。

石灰が庶民の間に親しまれるようになるのは、江戸時代の「明暦の大火災」以降である。火傷に効く大黒様の塗り薬に始まり、今日ではセメント、カーバイト、農薬、肥料、土壌改良材、埋め立て地の土壌凝固剤、赤潮の発生を防ぐ中和剤、アルコール中毒症の治療薬や畜舎・養殖池・プールなどの殺菌剤、乾燥剤として使われ、最近見られる日本酒の自動燗付けや火のないところに水煙で知られる殺虫剤、ビルやコンクリートの破砕剤までが石灰の為すところとなった。

石灰といえば運動会の白線や海苔の乾燥剤に使うくらいと思っていた私にとっ

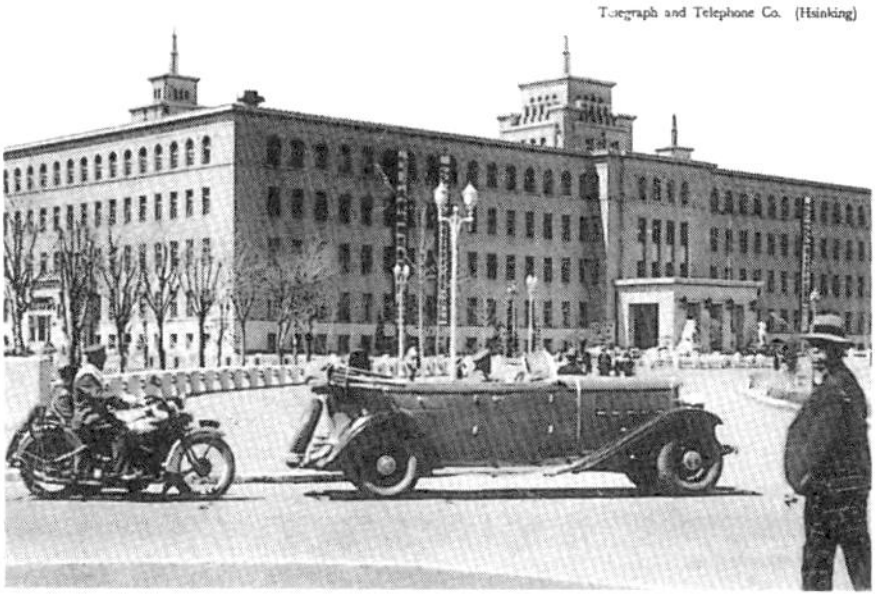

満州の都市計画（絵葉書）

て、これは大きな驚きだった。物知らずな輩だとお叱りを受けそうだが、ごく当り前のことが理解できていなかったのだ。知らなくても生きていけるが、こうしたさまざまなモノやコトに石灰が関っていると知ることは、化学や建築には門外漢の私にとって全てが新鮮で面白かった。

長い歴史を持ちながら、近代化の時代に表舞台から消えた石灰。私は、生石灰が発する高熱の沸化エネルギーを利用した発電や、海中に無尽蔵にあるカルシウムを炭酸ガスと固定させる安価なプラントが完成できれば、人類は大気中の炭酸ガスを操りながら地球の温暖化をクリアーできるのではないかと空想する。

また実際、葛生の吉澤石灰工業から贈られた社史の『一二五年誌』を読んでいると、石灰から作られたカルミューDがダイオキシンの除去剤として使われていると書かれていた。その後、飛騨縄文会の河渡氏から嬉しい資料が届いた。岐阜県大垣市の上田石灰製造会社が県と共同して、廃フロンガスを石灰と焼成させて無害化させる装置を開発したという。

世界一の石灰埋蔵量を誇る日本の技術に期待したい。

生石灰と消石灰

漁村ではヒトデも石灰肥料

人間は太古の昔から貝殻を焼いて石灰（貝灰）を作ってきたが、我国で石灰が焼かれたのは、稲作伝来後の銅や鉄器の登場の頃と考えられている。法隆寺の文献に度々石灰焼きが登場するが、平安時代に作られた平安京内裏の清涼殿の石灰壇《だん》等がその代表といわれている。当時の石灰は貴重品で一般庶民は使用できなかった。

石灰石を焼いて作られる石灰は、江戸城の修復で大量の石灰が必要になったときに、関東青梅の成木《なりき》で薪の上に石灰岩を積み上げ三日三晩かけて焼かれた。白壁が一般に普及するのは江戸中期以降で、石灰は木炭・石炭・重油と燃料を変えながら、今日も大量に焼かれている。こうしてできた石灰は、水をかけたり自然に風化させた消《しょう》石灰と、未消化な生《き》石灰に分けられる（一般的には「せいせっかい」ともいうらしいが、私たちは「きせっかい」といっている）。

生石灰といえば、シャーロット・マクラウドの『ヴァイキング・ヴァイキング』というミステリーの中に、生石灰を使った殺人事件が描かれている。このなかでは、生石灰は殺人だけでなく電信柱を立てるのにも使われる。この小説の舞台となっているのはカナダなのだが、主人公の勤める大学の学長がスウェーデン出身である。スカンジナビアでは昔、凍った大地に電信柱を立てるための穴を掘るのに、生石灰を一樽ぶちまけて水を撒いて一晩放置して凍った大地を溶かした、と生石灰について説明している。日本でも北海道や旧満州で使われた可能性が考えられる。

生石灰の話としてもう一つ、一九六〇年代前半ごろの小学生の国語の教科書に、ツバメの巣作りの話が載っていたという。その話は、人間が家を作るのを見ていたツバメが、壁を塗る左官の目を盗んでは漆喰を口にくわえて運び、それで巣作りを

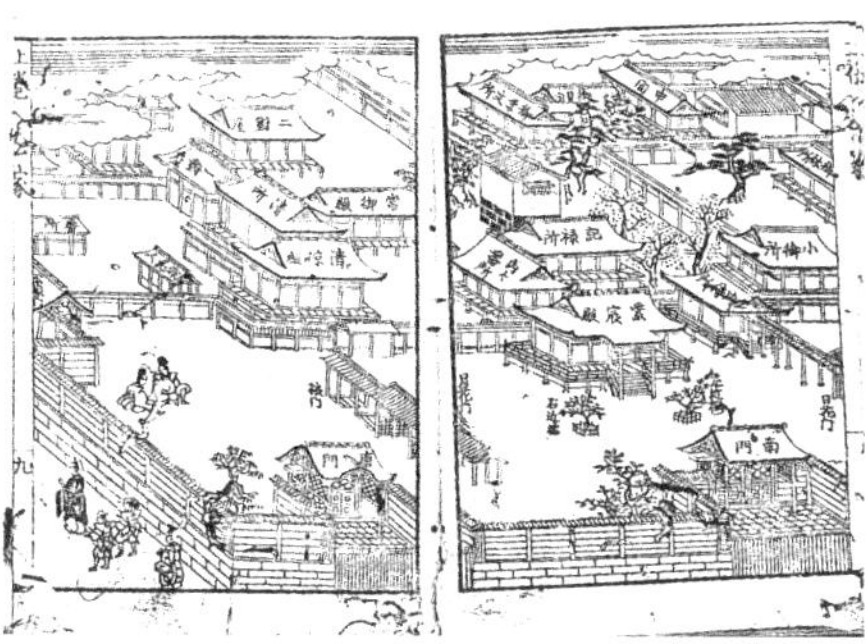

平安京内裏の清涼殿

するのだそうだ。他の仲間は泥土で巣を作るのだが、雨に弱いし茶色で見た目もあまり良くない。石灰で巣作りをしたツバメは、白くてきれいでしかも雨に強い巣を作ることができて鼻高々で自慢するのだが、次の年、また白い粉を見てこれを使うことにしようと口にくわえると、それは消石灰ではなく生石灰だったため、口の中を大火傷してしまうという話だったそうだ。

その話を読んだ小学生は、運動場にラインを引くあの石灰はもしや生石灰かもしれないと思い、ラインを踏まないようにして走ったのだという。あの頃の子どもは運動場をよく裸足で走っていたのを覚えている。確かに裸足で生石灰の上を走ったりしたら火傷をするかもしれない。しかしあの石灰は消石灰なので火傷を心配することはないのだ。

石灰は自然界でも活躍している。まず、ザリガニ。私はもともと自然に興味があって、環境庁の自然観察指導員になった時、我が子と共にささやかな図鑑を作ろうと思い立った。そんなときに、エビやカニが脱皮するとき、外皮を構成するカルシウムを一度体内の一ヶ所に集めて殻を柔らかくしてから脱皮するという話を聞いた。

そういえば、ザリガニを飼っていた頃に、五ミリ位の白い固形物が後頭部にあるのを見たことがあった。アメリカのナントカという州では、ソフトクラブという脱皮直後の柔らかいカニを食べる料理もあるそうだ。この硬化と軟化のメカニズムがどうなっているのか、学者ではないので詳しくは判らないが、産業廃棄物のセメントの瓦礫が再生されているところをみると、案外ここら辺りからヒントを得ているのではないだろうか。

江戸時代の左官の協同作業の図

カニの次は牡蠣《かき》。大昔の人は貝殻を焼いて貝灰を作ったが、海に棲息する牡蠣の石灰システムがどうなっているのか話題になり、生物辞典で調べてみることにした。辞典によると、牡蠣はザリガニとは違い海水中のカルシウムを体内に取り込んで成長し、カキ酸という物質を分泌して岩を溶かして着床するという。人間の想像力を遥かに越えたメカニズム、まさに「自然の不思議な世界」であった。牡蠣のようなシステムが開発できれば、人間も自然破壊をせず、海から石灰やセメントが得られるのだ。

石灰を使う漆喰壁にもいろいろな種類があり、なかでも「磨き」という技術は素材よりも技術に重点が置かれる。磨き壁は「磨き物」とも呼ばれ、漆喰壁を鏡のようにピッカピカに光らせる大変手の込んだ技法で管理も大変。若い人たちは経験がないかもしれないが、私が子どものころに遊んだ泥団子の表面を何度も磨いて光らせる遊びに似ている。現代の高級クラブやパチンコ店が高級感を演出するため石板を張り付けるのにもよく似ている。

とにかく鏝でさすりまわして、光沢が出るまでこすり続けるハードな作業なのだ。なぜこんな非経済で面倒なことをやったのか。私なりに次のようにまとめてみた。まず、当時の職人にゆっくりとした時間があったこと。磨き壁は高級感があって、土蔵や民家のステイタスとして利用されたこと。施主にとっては職人の労賃が安かったこと。職人にとっては現場の長期の仕事で生活が安定すること、などが考えられる。私の壁の相談役の原田氏は、これに「艶と色気」を付け加えた。

漆喰用の牡蠣殻

最近知ったのだが、昔の磨き壁は恐ろしいほどの手間と暇を必要としたが、それを生石灰でやると簡単に磨き壁ができあがるというのだ。原田氏にその実験を見せてもらったが、果たしてそれは本当だった。では、なぜ生石灰を使用しなかったのだろう。実は、江戸時代の豊後臼杵藩の資料には、生石灰による火災が二十数回も発生したという記録が残されている。これは石灰奉行所の資料だから、実際はもっと多かったと想像される。

江戸幕府の生石灰の使用に関する詳しい資料がないので確かなことはいえないが、生石灰は一九九〇年二月までは危険物取り扱い品目だった。生石灰は放置しておくと空気中の水分を吸収して、火災を起こすほどの高熱を発生する。燃えやすい紙や木でできた木造の過密都市の江戸で、こんな危ない生石灰の使用を幕府が許可する筈はない。

こうして生石灰がその性質ゆえに江戸持ち込み御禁制の品となったこともあって、職人たちが産み出した技が、消石灰の「磨き壁」だったと想像される。

現代建築内の磨き壁（大分県立図書館）

石灰を喰らう

鏝絵から漆喰へと続き、石灰や壁に取りつかれている私にとって、石灰を食する（？）話は興味をそそられるもので、石灰食の謎が気になって頭から離れない。メキシコの名物料理の「タコス」にも白い粉が使われていたような気がするし、いつか見たテレビ番組の、ポリネシアの原住民が葉っぱに巻いた白い粉を食するシーンが気になってしようがない。

なにゆえ石灰を食べるのか。それが知りたくて知人の料理研究家に電話を入れてみるが、満足な答えは返ってこない。そこで数少ない石灰の文献に頭を突っ込んでみるが、資料はなかなか見つからない。「白い粉」といえば暗黒街を連想し、何やら怪しげでドラマチックではあるが、そのイメージは決して良いものではない。ところが白い粉は白い粉でも、石灰は全く御咎め無しである。石灰を吸い込んでお酒を飲むと悪酔いするとか、石灰を撒いた後お酒を飲むと死んでしまうとかの、どこかで聞いた話もよく分からない。

そもそも人間の体は、石灰の主要成分であるカルシウムによって骨格が形成されており、そのカルシウムは食物から補給している。コンニャクを製造する時にも石灰が使われるが、これとて石灰を食べるわけではない。直接口にするものはカルシウム剤くらいかと思っていたら、石灰を使うお菓子が江戸時代から京都で作られている話が、テレビで放映された。塩大豆がそれである。この表面の白い粉は、二十年も寝かせたイボタカキの粉末だそうだ。しかしこれは厳密にいうと貝殻を粉末にした炭酸カルシウムであって焼成した「石灰」ではない。

石灰食の秘密はなかなか正体を現さない。

ふとしたことから九五年の終わりに、友人の結婚式で台湾に行くことになった。好奇心いっぱいの私は、その台北市の下町で「石灰を葉っぱで巻いた」得体の知れ

石灰焼成工程（津久見丸協石灰）

ない物を見つけた。ずーっと気になっていた石灰食。私は喜んで、同行の台湾の友人にこの石灰巻きのことを尋ねたのだが、サッパリ要領を得ない。こんな時に限って屋台の主は不在。友人の新妻は「悪いもの、ヤバイ物」というようなことを述べ、足早に立ち去ろうとする。……訊いてはいけないことを訊いたのかしらん……、私の質問は却下されてしまった。

とりあえず、この不思議な「石灰巻き」を撮影することにした。同行していた精神科の山本ドクターも私の後で写真を撮っていたので、車内でこの不思議な「石灰巻き」について質問をしてみた。

F　先生、あの葉っぱにくるまった物は何ですか

D　石灰でしょう

F　あれって、食べるんですかね

D　僕もよく知らないが、昔から農家では、石灰肥料を撒いた晩に酒を飲んだら命を落とすという話があって、その話をヒントにアルコール中毒の患者に石灰を投与して治療した文献があるから、帰国したら差し上げよう。

やっぱり、青い鳥は身近にいた。帰国して何日もしないうちに、山本ドクターから「嫌酒療法」（向笠寛）という文献が届いた。その中の「抗酒剤の発見」に、石灰からアルコール中毒患者の治療薬が製造されたことが報告されていた。これによると「一九四八年に、ヤコブーセン博士達が、ジスルフィラムという酒が飲めなくなる薬を作って発表した」と書かれている。

「当時は、これでもう世の中のアル中は退治できるかのような錯覚に陥ったものだが、そんなうま

台湾の石灰巻き（右）

い話にはならなかった。もともとジスルフィラムは蛔虫の駆除剤として用いられたものだ。その効果よりも、これを飲んだ人は、酒が飲めなくなるところから、抗酒剤として有名になった」というものであった。

日本では、一九五四年（昭和二九）に薄葉光夫博士によって、農業用の肥料から石灰窒素の抗酒作用が確かめられ石灰窒素療法が考案された。これは、肥料用の石灰窒素一グラムを飲ませると酒が飲めなくなるというものである。

石灰窒素の主成分であるカルシウム・チアミドの純度をよくすると、少量で効果を表わし治療が進む。こういうわけで石灰窒素純粋化への研究が始まった。

文献の中には治療例も列挙されていたが、これで分かったことは、石灰窒素が体内に入るとお酒がまずくなり酔わなくなるということである。石灰窒素は「石灰と石炭を電気炉で加熱して化合させた炭化カルシウムを、千度に加熱して窒素を化合させたもの」と辞書に載っていた。田圃に石灰肥料を撒いた後にお酒を飲むと死んでしまうというのは、おそらく、石灰窒素肥料のカルシウム・チアミド、つまりカルシウムと窒素の化合物が体内に入ると、アルコールの解毒作用が低下して急性アルコール中毒となって死に至るということであったのだろう。農家の人にとってはお酒を飲むのも命懸けである。

しかし台湾やメキシコや南太平洋の石灰は、作業中の吸気で体内に侵入する石灰窒素と違い、明らかに自らの意志で口に放り込むのだ。なぜ、よりによってこんなものを食べるのだろう。お酒を止めたいと思っているのだろうか。それとも石灰は

石灰肥料の散布

そんなに美味しいものだろうか。どう想像してみても石灰が美味しいとは思えない。謎は深まるばかりである。

そこで今度は知り合いの漢方の先生に石灰のことを尋ねてみた。先生によると漢方の資料の中には石灰は見当たらないということである。代わりといっては変だけれど、テレビで見たという、南米の原住民が葉っぱに巻いた石灰を口に入れ赤い唾を吐きだす話をしてくれた。ウーン、今度は南米か。漢方の先生は、口中をアルカリにすることで虫歯予防をするのではないかというアドバイスもしてくれた。そういえば石灰は歯磨き粉の原料の一部だった事もある。もしかすると石灰は食べるのではなく、暫く噛んだあと吐き出しているのではないか。

次は西洋医学である。薬局の薬剤師に聞いてみたがはかばかしい返事は貰えない。こうなれば最終兵器の登場である。これだけは使いたくなかった。なにしろ一家の主としての尊厳がかかっているのである。しかしここまで来れば仕方がない。

とうとう妻に石灰食に関する本を探して欲しいと辞を低くして頼み込む。彼女は家事よりも本を優先したくてたまらない活字中毒患者であり、一日中暇さえあれば(暇が無くても)本を読んでいる。しかも実によくその内容を覚えている。そのせいか、こういう調べものは得意分野なのである。しかし、そうなると図書館に行って本を漁る大義名分ができるわけだから、家事は手付かずの状態となるのだ。

さて、彼女は思う存分本を読み漁ったのだろう、満足そうな笑みを浮かべて机の上に本の山を作ってくれた。インカ帝国に関するもの、麻薬関係のもの、その中の一冊にコカと石灰を一緒に食べ

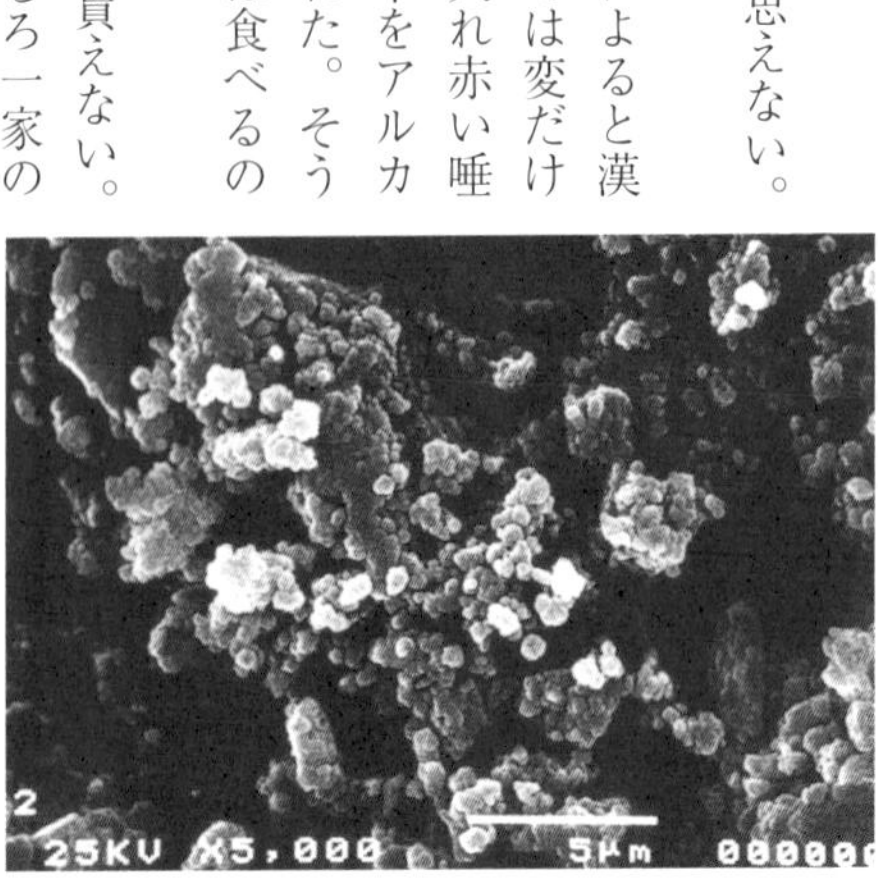

石灰の顕微鏡写真

る話が出ているという。やっぱり石灰食は「ヤバイもの」だったようだ。

石川元助氏の著書『ガマの油からＬＳＤまで――陶酔と幻覚の文化』（第三書館）という本の中の第三章「コカ・チューイング文化」の中に、知りたかった「石灰食の秘密」が紹介されていた。これによると、まず世界には咀嚼という方法で使用される嗜好品、あるいは儀礼に用いられる植物に、アンデス地帯のコカ、ポリネシアにおけるカバ、メラネシアのベェテル、同じくメラネシアのビンロウがある。これらはいずれもそれぞれの地域を代表する民族嗜好品で石灰とともに咀嚼する。これは民族学における文化圏設定の重要なキメ手にもなるのだという。石川氏は、このような文化をチューイング文化あるいは咀嚼文化と名付けている。

カバ咀嚼は「褐色」、コカの咀嚼は「緑色」、ベェテル咀嚼は「赤色」の唾液を吐き出すことが、この咀嚼における嗜好品摂取の特色であるという。このような麻酔性植物を口で噛み個人では自己陶酔を、集団では宗教儀礼と民族的饗宴として伝統的行事が行われる、と記されていた。

アンデスの山岳地帯では、モチーカ文化期に、インディオが呼吸運動・血液循環・筋力のエネルギーおよび新陳代謝を促進させ、空腹感を抑制するためにコカの葉を使用した。コカ葉はインカの様々な形象作品のモチーフとなっており、墳墓からも乾燥したコカ葉が発掘されているのだという。インカの支配者はコカの葉を支給することで、労働者に少ない食物で辛い労働を耐えさせたのだという。

メラネシアのベェテルと呼ばれる咀嚼文化は、メラネシアに住むあらゆる人々によって食事以上に盛んに行われるもので、キンマとビンロウから作られる。ビンロ

ペルーの日干しレンガ作り（撮影・小林澄夫）

南蛮漆喰を訪ねて

ウはヤシ科の植物で十五メートルほどに達する喬木である。この木になるベェテル・ナットと呼ばれる卵型の果実を、キンマの葉にサンゴを焼いた石灰を塗ったものにくるんで噛むのだ。キンマはコショウ科の半灌木性蔓草で、かなり刺激の強い味がするらしい。ベェテル咀嚼は、辛くて苦くて唇は真っ赤になるがとてもいい気持ちになるらしい。

石灰食はどうやら気持ちのいいものとくっついており、台湾で「良くないもの」と眉をひそめた新妻の判断は正しかった（?）ようである。

こうして石灰を口にする様々なことを調べると、それらは食べるものではなく、何らかの目的をもって使われていた事は判明したが、何故どうしてということははっきりとは判らないままだった。

以前、南米ボリビアで仕事をしていた建築家の薩田氏から聞いた話である。石灰を使った壁の建築をしようと、目の前に積み上げられた石灰を買いたいと言うと、現地のおじさんたちににらまれて「ダメだ」と言われたということである。不思議に思った氏がそのわけを尋ねると、それらの石灰はコカイン精製のために使用するモノであるとのことであった。

この話を聞いたとき、石灰とともに咀嚼する理由のヒントとすれ違ったような気がした。

ベェテルの売店（インド）

白壁の材料である「漆喰」について調べてみると、「漆喰は、消石灰が主材料で、これにスサを加え糊液で練った物を指し、粘土を混ぜたものを〝大津〟という。スサは、高級仕様では紙をほぐしてドロドロにしたもの。並仕様は麻（上塗りは麻を漂白したもの）を裁断したものを使う。糊液は海草（ツノマタ・ギンナン・フノリ）を炊き、それを濾して作る。海草糊や麻スサを用いるのは、日本独特の工法で、外国では糊を使用せず、時に膠《にかわ》を用い、スサとして動物の毛を使う」というようなことが書いてある。

この漆喰に南蛮の名前をかぶせた「南蛮漆喰」は、当然中国やマカオを経てポルトガルやスペイン人によってもたらされたと思っていたのだが、どうもそうではないらしい。例によって私は、ことある毎に関係者にこのことを尋ねるのだが、南蛮漆喰のルーツは実にあやふやである。各地で南蛮漆喰と呼ばれている物は、泥と石灰を混ぜたもののことで、南蛮またはナンバという地方もあれば、砂と石灰だけで南蛮と呼ぶ地方もある。

私の故郷大分では、漆喰に油を入れたものが南蛮漆喰であるが、誰に聞いても何故この漆喰が南蛮なのかははっきりしない。なにしろ、職人の世界では「技」は一子相伝の職人の秘密、技は盗むもので秘伝は口伝え、そうそう簡単に尻尾は摑ませてくれないのだ。

我が故郷豊後の大名大友宗麟《そうりん》は、当時スペイン国王フェリペ二世と交易を行い、一五八二年（天正一〇）に我国から初めてヨーロッパのバチカンに少年使節を送り、

佐賀関の海草干し

ヨーロッパから技術を輸入し、国内においては京都文化を移入した。大友宗麟の居城があった臼杵は、グーテンベルグの印刷機を始めオルガンやグレゴリオ聖歌、ビオラ・ダ・ガンバなどの西洋楽器や西洋美術・彫刻等のキリスト教を中心とした西洋文化を上陸させた歴史を持っていた。

しかし、繁栄を極めた大友宗麟も島津との戦いに敗れ、その島津も豊臣に呑み込まれ、大友の領地は二百五十の小藩に分断された。やがて秀吉によってキリスト教の禁教令が出され、それまで蓄積されていたヨーロッパの文化はキリスト教とともに姿を消した。その後徳川の時代となり、三代将軍家光が鎖国政策を実行し、出島を残し世界に対して交流の窓口を閉じてしまったのである。

家康が食べ過ぎて死んでしまったといわれるテンプラは、南蛮渡りのテンプラートやテンペと呼ばれる料理が元になっていると言われているが、南蛮貿易と縁の深かった九州では、屋根瓦やナマコ壁の瓦を止める竹釘を油で揚げてテンプラにする。もちろん食べる為ではなく、そうすることで竹釘の耐用年数を伸ばすためなのだ。

職人は材料を大切にする。決してモノを粗末にしない。この竹釘を揚げた後の油も決して捨てたりしないはずだ。もしかしたらこの油を漆喰に入れたのが南蛮漆喰の始まりではないだろうか。そこで、僅かな手掛かりをもとに、南蛮漆喰のルーツを探ってみることにした

まず、南蛮漆喰の製法が、一五四九年（天文一八）にフランシスコ・ザビエルがキリスト教とともに中国からマカオ、鹿児島を経て豊後にやってきた時に持ち込まれたと仮説を立てて、南蛮関係の資料を調べてみた。すると『大分百科事典』に、我が国で最初に建設された西洋建築は豊後府内

Bungoと書かれた世界地図

のコレジオとセミナリオである、という記述とイラストが見つかった。

しかし建築史家の先生に聞くと、イラストは復元想像図であり、その建物にどのような漆喰が使われたかは分からないという。

そこで、ポルトガルやスペイン船が持ち込んだとされる南蛮漆喰はそれまでの漆喰とは違い「油」が混入された漆喰だとしてみよう。郷土出身で上智大学の学長だった村上直次郎先生が翻訳された資料もひもといてみた。これによると、大友宗麟が臼杵城を築いた二年後の一五六五年（永禄八）にイスマン・ルイス・ダルメイダというイエズズ会の宣教師が本国に書き送った書簡（『耶蘇会士日本通信』上巻）に、ダルメイダが日本の白壁の美しさに心を動かされたらしいくだりがある。大和信貴山城を訪れた時の印象を、ダルメイダは次のように書いている。

「此等の家は塀および塔と共に今日までキリスト教国において見たることなき甚だ白く光沢ある壁を塗りたり。壁のかくの如く白きは石灰に砂を混ぜず、甚だ白き特製の紙を混ずる故なり。（中略）この別荘地（この称を附するを得べし）に入りて街路を歩行すればその清潔にして白きこと、あたかも当日落成せしものの如く、天国に入りたるの感あり。外よりこの城を見れば甚だ心地よく、世界の大部分にかくの如き美麗なるものありと思われず」（山田幸一著『壁』より）

ここで既に漆喰は登場しているが、油を使うとは明記されていない。油を使用する「南蛮漆喰」とただの漆喰とは違うのだと諦めきれず、知人で建築探偵団の斉藤行雄君に電話を入れてみた。

斉藤君は、大分県臼杵市で建築調査を熱心にやってこられた人で南蛮文化にも造

コレジオ想像図（大阪市南蛮文化館蔵）

詣が深い。きっと何か知っているはずだ。そう思いながら電話を入れると、彼はスラスラと南蛮漆喰のルーツと思える「大佛《だいぶつ》漆喰」や「油硴《ゆがき》漆喰」の話をするではないか。気がついた時には、私は相手の迷惑も考えずに臼杵行きの電車に乗っていた。

斉藤君から、臼杵市の唐人町に住んでいた陳元明という中国からの渡来人が、一五七五年（天正三）に豊後藩主の大友宗麟に拝謁した後、石田三成や豊臣秀吉に謁見を許されたことが記してある資料を見せてもらった。

一五八六年（天正一四）、豊臣秀吉は国家安康の為に京都東山方広寺の大仏建設を計画する。このとき諸国の大名に賦課普請を定めるが、この大仏建設計画時に陳元明や王退が関係したらしい。唐人町の元明は、大仏の造営に牡蠣灰に菜種油を混入する油硴漆喰や大佛漆喰を伝えるのだ。臼杵市内には、この油硴漆喰で作られた元明の墓や一子相伝の書が現存している。豊後臼杵に残る太閤検地帳に「大佛漆喰御免」徳鳳・平湖・九右衛門の名前が見られ、この功労で彼らが屋敷や土地を持つことを許され税金も免除されていたところをみると、同時期に泉州堺奉行の今井宗久是が全国から牡蠣殻数万俵を集めたのが、方広寺で使われる予定だったのだろう。

方広寺は梵鐘が作られただけの幻の計画となったが、これで、油を混入する南蛮漆喰（＝油硴漆喰）が渡来人によって伝来したことが判明した。これを西洋からのものと考えたから話がややこしくなったのだ。

中国では、漆喰をスーホイ、蛤を焼いた胡粉をチーチ、石灰をシーフィ、左官を「水泥匠」と書きスウィニーショウと呼ぶ。漆喰は、唐音のシーフィーが訛って漆喰となったと伝えられているが、

太閤検地帳に見られる大佛漆喰

元明達が伝えた漆喰が江戸時代の城閣や町屋の建設に多大な影響を与えていったことは十分考えられる。

次に醗酵させた藁を使用する「土佐漆喰」のルーツに触れてみたい。これも実にあやふやであった。以前、『左官教室』誌に土佐漆喰の中国渡来説が発表されたが、江戸城の建設から本格化する我が国の石灰焼きの歴史は、一六〇一年（慶長六）の岐阜県揖斐《いび》郡に残る資料が最も古い。土佐藩では、一六六五年（寛文五）に藩主が紙屋太兵衛と猿屋九右衛門に「馬骨石」と呼ばれた石灰石を焼かせたとあるのが最古の資料で、一七二九年（享保一四）にようやく本格的な石灰の焼き立てを開始している。

揖斐郡が土佐の石灰焼きより六十年余りも古いところから、土佐漆喰は岐阜の揖斐郡や関東の成木山から石灰焼きが移入されたという説と、前述の中国本土から豊後臼杵を経て土佐に伝わった説、また、海を渡って琉球から渡来したという説も考えられる。

土佐藩には、関ヶ原の合戦以降、藩の財政と大名の反乱阻止の為に、長曽我部を豊後に移封《いほう》し、城閣建設に必要な石灰生産技術者の移転禁止令を発布したり、生産管理や運上金の取り立てを管理した資料も残っている。また、豊後臼杵藩と海上交通のあった土佐藩は、土佐刃物やかつお節を交易品として送っている。交易の名残りを示すものとして、臼杵の商家や酒・醤油等の醸造蔵に土佐の土蔵と同じ複数の水切り屋根が作られている点は見逃せない。

土佐漆喰の特徴である、石灰に醗酵させた藁を混入する方法が中国大陸にあった

土佐漆喰の原材料の石灰山

ことが『左官教室』に報告されていたが、風の強い沖縄にも藁を混入する「ムチ漆喰」と呼ばれるものがある。

ムチ漆喰は、珊瑚を焼いた石灰に土佐漆喰と同様に藁を混入するが、これは醗酵させた藁ではない。屋根漆喰は生石灰を使う方が硬化性が高いといわれるが、沖縄では前述の珊瑚灰でムチ漆喰を作り、屋根や壁やシーサーを作っていた。こうした藁を混入して硬化させる技法が、沖縄や台湾そして中国から土佐に伝わったと推察される。

石灰の歴史は、伝承ではあるが、大和朝廷時代の版築の塀に使われた時に始まり、壁は仏教伝来と共に我が国に登場したとされている。その後石灰や石灰と赤土を混ぜてつき固めるタタキの工法は、土倉、土蔵、茶室、塩田、溜め池、水路、肥溜め、土間、家畜小屋、港湾などに使われるようになった。大分県南部の海岸では、江戸時代に薩摩芋が伝来して辺鄙なリアス式海岸にも人が住めるようになり、貴重な漁村の食料を猪の被害から守るため、タタキで猪垣が作られた。（＊版築……板や竹の型枠に壁材を層状に詰めて搗き固める技法）

我が国には地震や雨が多いせいか、漢時代に庫車《クチャ》地方で作られた狼煙台や漢民族の客家《はっか》が作った版築の高層建築物などは見られない。産業革命の発祥地のイギリスで発明されたポルトランドセメント、いわゆる現在のセメントが幕末期の日本に登場すると、それまでのタタキの工法は、身の回りから姿を消してしまった。

「鉄筋コンクリートの建物は二百年もつ」という一種の鉄筋コンクリート神話は、時がたつにつれ

国東町のネリビー（練塀）

てだんだんメッキが剥がれてきて、今では鉄筋コンクリートの寿命は七十年といわれている。しかも、地震に強いはずの鉄筋コンクリートの建物が、九五年一月十七日の神戸の大地震で崩壊したのを見て、私のなかのコンクリート神話は崩壊した。

セメント以前のセメントであった生石灰は、セメントとは逆の気硬性（空中の炭酸ガスで硬化する）で、水を加えると沸化して消石灰になり、地球の温暖化の一因でもある空気中の二酸化炭素を取り込んで固まる性質を持っている。日本人が心を和ます白壁や土壁の中には石灰が潜み、それは「美しく崩れる」ワビやサビの世界をも創り出していた。

石灰窯と窯底灰

司馬遼太郎氏は生前、滝廉太郎が作曲した「荒城の月」は武士の失業の歌だと語っていた。ちょうどそのころ私は、左官職人青柳鯉市《あおやぎこいち》のルーツを調査していた。青柳鯉市は豊後日出《ひじ》藩の御用左官で、明治維新で禄を失い、野に糧を得ながら壁を塗る職人として生き抜いた人であったので、なるほどこういう考えもあるのかと印象深かった。

日出藩暘谷《ようこく》城の縄張り（設計）をした細川忠興《ただおき》（三斎）は、千利休の弟子で、豊臣秀吉に自害を迫られて切腹した利休を古田織部と共に大坂の河畔で見送ってい

大分県安心院町の版築小屋

る。妻は明智光秀の娘ガラシャ。

日出藩は二万五千石の小藩ながら明治維新まで移封や転封を受けていない。また、御用左官だった青柳鯉市の覚え書きから、細川忠興が暘谷城築城の際に熊本から職人を連れてきたことがわかっている。それらと松屋寺《しょうおくじ》に残る過去帳や墓地の調査によって、暘谷城御用左官のルーツが判明した。

日出藩の御用左官は脇家を中心に六家から構成され、暘谷城の築城に始まり江戸屋敷や様々な藩邸の建設に携わり、二百六十年の間勤めた。それは秘伝と血族を守り抜いた一子相伝のグループであったが、「荒城の月」で歌われた武士たちと同様に明治維新で藩や禄を失う。しかし維新後の不遇な時代も乗り越えて、新しく加わった脇口家を入れて七家となり、一九一九年（大正八）の松屋寺の火災の修復まで左官を続けた。

そこで疑問に思ったのが、日出《ひじ》・山香《やまが》・安心院《あじむ》・院内の町並みを形成した大量の石灰はどこから来たのかということだった。これらの地域で大量の貝灰が焼かれた形跡はないし、この地域に石灰石は産出しない。石灰山なら豊後臼杵藩の領地だった津久見市にあるのだが、確認しようにも当時の左官は皆、墓の中だ。

そんな頃、石灰石で知られる津久見市千怒《ちぬ》へ撮影の仕事で出かけることになった。その千怒の「浜茶屋」という海鮮料理の店で、店主の加茂さんから八戸《やと》高原の石灰習俗に関する親切なアドバイスを受けることができたのだ。

津久見市の石灰窯（八戸高原）

加茂さんとの出逢いによって、津久見市・丸京石灰の鳥越社長や梶野氏、織田清綱先生にお目にかかることができた。織田先生は石灰山の歴史や石灰民俗史を研究される方で、この出逢いでさらに多くのことを学ぶことができた。

以前から加茂さんに聞いていた八戸高原の石灰窯が、織田先生の著書『津久見石灰史』に掲載されていた。その八戸高原へ、鳥越社長と梶野氏が案内して下さることになった。

山の中に眠る石灰窯は美しかった。明治の近代化の時代に捨てられたのだろうが、かつては大名達の住まいを白く塗った石灰、水害で村や町に伝染病が蔓延した時、消毒薬として多くの生命を救った石灰、肥料として農業を支えたり、業火から家々を守った石灰である。そう思うと、大きな感動が込み上げてきた。

喜びを胸に、山を降りて市街地に戻り、今度は海辺の石灰窯に連れていってもらった。しかし石灰窯は住宅地の造成の道路に取られ、無残に破壊されており、山の上の感動は一挙に暗転した。

我が国の近代化の歴史は、貴重な産業遺産を次々とドブに捨ててきた歴史だったといわれるが、石灰文化史の貴重な財産を、いや日本の近代化を支えた石灰窯をあたらむざむざと壊すとは！　と呆然となった。文化庁が重たい腰を上げ、身近な「近代化遺産」の見直しを始めた、ようやくそんな時代がきたというのに、である。

白壁の秘密

なぜ、壁に惹かれるのだろう壁の美しさとはなんなのだろう。

愛媛県小大下《こうげ》島の石灰窯

そんな想いを胸に取材を続けてきた。しかし最近、壁にレンズを向けた時、なぜかそれまでワクワクしていた気持ちが冷めていく。何かがおかしい。近頃の土蔵の白壁は、なぜあんなに目を差すのか。なぜ私をドキドキさせてくれなくなってしまったのか。

先日、淡路の久住章氏と津久見市の石灰山を歩く機会があったのだが、その時に窯底灰《かまそこばい》や下灰《げばい》という言葉を初めて聞いた。つまり、昔の石灰は窯の中の不純物が自然に混じり込んでいた。それが石灰製造の近代化の中で、工業規格やＪＩＳによって石灰の品質の向上を要求された。メーカーはお上の指示どおりの不純物を含まない純白の漆喰を追求する。その結果、ただ白いだけの石灰が出来上がってしまったというのである。

昔のあの白壁の美しさは、薪や石炭で焼かれた頃の、炭殻の混じる石灰でないと表現できないというのだ。メーカーに任せきりで、自分達で調合しない今の職人達にもいくらかの責任はあるかもしれないが、時代の流れは、技術や物の考え方だけではなく白壁の美しさまで変えてしまったのだ。

若き左官の原田進氏が常々呟いている「美しく崩れる壁」の意味がだんだん分かってきた。近代化された工業製品からは手の温もりが失なわれ、「美しく」「壊れない」ものを提供する結果となっていた。

「荒城の月」で歌われた失業武士たちのように、時代の流れに乗れなかったものには消え去るという運命しか残されていないのだろうか。明治の武士たちが慣れぬ商売に手を染め、客に頭を下げる

土蔵に見られるコーナーストーン（大分県佐賀関）

ことも知らない武家の商法と笑われながらも何とか生き抜いたように、「美しい白壁」にも何とか生き残る道を見つけられないものだろうか。もちろんこの「美しい白い壁」というのは目を刺す白い壁ではなく、美しく崩れる白壁のことだ。

石灰余話

三年ほど前、十二枚もの長い資料が『左官教室』編集部からファクスで送られてきた。その資料の送り主は、フレスコ画の研究者で自らもフレスコ画を描かれる富山大学の丹羽洋介教授である。

内容は、中国革命の援助に尽した宮崎滔天の妻槌子《つちこ》が、貝灰を焼きながら夫を待つ心情を綴った歌稿（抄）だ。なぜか、貝灰を焼きながら、である。

大陸浪人の妻が幼い子どもを連れて夫を待ちながら重労働の貝灰を焼く話は、それ自体興味をひかれる話だが、ファクスが黒く潰れていて読むのがひと苦労だった。そして私の貧相な筆力ではまだまだこの資料で原稿を書ける程の力がないので、そのファクスは自宅の資料の山のなかに長い間埋もれることとなってしまった。

それが、九九年の正月の「お石灰探偵団」の最終日に鹿児島県喜入町の白灰窯に出会ったとき、ふとその資料のことを思い出したのである。石灰の旅も終え、別府

壁も犬走りも石灰が使用された山国町の民家（国重文）

の草原に囲まれた露天風呂で、小林編集長から「そろそろ貝灰や石灰の話をまとめたら」と仄めかされた。小林さんはあの時のファクスのことを忘れてはいなかったのだ。

幸い一、二月は暇なのと鹿児島のサンゴ窯との再会や白灰窯との出会いの感動の余韻もあったので、これまでの踏査資料を広げ、正月休みを返上して石灰に関する途中経過をまとめてみようと思っていた矢先だった。資料を整理したり辞書を拾い読みしながらゴロゴロしていたら、電話機の中から先のファクスが三年ぶりに流れ出てきた。

これまで「お石灰探偵団」と称し、石灰や貝殻焼きの窯跡を訪ね歩いてきたが、調査の拙さもあって、貝灰の資料らしい資料を見つけ出すことはできなかった。改めて丹羽先生から送られてきた資料を読み返した。貝灰焼きの重労働をしながら、「歌」で貝灰焼きを表現するこの資料には、熊本県玉名郡荒尾村で有明の海を相手に、夫を待ちながら貝灰を焼いた一人の女性の心情が記されていた。

有明湾で見られる貝灰焼き

もろこしの旅にむかへば我が夫のたよりをはこぶ友一人かな
比の身これ奇《くし》き縁《えに》しにむすばれて古《むかし》の貝殻《かい》のなさけに生きつ、
幾年をへしや昔の貝殻《かい》のはて今の母子のすくいの主《ぬし》は
竈のそこかなぼふゆれば降《おち》てくる白灰《はひ》と泪にむせかへりつ、
かつきこむ白灰《はい》の俵の山つみも水の力に船浮びゆく

奈良県・春日大社御旅所

風はらむ白帆のもとにつゝましゆふ売られ白灰《しろはい》母子の糧米《かて》に
いとし児の春衣《はるぎ》の支度夜仕事もはこばぬ針に夜わ《ママ》ふけにける

実は、八九年の東京の個展の際、私は大分で『近代建築史・ゲニウス・ロキ・地霊』の編纂を手がけており、この時に東京目黒にお住まいの「竜介・白蓮」の忘れ形見で、槌子の孫になる宮崎蕗苳《ふき》さんを訪ねていたのだ。縁というものは不思議なもので、この翌日に『左官教室』の小林澄夫編集長に初めて出会ったのだ。

この出会いが、左官職人の仕事を支えた材料であり日本の近代化を支えたともいえる石灰窯の跡を巡礼する旅の始まりになるなど、思いもよらなかった。

最後に、これまで見聞した石灰や貝灰工場の情報をまとめてみると、次の通りである。

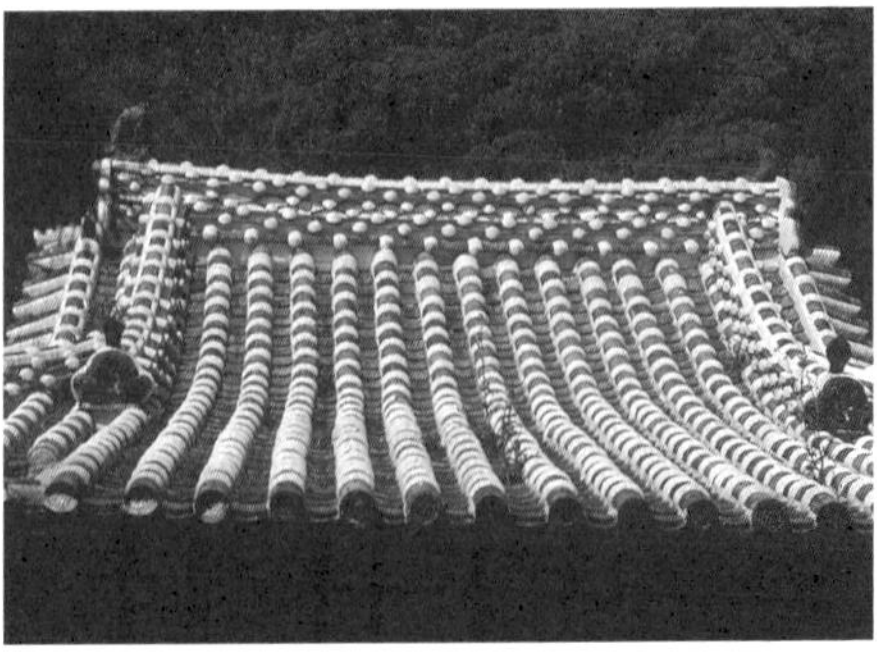
貝灰の屋根漆喰

石灰（貝灰）操業一覧

（種類　年代〔△江戸　▲明治　□大正　■昭和〕★操業中止・廃止）

貝灰	?・?・□■	北海道	調査中
貝灰	?・?・?・?	千葉県市原市五井南海岸	★
サンゴ灰	△▲□■	和歌山県熊野　熊野灰	操業中

牡蠣灰	△▲□■	いぼた牡蠣	京都府　胡粉・食用	操業中
蚌《ぼう》灰	？？？■	ドブ貝・しじみ貝	滋賀県	
蜆・蚌灰	？？？？		島根県宍道湖	調査中
牡蠣灰	？▲□■		香川県大川郡津田町	平成七年★
貝灰	△▲□■	アサリ・牡蠣	福岡県柳川市	操業二社
牡蠣灰	△▲□■	アサリ	大分県宇佐市長洲	★
貝灰	？▲□■	アサリ	熊本県荒尾市	★
貝灰	▲□■	ネゴ	鹿児島県喜入町	★
サンゴ灰	△▲□■	菊面石	鹿児島県知覧町	★
サンゴ灰	？▲□■		奄美群島	不明
サンゴ灰	？▲□■		奄美群島喜界島	★
サンゴ灰	？？□		沖縄県恩納村仲泊　ベーヤチ窯	昭和四十五年★

石灰工場一覧（石灰岩採掘・加工）

？？？■	北海道苫小牧市・常呂郡訓子府町	操業四社
？？？■	青森県八戸市	操業一社
？？？■	岩手県東磐井郡東山町・紫波郡	操業四社
？？？■	宮城県登米郡中田町	操業十社
？？？■	新潟県西頸城郡青海町	操業一社

静岡県松崎町

？？？■　福島県耶麻郡西会津町　操業一社
△▲□■　栃木県安蘇郡田沼町、葛生町・佐野市・栃木市　★
？？？■　岐阜県大垣市赤坂（美濃灰）揖斐郡　操業十社
？？？■　静岡県浜北市　操業一社
？？？■　滋賀県坂田郡山東町　操業三社
？？？■　和歌山県和歌山市　昭和五十四年★
？？？■　兵庫県明石市魚住町　操業一社
△▲□■　岡山県新見市・高梁市　操業八社
△▲□■　鳥取県智頭町　★
△▲□■　山口県美祢市伊佐町　操業五社
？▲□■　愛媛県東宇和郡明浜町・越智郡関前村小大下島　★
？？？■　徳島県阿南市　操業三社
△▲□■　高知県南国市稲生　操業十社
？▲□■　福岡県田川市位登　操業一社
？？□■　熊本県水俣市浜松町・八代市・玉名郡玉東町・葦北郡芦北町
下益城郡豊野村　操業六社
△▲□■　大分県津久見市徳浦　操業十社

以上の資料は、石灰協会の資料を基にさまざまな資料の抜粋と、泥の仲間と共に実際に歩いた情

大分県津久見市の石灰山

報を加えて作成したものです。いまだ完全なものとは言い難く、今後も調査は継続する予定ですが、読者諸兄のご教示をいただければ幸いです。

石灰をめぐる旅

【お石灰探偵団が行く】

明治の石灰窯【愛媛】

九六年の正月二日、私は原田進氏と八幡浜港で一夜を明かし、小林編集長を待っていた。これは愛媛県の明浜《あけはま》で江戸時代に石灰焼きを始めた宇都宮家を訪問し、明治時代に作られた石灰窯の探検をする約束が、四国の建築探偵団との間でできていたのだ。

一九三一年（昭和六）に発行された『東宇和郡沿革史』によると、愛媛県下での石灰の焼き始めは、一八四九年（嘉永二）に高山浦（高山は旧高山村で現東宇和郡明浜町）の宇都宮角治が土佐に行き、苦労を重ねながら石灰製造法を習得して帰国、小僧都《こそうず》に窯を築いて石灰の製造を始めたのが最初とされている。その後、二宮家が一八六二年、鹿村家が六六年に創業を開始している。

今回の「お石灰探偵団」の予定は、明浜を探索後四国松山港から山口に渡り、私は鏝絵を、原田氏は山口の左官・河田氏を訪問する旅と決めているのだが、編集長が来ない。正月休みを返上して自宅で待機している岡崎建築探偵団長にも相済まぬし、あろうことか粉雪まで舞い始めた。遅れること一時間、編集長は電車を間違えて各駅停車でやってきた。

現地にはコンビニも食堂もないという岡崎探偵団長の指示に従い、弁当を仕入れた一行は明浜に向かう。美しい段々畑の峠道を縫うように走ったあと、物好きな我々は浜辺でランチと洒落こんだ。

この海岸は、石灰岩の岩脈が海中に没する所、いや、石灰岩が海から立ち上がった美しい景色を見せる海岸であった。なるほど、大量の石灰を船で運ぶのには好都合の地である。コンビニ弁当を食べながら、岡崎氏がコピーしてくれた古い写真をながめる。真っ白な画面の中で、石灰を運ぶ褌姿の男がネコ車を押している写真だ。私は遠い時代の石灰焼きのことを考えた。

食事を終えた一行は、明浜に残る明治時代に築かれた四連の窯を訪ねる。石灰石で組まれた石灰焼成窯は、明治の西洋建築の影響を受けたコーナーストーンやキーストーンが組み込まれ、その風雪に耐えた風貌はいかにも明治風であった。美しい窯を眺めながら小林さんと無駄口をたたく。

――石灰が、四国の近代的西洋館を造り肥料として農業生産を上げたことを知っても、また、開国日本の海を照らした灯台建築にスポットがあたることはあっても、灯台を白く塗った石灰や石灰窯にスポットが当たることはないでしょうね。

――明治維新から一三〇年以上も経過しているけれど、この国の官僚機構が変わらないかぎり、これが文化財に指定されることはないでしょう。

話を元に戻そう。高知県の石灰史を紐解くと、高知での石灰の焼き始めは今から

愛媛県明浜の
石灰窯

三百三十年前の一六六五年（寛文五）にまで溯る。土佐藩主が紙屋太兵衛と猿屋久右衛門に試験的に石灰を焼かせ、六四年後の一七二九年（享保一四）にようやく本格的な石灰焼きを開始している。

愛媛県下の石灰焼き立ては、土佐に遅れること一九五年も後のことになる。土佐で苦労して石灰焼きを覚えた宇都宮角治は、一八九九年（明治三二）から朝鮮との貿易を始め、帰り船で肥料となる大豆滓とニシンを運んだ。宇都宮家には、明治時代の外務大臣小村寿太郎のサインが明記されたパスポートやアサノ石灰部の書類数点に混じり、珍しい明治の木版チラシ「石灰商の引き札」が残されていた。しかし残念なことに江戸時代の資料は、台風で裏山が崩れた時に流失して何も残っていなかった。

正月のゆっくりした時間に、野郎共一行六名が暴れ獅子舞よろしくなだれ込んだにも拘らず、宇都宮御夫妻は快く迎えて下さった。気さくな御夫妻が語る昔話は興味をそそられるものだった。

幕末期に石灰がもたらす富を求めて、宇都宮家の裏口から勤皇の志士が訪れ、それを取り締まる幕府の役人が玄関に駐屯していた話や、単調な浜の生活を営む人々が、余暇として生石灰を海中に投げ込んでタコやウナギを捕る話、窯底灰を盛り上げたドバイ（生石灰）に水をかけて芋を蒸す話、そして極めつけは、春になると玄翁《げんのう》という大きなカナヅチを持って干潮の海岸に行き、石灰岩を棲家にしているウド貝を石ごと割ってほじくり出し、チラシ寿司や味噌汁の具にして食べる話。また、郷土史の勉強に訪れた幼稚園児や小学生に生石灰で蒸した焼芋を振る舞った話など、その身振り手

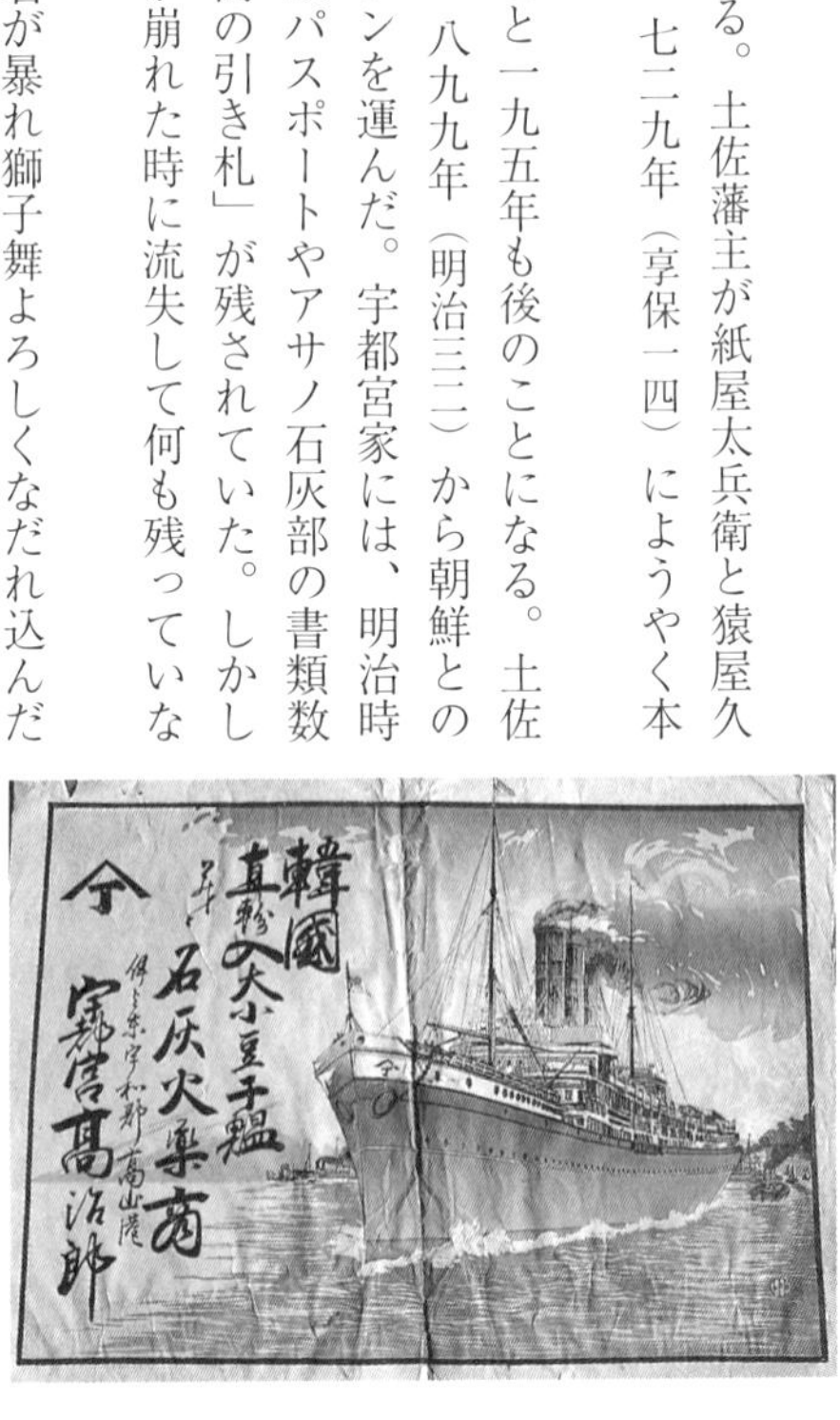

石灰販売の引き札（宇都宮家蔵）

振りの話口調が軽妙で、懐かしそうに目を細めて語る御二人は、まさに正月に相応しい「高砂」の世界に遊ぶ達人のようで、今回は貴重な石灰民俗を探る旅となった。

建築探偵団と別れた夕闇の中を「お石灰探偵団」は松山港へと向かう。ところが強風の為にフェリーは欠航、正月のためホテルは満杯でレストランは終わっていた。しかし、こんなことで探偵団は挫けない。まさかの時のために用意していた石鍋で遅い食事を取ることにする。原田氏のワゴンはホテルとなり、皆で初春のディナーを囲み、石灰や壁の話を肴に至福の時を過ごした。ホロ酔いかげんの編集長が「無垢で無償で贈与と犠牲」とつぶやくころ、我々は眠りに落ちていった。春になったら、玄翁を持って、チラシ寿司と味噌汁を目当てに原田氏と出掛けよう……。

島は石灰の博物館【高知・愛媛】

新春の恒例事業となった「お石灰探偵団」の九八年幕開けは題して「四国遍路旅」。高知県香北町にあるという、文明開化の民俗遺産とでも呼びたい〈八角時計〉の鏝絵の初撮りが目的だ。参加者は、例年どおり泥の詩人と呼ばれる『左官教室』編集長の小林澄夫氏と『住宅建築』誌に勤務する中村謙太郎氏、今回初参加の淡路島の久住親方のゲストハウスで辣腕を振るった建築家デビュー前の羽田野泰昭氏と私、そして元旦早々探偵団の犠牲となった高知県南国市にある田中石灰の浜田俊夫氏と

香北町〈八角時計〉

野市町《のいち》の建築探偵団の古沢政光氏、の総勢六名である。

小雨のけぶる正月、土蔵に施された〈時計〉の報告者である古沢氏の案内で目的地の香北町に向かう。小高い丘の上にある集落は想像通りの歴史を感じる落ち着いた風情だ。二十年前に初めて高知県を訪れた時も安芸市にある〈野良時計〉が目的だった。四国とはなぜか時計の縁が深いナと思いながら、高知の民家の特徴である水切り瓦が幾重にも重なった土蔵の〈八角時計〉の鏝絵を雨の中で撮影して、昨年秋に訪れた〈アマノジャク〉の鏝絵のある大川上美良布《おおかわかみびらふ》神社で初詣をして、南国市稲生《いなぶ》にある一八九四年（明治二七）創業の田中石灰に向かう。

少し前の話になるが、淡路の久住親方に初めて会ったときに聞いた「土佐漆喰」や「磨き壁」が何であるのか、当時の私には全く理解ができていなかった。職人でもない自分にとって、それは煩雑なカメラワークやフィルムのアーサー感度の説明を受ける小学生になったようなものだった。

高知は台風銀座だから硬化性の高い漆喰や水切り瓦が必要で、それゆえ土佐漆喰が誕生したということは分かるものの、これまで見てきた漆喰が水を使う「酸化型」で、土佐漆喰は醗酵させた藁を石灰に混入して硬化性を高める「還元型」というところでもういけない。そして土佐漆喰がある種のバクテリアと六角形や八角形の結晶が空気中の炭酸ガスで硬化するというところでますますいけない。土佐漆喰の塗り始めは黄色で数年もすると白く変化するという話を聞いて、いつかはこのことを理解したいと思い続けてきたのだ。それで今回、この秘密を理解すべく漆喰工場を見学して、これまで不明だったことを整理しようと思っていたのだが、いかんせんまだまだ素人だ。

高知・水切り瓦の重なる民家

この日は浜田氏から御自宅に招待され、高知の正月を満喫する。まず驚いたのは一人に一本の清酒が用意されていたことで、さすがに坂本竜馬のお国柄だと感心する。さらに食べきれないほどの料理やカツオのタタキが我々を歓迎する。日頃からあまり遠慮のない探偵団だが、さすがに全ては食べきれず恐悦至極となる。ところが翌朝になって、前日食べきれなかった寿司や刺身を餅網で焼いて食べるのが高知風だと教えられる。お寿司や刺身を焼いて食べる……？　初めての体験だったが、これが大層美味しくて印象的だった。

翌日は浜田氏の案内で、土佐漆喰の久保田騎志夫親方を訪ねる。氏の仕事ぶりはつとに有名だ。以前に浜田さんから頂いた土佐漆喰のパンフレットに久保田氏の〈鶴と亀〉の鏝絵が紹介されていたが、初めて触れる実物は、写真の鏝絵をはるかに凌駕する素晴らしい出来栄え。間違っても作品などと呼んではいけない職人久保田の「仕事」だった。

遍路の三日目は、愛媛の岡崎直司・越智公行探偵発見の、全国で二例目の宇和町の〈八角時計〉と大洲町の〈猿〉、さらに、今治沖にある関前村岡村島の〈旭日旗を持つ日本兵〉の鏝絵と石灰石の採石跡が残る小大下《こうげ》島の探索が主な目的である。

今回のコースは大分から岡山→讃岐→高知→南国市→松山→今治→小大下島→今治→三原→岡山→博多→瀬高→柳川→大分となっている。そこで松山から朝一番の列車に乗って岡崎探偵団の待つ卯之町駅に向かい、新年の挨拶もそこそこに野村町に向かう。

ここで待っていたのは、土蔵の水切り瓦の先端という珍しい場所に飾られた愛くるしい〈オカメ〉の鏝絵だ。これは満面に笑みをたたえて嬉しそうに微笑む、まさ

久保田親方の手技

に正月に相応しい初笑い、福笑いだった。午後は二人のご婦人も参加して、宇和町にある古和田家の〈八角時計〉の鏝絵を目指す。

古和田家の鏝絵は県道の拡幅工事で倉庫が取り壊された時に発見されたもので、竣工年代は明治中期である。事前に写真や新聞記事を送って頂いていたこともあって、少しは状況を理解しているつもりだったが、初めて対面する〈時計〉の鏝絵が思ったよりも大きいのと、なんとも愛くるしいピンク色に、撮影も忘れてしばし見とれてしまった。反対側の妻壁には江戸時代の時を告げた〈方位と干支〉が描かれている。八角時計の振り子の部分には明治の石油ランプのガラスホヤが埋め込まれ、時間は末広がりの八時八分を指したまま百年の時を刻んでいた。岡崎氏の話によると当時の道はこの〈時計〉の面した一本だけだったという。だからこそ職人は施主と一緒になって、往還を行く人々に「これが時計というものだよ」と文明開化のハイカラさんを鼻高々に自慢したのではあるまいか。

四国遍路の四日目は、昨年の春にチャレンジしたが波浪警報で断念した関前村と、小大下《こうげ》島の石灰山の探索が目的だ。今回もフェリーで関前村に渡り、まず〈日本兵〉の鏝絵を撮影して次の便で小大下島に渡り、再び今治に戻りフェリーを乗り継いで新幹線で福岡へというコースだが、風が吹いたらフェリーが欠航するので無事渡航できるかと心配する。ところが今回も天気は下り坂で、おまけに雨も降ってきた。何とかフェリーは出たものの、今度は風が出てきて無事戻れるかと心配する。天気の心配ばかりしていたが、なんとか関前村に辿り着くことができた。

愛媛県宇和町の〈八角時計〉

瀬戸内の漁港はどこかしら穏やかな雰囲気だ。御多分にもれず、ここでも個性のない四角いビルや新建材に覆われた民家が出迎えてくれるが、裏側に回るとそこには五十年百年を経た民家が密集しているのだ。細い坂道を登ると曲がり角の民家の妻壁に〈鶴〉、さらに〈旭日旗を持つ日本兵〉の鏝絵が見えてきた。この鏝絵、戦前日本が「神国」だった頃の兵隊さんに「手柄をたてて欲しい」と願ったのだろうか。それにしても昭和史を刻印したこの鏝絵は、岡山の〈人工衛星〉の鏝絵に負けない存在感のあるものだった。

次に訪ねた小大下島は、周囲が三・三キロ、人口八十八人の、純白の石灰石を産する小さな島だ。フェリーの窓越しに見えた石灰の窯はもちろん、波止場の堤防や民家の石垣、畑の仕切りなど全てが石灰石で作られている。思った通りこの島は、明治以降の日本の近代化に深く関った「近代化遺産・石灰の博物館」といえる島である。

目的の石灰山は、信号のない舗装された島道をほんの数分間歩いただけで見えてきたが、それは既に山とはいえず、源湧水と呼ばれる水たまりは甲子園球場が幾つも入りそうな巨大な湖となっていた。ほんの百年の間に人間達によって掘り尽くされた石灰山の痕跡を覗くと、雨水が溜まった満水の湖面は、沖縄の珊瑚礁のような白とエメラルドグリーンの水の色がなんとも神秘的だった。

採石跡を見下ろす丘に墓地があって、ここで石灰石を加工した墓石やお地蔵様を見つけた。村は江戸時代に「海の関所」の前にあるので関前村といわれただけに古い歴史を持っていた。このお地蔵様に刻まれた「慶長」という文字を見た私は、まだ誰にも知られていない石灰秘話がここにはあるのではないかと感じざるを得な

〈旭日旗を持つ日本兵〉

かった。

二度目のチャレンジでようやく接岸できた小大下島を後に、浮世離れした「お石灰探偵団」は新幹線の客となって現代社会に戻る。

こうして各地に散在する石灰の採石場跡を訪ね、筑豊のボタ山同様放置されたままの大型機械や住居跡を見るにつけ、日本の近代化を推進した資源は石炭だけではなく、石灰もそうだったと実感せざるをえない。そんなことを思っていると、小林編集長から「昔の炭坑では炭塵爆発を防ぐため坑内に石灰を撒いていた」と電話がかかってきた。

小大下島・石灰石に彫られた地蔵菩薩

喜界島のサンゴ灰【喜界島】

九八年十二月のこと、ある美術雑誌の仕事で、鹿児島県の「黒い食」という特集の撮影をするチャンスに恵まれた。この特集は黒砂糖で作られるさまざまな食品から始まり、霧島町の黒豚、菱刈町の黒胡麻、黒米、そして福山町の黒酢や、奄美諸島でサトウキビから作られている黒糖焼酎の撮影と取材であった。

アフリカ旅行に行ってからというもの、長距離の取材もあまり苦にならなくなった。歩けば必ず面白いものに出会うからだ。今回も取材中に、菱刈町の鹿北製油で、菜種油の搾油時に廃物としてできる綿の油布の存在を知った。これが以前に鳥取の山田翁から聞いた油スサの原料だろう。さらに原田氏との宿題だった葛粉やわらび糊の所在も判明した。昔通りの確かな仕事をしているところでは、副産物さえしっかりと利用されるということを、ここで改めて教えられた。

鹿児島県内をくるくる回るうち市内のデパートで見つけた黒砂糖を舐めて、どうしても奄美諸島の喜界島に行きたくなった。というのも奄美は、写真を始めた高校生の頃にツマベニチョウという大型美麗種の蝶の撮影と採集計画をしながら、両親に知れて未遂に終わったところである。そして「黒砂糖はサンゴ灰で固める」という話を聞いて、いつかこの目で確かめたいと思っていたのだ。

黒糖焼酎の商品写真ならどこでも撮影できるが、この香しい上質な黒糖で作られた日本のラム酒ともいえる黒糖焼酎の醸造過程を撮影したいという気持ちも強かった。それが距離にして僅か五百キロ、飛行機だとホンの一時間足らず、これを逃すとまたいつ来れるとも知れない奄美諸島が目の前にぶら下がっているのだ。たとえ編集部の了解が取れなくてもこれはもう行くしかない。行ってこの目で確かめなければ。

黒砂糖や黒糖焼酎で知られる喜界島は、今でも年間に二・七ミリほど島全体が隆起している珊瑚《さんご》礁の島で、これは世界でも珍しいのだそうだ。早速、空港に集っているタクシーに乗り込み、荒木地区の黒砂糖を搾るサタヤドリと呼ばれる作業小屋を捜す。島ではサトウキビ畑がザワワ ザワワ ザワワと波うっていた。この島は珊瑚礁でできているので山というものがない。それで「風が通り過ぎるだけ～」となっているのだ。サトウキビ畑を見て初めてあの歌を実感することができた。

石灰石の材料
となるサンゴ

さてサタヤドリである。鹿児島のデパートで試食した黒砂糖の袋の住所を見ただけの、突然の来訪なのでさぞや驚くと思いきや、相手は意外と冷静。ここには珍しさも手伝って結構人が訪ねてくるらしい。ところがこの日は日曜日でサタヤドリの休息日。これには困ったが、なんとかお願いして撮影を済ませることができた。ただ一つ残念なのは、サンゴの灰で黒砂糖を固める現場を見ることができなかったことだ。

今夜の宿は確保していないが、民宿も多いというし日も高いので、近くの商店にわけを話して荷物を預かってもらい、真夏日の白い道を撮影しながらコバルト色の海岸に向かう。喜界島はどこもかしこもサンゴでできていて、ここはサトウキビより畑の土の方が価値は高いようだ。

浜辺に出るとガジュマルの大樹や白い石垣が見える。これが奄美諸島名物の珊瑚で作った台風除けだ。この珊瑚垣は、長い歳月と大量の海風が産み出した美しいものだった。あたりには熱帯植物が鬱蒼としているが、喜界島にはハブがいないから森に入っても安心だ。

そこで石垣伝いにヤブの方へ向かう。と、なんとも甘酸っぱい匂いが流れてきた。これは子どもの頃、カブトムシを求めて森に出かけた時のクヌギの樹液と同じ匂いで、風が変わると藁を燃やすような匂いも流れてきた。これは何か面白いものがあるぞ！　と勘を働かせながら匂いをたどると、十二月だというのに、なんとルリタテハやヒョウモンモドキという蝶が越冬もせずに乱舞していた。「さすが奄美諸島！」と感心しながらあたりを見まわすと、そこに作業中のサタヤドリがあった。蝶々が乱舞していた場所は、実はサトウキビを搾ったガラ置き場で、それが醗酵して蝶のレストラ

サンゴを積んだ防風林

ンになっていたのだ。

　奄美本島では、今でも馬と石臼で搾汁しているところもあるというが、もしかするとここでサンゴ灰を使う現場が見られるかもしれない。とにかくわけを話して見学させてもらう。このサタヤドリでは、馬はいなかったが、教科書で見たことのある砂糖の国キューバの搾り機に似たローラー型の搾汁機でドラム缶に乳黄色のキビ汁を貯めていた。砂糖作りは農作業の延長線上にある家内手工業だが、ここでは夫婦と手伝いの三人で黒砂糖を作っていた。

　この小屋はサンゴを積んだ石垣に屋根を置いただけの素朴なもので、小屋内には縦二メートル横一メートル、深さ三十センチ程の鉄製の容器が竃《かまど》の上に二基据えられ、先程の搾汁をこれに移して乾燥させたキビガラを燃やしながら煮詰めていた。この時、緑色のアクが出るのでこれを何度もすくい上げ、頃あいを見図らって次の大鍋に移して再度煮詰める。この時に投入する白い液体が、私がこだわっているサンゴ灰なのだ。これを二度三度、その日の温度や湿度の微妙な具合を身体で読み取りながら投入するのだが、この作業が黒糖作りの一番難しいところで、長年の経験と勘が要求されるという。作業中のおじさんに、今でもサンゴ灰かと尋ねると、「いまはもうサンゴ灰は使わない、これは消石灰を水に溶いたもの」という返事だった。

　おじさんは右手で煮詰まり始めたドロドロの黒糖を焦がさないように攪拌《かくはん》し、左手で螺旋状の仕掛けの付いた箱へ柄杓《ひしゃく》で流し込み、慌ただしくディーゼルエンジンを発動させる。するとクルクルと機械が回り始めアメ状の黒糖が汲み上げられる。それを手早く金属板に受け次の作業に回す。黒糖は僅かな時間で固まるので、それ

サタヤドリと呼ばれる黒糖小屋

をおばさんが豆腐を切るように手早く包丁で切れ目を入れる。この間、僅か二分程。こうして黄土色の香しいクロザーターが出来上がる。この作業を見ていたら、今まで食べてきた黒いだけの黒砂糖が何だか怪しいものに思えてきた。

サタヤドリを出て、道行く人やお年寄りにサンゴ窯の話やサンゴ灰の他の用途を尋ねてみた。すると島の人達は、不便な定期船の時代を懐かしむような表情となり、「サンゴの灰で作るクロザーターは柔らかくまろやかだった。しかしサンゴ窯は空港を作る時に埋めた」と語り、古い時代の窯の写真や資料を見ることはできなかった。

数ヶ月後、鹿児島県知覧町の知人から、知覧でも黒糖作りにサンゴ灰が使われたことや、昔は木造船のアカ止め（水漏れ防止）の目地材にサンゴ灰を使った、という話が届いた。

サンゴ礁の恵みと暮す喜界島の人々

白灰窯のヘタツゴヤ【鹿児島】

九五年の八月、鹿児島県川辺郡の知覧《ちらん》町を訪ねた。カラクリ人形の取材で、人形の顔に塗った胡《ご》粉《ふん》（蛤を砕いて作った粉）の話になり、江戸時代にどうやって胡粉を入手したのかと尋ねているうちに、知覧ミュージアム学芸員の海江田氏から「三国名勝図会」の中に菊面石《きくめんせき》と呼ばれる珊瑚や牡蠣を焼いた記述があり、知覧には今でも菊面石を焼いた窯が現存していることを知らされた。

早速その窯のある所を訪ねると、文献では西別府村塩屋浦というところにあったのだが、そこにはもう珊瑚焼の窯はなく、私が連れて行かれたのは知覧町松ヶ浦四角場という小さな海水浴場だった。

眼前には、沖縄に繋がる東シナ海が広がり、砂浜のアチコチに菊面石の珊瑚が転がっている。砂浜がとぎれる北側の岩場に目的の窯はあった。今となっては誰がどうやって作ったのか知る由もないが、凝灰岩を刳《く》り貫いた茶碗状の穴がポッカリと空に口を向けており、火口の横には、これまた岩を刳り貫いて作った階段が、珊瑚の投げ込み口まで伸びていた。この窯をそっくり切り取って美術館に展示すれば、立派な現代彫刻だと思いながら撮影を済ませる。

この珊瑚焼の窯の大きさは直径二メートル位の紡錘状で、火口（灰出し口）から窯の中心までは三メートル位。窯の入り口周辺に白い珊瑚灰がフレスコ画のようにこびりついている。風と海水を浴び続けてきた珊瑚焼の窯は、百年以上の時を経て、柔らかく優しいカーブを醸し出していた。

先人達は、海からの贈り物である珊瑚と海水にタップリと漬かった流木を、交互に窯に詰め込んで、下から火を放ち、海風に煙をたなびかせながらゆるやかに珊瑚を焼いたのだ。現代人は石灰窯に岩塩と石灰石を混入して、火力の強い重油で焼いて塩焼き石灰の微粉を得るが、先人達はこれらのことを知り抜いて、海から石灰を貰っていたのだ。

おそらくこの珊瑚を焼いた窯は明治の近代化の過程で捨てられたのだろう。今で

鹿児島知覧町
のサンゴ窯

は何人にも拘束されず、訪れるものは誰もいない。
最終バスの時間に迫られて、菊面石の灰が使われた民家や井戸などの探索ができず残念だった。

そして九九年、とうとう世紀末の新年を迎えた。今年は探偵団の人数も増えたので案内をファクスした。こんなことも珍しいので、常連の中村氏は少し驚いたようだった。

今回の参加者は常連の三名に加え、二度目の羽田野泰昭君と東京で建築関係に携わる初参加の紅一点池沢まどか嬢と大阪の米原君の総勢六名である。

実は九八年の三月、雑誌の取材で鹿児島県垂水市を訪れていた私は、地元紙の朝刊を見て驚いた。なんと、例の珊瑚窯で五十年ぶりにサンゴ灰が焼かれたと書かれていたのだ。これはもう「お石灰探偵団」にとっては大事件。

記事を読むうち、サンゴ灰の使い道に若干の不満を持った。というのもこの貴重なサンゴ灰を運動会の白線に使うというのだ。「なんという贅沢」。これが第一印象だった。しかし皆の喜んでいる写真を見ると水を差すような野暮なこともいえず、せめて残りのサンゴ灰で生石灰クリームを作って子どもたちに絵を書いて貰えばいい、と知覧ミュージアムの海江田さんにそんな葉書を出したのだ。これが再度の知覧行きを決心させ、恒例の「お石灰探偵団」の薩摩行きとなり、九州に集結することになった。

潮で打ち上げられた菊面石（左下白い部分）

五年ぶりに別府の自宅で正月を迎え、探偵団のメンバーと一緒に近くの朝見神社で初詣をすませる。翌日は日田の原田進氏を訪問し、新年の挨拶を交わしてから水俣へ移動する。

水俣の温泉で、「久木野ふるさとセンター愛林館」館長の沢畑亨氏と天草で竹の炭を焼いている溝口秀士氏を囲み、新年会や温泉で裸のお付き合いをして、今夜の宿舎となる「愛林館」に向かう。沢畑氏は、村松教授の二度目の鏝絵シンポジウムでの初対面のときに『左官教室』の鏝絵通信の原稿を依頼して、その後の再会を約束していた人物である。

昨年の「新春お石灰探偵団・高知編」では一人に一本ずつ一升瓶が用意されていて随分驚いたが、愛林館でも恐怖の二次会が待っていた。熊本もいずれ劣らぬ酒豪揃いの土地柄なので心配だった。沢畑氏が肥後人ではないことが唯一の救いだが、やっぱり出てきた。しかも鍋。鍋ですよ貴方！　ところがこれが韓国のマッカリ酒のようで滅法美味いのだ。魂を揺さぶる酒で、驚いたことに下戸の私がなんと五杯も「湯呑み酒」をしてしまった。一口目で疲れた体を癒し、二杯目で心が癒され、三杯目で友に乾杯し、四杯めで皆の魂を癒し、五杯目で実りを齎《もたら》す大地に乾杯する。こうして、総てが祝福される世紀末の幕開けの時を石灰仲間とともに過ごすことができた。

熊本の鏝絵といえば八代の〈蒸気船〉や八代の鬼才・松川翁の〈鶴と亀〉を思い浮かべる。宿舎に来る途中でチラリと眺めた〈亀〉の鏝絵も、松川翁の仕事ではないかと推察された。

翌朝は沢畑氏の案内で新春の村の風景を楽しみ、段々畑、藁積み、注連縄などを眺めながらゆるりとした新年の一時を過ごし、昨夜月明かりで見た鏝絵の再確認に

熊本県久木野の段々畑

向かう。

土蔵の妻壁に塗り出されたこの鏝絵、昨夜は暗くてよく見えなかったが、口に何やら咥えている。望遠レンズで確かめると〈巻き物をくわえた亀〉だった。早速これを撮影して、持ち主に話を聞くが職人名も施工年も不明だった。

今夜の宿は鹿児島県知覧町の陸軍特攻隊最後の宿「とみや旅館」。この旅館とミュージアム知覧の学芸員の海江田氏の御厚意で、前年三月に再生された「サンゴ灰焼き」のビデオを鑑賞する。皆は相当疲れているのに目は爛々として、明日の珊瑚窯への突撃が待ちきれない様子だ。夕餉の鍋料理が滅法おいしかったので、原田氏の講演ビデオを見ながら昨夜の宴会の続きとなる。

翌朝、海江田氏の先導で松ヶ浦の海水浴場に向かう。珊瑚窯は前回来た時のままそこにあった。海江田氏の計らいで珊瑚灰を再生した地元の難波亀壽《ひさとし》さんの説明を受ける。窯を囲んで神妙に説明を受ける皆の顔が輝く。何度見ても美しい。

そうして近くの静かな正月の村を歩き、そこで珊瑚灰や手の温もりを持つ壁や水路を探す。するとあちこちに珊瑚の窯があった話や、山一つ向うに「白灰（貝灰）焼きの窯」が今でも残されていることを知らされる。早速、海江田氏にこの話をして地図と資料を探していただき、山向うの喜入《きいれ》町前之浜に残された「白灰窯」を捜す。

資料によるとこの窯は、明治後期に貝殻を焼いた貝灰窯らしい。コピーの写真が黒く潰れていてハッキリしないので、余計に想像が頭の中をよぎる。津久見の石積みの石灰窯、愛媛明浜の洋風石

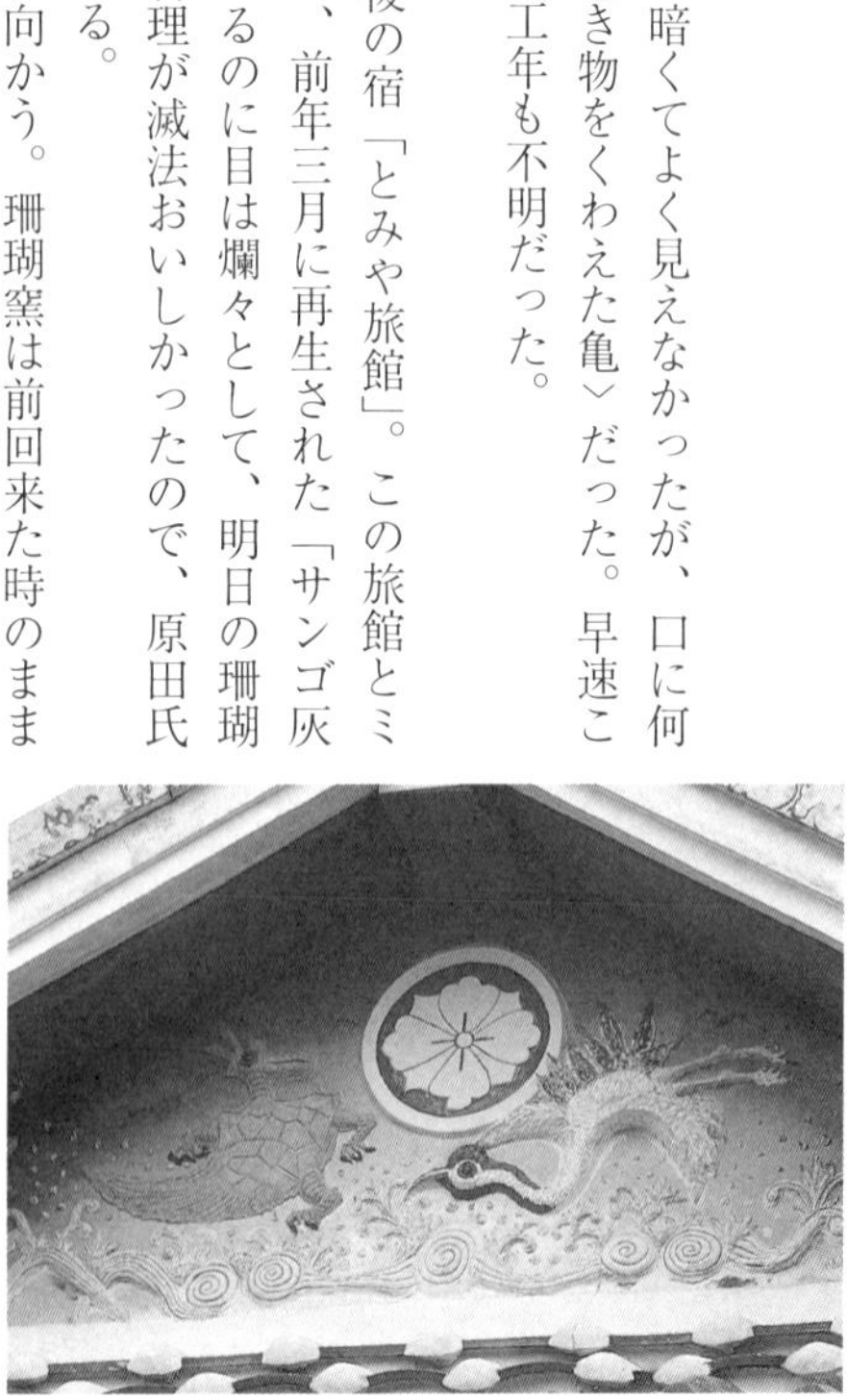

八代・松川翁の〈鶴と亀〉

灰窯、柳川の貝灰窯、徳島の牡蠣《かき》殻窯、青梅成木の野焼き石灰の櫓《ろ》、鹿児島知覧町の珊瑚窯、そして喜入町の「白灰窯」。これまでよくぞ歩いたものだと思い出していたら、誰かが突然「あったッ！」と叫んだ。目的の白灰窯は、古墳にそっくりの形態で入口は石で組まれている。内部は五メートル立方くらいの空間になっていて「ヘタツゴヤ」と呼ばれていた。

江戸時代の「三国名勝図会」によると、前之浜は牡蠣殻が多いのでこれを砕き取って白灰を製すと紹介されていた。一七一三年（正徳三）の記録には中原忠兵衛を白灰売座に召して、貝灰は藩制品とされていた。これで貝灰が藩の財源だったことが判明した。

時代は下がるが、資料によると一八八二年（明治一五）の前之浜には五反五畝の塩田があり、中《なか》名《みょう》、前之浜、生見《ぬくみ》で二六六戸の製塩業戸数の記録が見られた。白灰は、明治の終わり頃からマサゴと呼ばれる貝殻を材料に松葉やコークスで焼き始めたことが記されていた。明治四十四年に製塩が禁止され塩田の操業が中止された時、生き残りをかけた住民が白灰焼きを始めたと推察される。

鹿児島県の『加納知事巡村私記』によると、白灰は石灰肥料として使われたが、明治三十年に公布された「石灰肥料使用取締規則」による規制で、今度は白灰焼きの縮小まで余儀なくされていた。何故石灰取締規則が発令されたかは不明だ。それでも明治四十四年に三万八千貫もの白灰を鹿児島に移出した記録を残している。この大半は肥料や壁材に使われ、一部は黒砂糖の凝固剤に使われたと推察される。こうして前之浜の白灰は、お上の規制を受けながら大正五年まで六基の窯で操業を続ける。しかし原料不足や安価な石灰の登場に太刀打ちできず、昭和十年頃に白灰焼

鹿児島喜入町の「ヘタツゴヤ」

きの歴史を閉じた。

日暮れまで、ある者は窯を実測し、ある者は撮影し、スケッチをし、また浜辺の貝殻を採集していた。浜辺で白灰の材料となる牡蠣殻を探すが、これが意外に少なく菊面石に至っては全く見られず、浦一つ違うと棲息する生物も異なることを思い知らされた。バイ貝やツメタ貝の貝殻があったのでツメタ貝が餌にするキン貝（バカガイ）が沢山獲れたのだろうと思いながら浜を歩いていたら、これまで目にしたことのない真っ白な貝殻が浜の真砂のように転がっていた。これを拾って浜から上がると、海を見ていた小父さんが、ぶっきらぼうにこの貝を指さして「ネゴ」と言い、これが白灰の材料だったと教えてくれた。

資料を読むだけでは知ることのできない現場の事実に感動した。こうして目的を果たした私たちは四日未明に別府に戻り、月夜の草原の露天風呂で旅の垢を落とした。

東京に戻った小林編集長から、久住親方がサンゴ灰の収縮率に著しい興味を示したと知らせてきた。私は原田氏と一緒に、サンゴ灰に藁を加え、土佐漆喰に似た「ムチ漆喰」でムチの磨き壁をつくってみようかと考えた。

菊面石を持つ子供。手前はシャコ貝

念のために……本文中に登場するサンゴ灰は、珊瑚礁に群落して棲息するサンゴを破壊して焼成するものではない。ここで焼かれていた菊面石というサンゴは、知覧の海には群落地がなく、低気圧や台風の後、海岸に打ち寄せられたモノを拾い集めたものを指している。

漆喰とドロマイト

宮沢賢治と石灰

一九九九年九月、福岡県に本社がある田川産業の社長・行平信義氏から、新しく発足した「日本漆喰工業会」の座談会に出席して欲しいという依頼を受けた。この会に参加して、初めて全国の石灰関係者の方々にお目にかかることができた。

私のスライドの石灰話が新鮮だったのか、ここで栃木県の吉澤石灰工業の吉澤慎太郎社長や土佐漆喰で知られる高知の田中石灰の社長から、高知や栃木県葛生でも話をして欲しいと依頼された。こうしてこれまでのお石灰探偵団の活動が理解され、これから始まる事件を予感した。

事件はすぐに起きた。家に戻ると「石灰協会発行の資料」をはじめ山口県美祢市の「薬仙石灰」や「吉澤石灰工業一二五年史」、「百年のあゆみ」など分厚い資料が山のように送られてきた。これらは、日本近代史の「石灰と鉄鋼」の歴史が一目で分かるように編集された資料としても、読み物としても充分手応えのある中身の濃い本だった。これらを読むことで、これまで知らなかった事実がジグソーパズルのように収まった。何度も読み返し「お石灰年表」に繋ぐと石灰史の全貌が姿を現し

大分でナンバンと呼ばれる屋根漆喰

てくる。

どこかの資料でチラリと宮沢賢治が通り過ぎたような気がした。それが気になってアチコチのページを捲るが、賢治は姿を現さない。そこで年譜で調べたら、宮沢賢治と石灰に関する次のような事実が判明した。

大正五年。宮沢賢治、恩師・関教授の指導で秩父・長瀞《ながとろ》・三峰地方の石灰山の土性と地質調査の見学に参加。寄居・小鹿野を経て三峰登山。

昭和六年。宮沢賢治、東北採石工場の鈴木東蔵と嘱託技師契約。宮沢家、鈴木に五〇〇円を融資、年報六〇〇円分の石灰を支給さる。賢治、工場の要請で壁材料（石灰）宣伝販売のため見本を大トランクにつめて上京、神田駿河台八幡館で臥床。十一月、手帳に「雨ニモマケズ」を書く。

僅かな資料だが興味を引かれる。

そうこうしていると吉澤さんから連絡が入り、葛生《くずう》での予定を聞かれる。見たいものが山積みですと返答し、葛生行きを遠足前夜の小学生のように、興奮しながら指折り数えて待っていた。

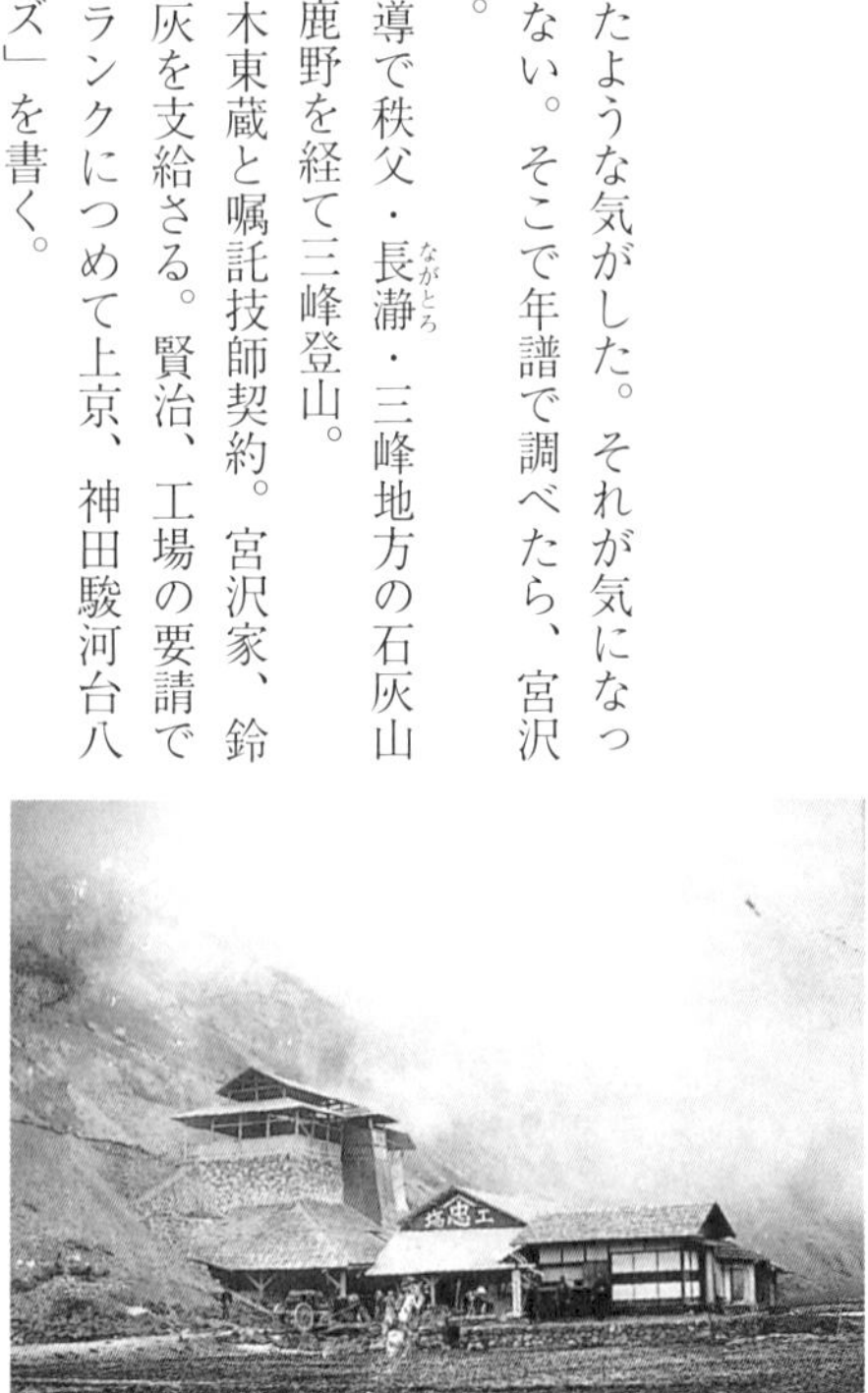

明治の石灰焼（＊駒形石灰提供）

「お石灰探偵団」葛生へ

珍しく事前に慣れない予習をして、吉澤石灰の分領《ぶんりょう》忍氏の歓迎を受けた小林編集長と私は、栃木県葛生町に向かった。道すがら最近「蔵の町」で売り出している栃木市に立ち寄る。明治二十年頃に四谷左官の吉田亀五郎が手がけたのは、確か宇都宮県庁の仕事だったナ……などと思っていたら、お石灰探偵団は栃木市役所を表敬訪問することになっていた。

一夜漬の勉強が馬脚を現す前に市役所を失礼して、市内の建物巡りに向う。栃木市には、埼玉県の川越のような黒磨きの土蔵が幾つも残されているのが嬉しい。なかでも吉田亀五郎が県庁で披露したような洋風飾りを、木造の病院の玄関で見ることができたのは特に嬉しい事件だった。

夕暮れ前に葛生に到着した。駐車場整理係がいるほどの大会場だとは知らなかった。一刻も早く映写機にスライドをセットしたい私は内心焦っているが、演壇上の歓迎の垂れ幕に「お石灰探偵団来る！」と書かれた大きな看板を見つけ、更に驚いた。気持ちの落ち着くCDを用意していたのが唯一の救いだ。

こうしてお石灰探偵団の「スライド紙芝居」は始まった。講演途中で帰る人もなく、立見の人までいる。気持ちが落ち着くと葛生の方々の高揚した顔が見えてきて、まるでコンサートのような錯覚に陥ってしまった。こんなことも初めてだったが、講演終了時皆さんから温かい拍手や励ましを頂き、こんなに嬉しかったこともなかった。主催者の吉澤社長が満足顔なのに安心する。さて今度はこちらが聞く番だ。なぜ、どうして、これは何、と聞きたいことが山ほどあるのだが、それは明日のお楽しみにとっておこう。

全てを終えて宿泊用の部屋に案内された。ところが茶室風の部屋に漆喰壁？　少し変な気もしたが、この白壁が妙に艶っぽいのだ。本来なら茶室は、土壁と相場が決まっているのにここでは白壁。そこで隣室の小林氏にこのことを訪ねると「ドロマイトだよ」という返事が帰ってきた。

葛生のドロマイト山

そうかここはドロマイトプラスターの本場「葛生」だったのだ。そう思って見直すと、茶室風の部屋とドロマイトの組み合わせがなんとなく納得させられるから不思議だ。

ドロマイトは漆喰よりも安価で寒冷地に強く、また塗り重ねることができるという長所があり、漆喰の代用品として使われていた。実をいうと、ドロマイトの部屋で過ごすのは小学校の教室以来ずいぶん久しぶりなので、すっかり嬉しくなってしまった。

今年の春、鹿児島の垂水市で見つけたドロマイトパウダーに似た葛粉の「繊維」とドロマイトを結婚させて「葛生ドロ漆喰」を再生させたらもっと楽しい壁になるんじゃないか……といつもの妄想を始めた頃、静かに睡魔が忍び寄ってきた。

翌日、吉澤石灰工業の工場ではロータリーキルンの心臓部まで侵入し、キルンの燃料システムが重油と産業廃棄物の二本柱で焼成しているシステムや、廃棄物の燃料素材まで見せて頂く。本で読むのと現場の迫力の違いにここでも圧倒され、ロータリーキルンの焼成熱さえ心地良く感じてしまう。

ドロマイトの窯や石灰の消火プラント、古い時代のトックリ窯や煙突内の渋い色の灰滓と多くのものを見て歩く。日本プラスターの工場と研究室を見学した時、大正時代の瀟洒な建物に出会った。そこではひび割れ一つない、全室ドロマイト塗りの部屋に通された。戦前の職人さんの見事な仕事だ。この部屋で、当時の人々の誇りや情熱まで感じることができた。

こんな美しいものがどうして人気がないのだろう。ドロマイトの良さを知らない若い建築関係者

吉澤石灰工業のロータリーキルン

が増えているせいではないか。そればかりではなく、左官屋さんでさえドロマイトの良さや存在を知らない方がいるのではあるまいか。土佐漆喰やいま流行の珪藻土の次にくるのはドロマイトではないかと思ったりしてしまう。

工場内のアチコチに現代美術に負けないような工場特有の美術品が転がっているのを見ながら、葛生の石灰山に向かう。ここではどこを撮影してもOKなのが嬉しい。

案内の椿さんの誘導で葛生の石灰山に立ち、生まれてはじめてドロマイト鉱石と数億年前の海の記憶「フズリナの化石」を手にした。

葛生のフズリナの化石

3章
壁と泥と職人と

土壁狂い

世界最大の泥のモスク

私にとってアフリカとは、子どもの頃に図書館で見たアフリカであり、映画で見たズール族やマサイ族、そして石灰石で作られたピラミッドである。成人してからもアフリカの情報といえば、何冊かの写真集と相変わらず映画やテレビからの情報で、アフリカは全く遠い国だった。

数年前に、友人からドゴン族やマリ共和国の写真集を見せられ、その本に紹介されている「カナガ」という泥で作られた装飾を見て、アフリカの民家にも壁絵があることを知った。そして「いつかアフリカに行けたらいいな」から「行くぞ」に変わり「行く」になった。

日本からマリ共和国まで一万八千キロ。これまでの人生で最も遠い撮影旅行である。西アフリカ最大のマリ共和国は、五世紀末のガーナ帝国が発祥で、日本の江戸末期頃から約百年の間フランスの植民地支配を受け、一九六〇年にマリ共和国として独立した人口一〇八〇万人の国。宗教はイスラム教で、トンプクトゥ、ジェンネ、モプティーという町のモスクが知られている。

サハラ砂漠の南にある世界最大の泥で作られたモスクを訪ねるには、パリからエアーアフリカで六時間飛び、首都バマコから往復千二百キロの陸路を走破しなければならない。

淡路の久住章氏が、ドイツの工業大学の名門アーヘン工科大で年に一度左官の教鞭を取っているのだが、その生徒で今年アーヘン工科大を卒業したアブドル君が故郷のマリ共和国へ帰国することになった。彼は日本の茶室や文化の造詣が深い建築家のシュパイデル博士の教え子でもある。マリ行きが決まり、建築家の丸山欣也氏と磯村雅子嬢、そして記録係の私が参加することになったのだ。同行者は運転手のレミン君、そして数年前までモスクワでミサイルを飛ばしていた軍隊帰りのイブラハム君が警護役兼ガイド役となり、総勢七名となった。

土と埃の旅

アフリカの初日は、アブドル君の兄ハルーナ・シッセ氏を表敬訪問する。彼はマリのバス会社の社長さんで今回の我々の後見人である。次に、磯村さんが卒業したスイスのグルノーブルにある「泥の学校」の同級生で、今は政府の開発事業関係に勤務するカリフ・ケイタ氏を訪問する。この時ケイタ氏の上司からジェンネのモスクの保存の話が飛び出し、日本の高度な左官技術の協力依頼を受けた久住親方が、アブドル君のために技術指導で一肌脱ごうという話になった。

挨拶回りの最中に、巨大なコウモリが飛び始め太陽を遮った。まるでインディ・ジョーンズの世界だと、皆の気持ちは高鳴る。つい先日まで日本の過疎地域の左官

泥壁探検隊の一行

職人の調査をしていた私は、今回の旅のスケールの大きさに少し弱気になる。

旅の必携品であるマラリアの薬を購入し、イタリー人の建築家カローラ氏が設計したレンガドームや連続したアーチを持つ幼稚園の建築現場を訪ねる。カローラ氏は二十年も前からマリで活躍している建築家で、現地の高校生に建築や実技の指導をしているのでアチコチで作品が見られるのだ。マリは日本と違い石灰を産しないので、陸貝のエスカルゴの殻を焼いて石灰を得て、現地でバンコーと呼ばれる泥に油を加えて、我々日本人が茶室まわりの犬走りというところに使うタタキ（三和土）のようなもので、壁を塗っていた。

珍しいドーム用のコンパスや気温調節のための二重構造の壁、廊下や屋根の断熱材に使うココヤシの殻の実用例を、目を皿のようにして眺めた後、招待されていたアブドル君の家の夕食会に向かう。このアフリカンディナーが、素晴らしかったことは言うまでもない。最後のお茶（ブリキの炉と消し炭を使いホーローのポットで煮出し大量の砂糖を加えたもの）が、煎茶道具のような小さな硝子の器で出てきた。この「マリの煎茶」とでも呼びたいお茶が結構なお手前だったのですっかり嬉しくなる。

こうして、マリの首都バマコで準備に三日を費やし、フランス製のプジョートラックの荷台にベッドのマットレスを敷き込んだそれに乗り込み、早朝六時半に五百キロ先のモプティの町を目指して走り始める。

街を外れると途端に舗装が跡切れ、真っ赤な道が延々と続く。土煙がもうもうとたち、あまりにも埃がすごいので、荷台に敷いたマットレスのシーツをはがしてかぶり、全員アラビアのロレンス

泥レンガを焼成したレンガの住居

状態となる。どこまで走ってもサバンナ。バオバブの木や蟻塚、アドベ（日干しレンガ）の民家、マンゴーや綿の木が視界に飛び込んで来る。小さな村でカルク（石灰）を売っていると思い停車すると、それは正体不明の白い石でこれをすりつぶして建築用の色粉にするということであった。

さらに進むと、モプティーの手前のヤンガソという村で、アフリカの夕日に染まる泥壁塗りの現場に出会う。ここでは、バンコーと呼ばれる泥に山羊の糞と粟殻とカリテという植物油を混入した灰色の泥を子どもたちが練り、それを大人が素手で塗り付けていた。カリテという植物油は、先日のディナーでアブドル君のお姉さんがファクホイという料理（野菜と肉を炊《た》いた真黒な料理）に使ったもので、泥壁専用というものではなく料理用の油なのだという。

この村では、牛の糞を家の周りに線状に塗り厄除けにするという。こうして雨季の始まるまでが土の家の修理月間となっているようだ。パリ・ダカールラリーのような十四時間の埃高き旅も、警察の検問をゴールに、ようやく目的地のモプティの町に滑り込む。

翌朝、警察でパスポートの検閲を受けてからモスクを訪ねる。初めて見るモプティーのモスクは、マリでは小さな方なのだが、その柔らかくしなやかで丸みを帯びたカーブやザラザラとした質感を持つ壁は、アフリカ象の尻のようなひび割れを持っていた。

裏手に回ると、四畳半程の泥の住まいに大勢の人が住んでいる。狭い路地を通り、カメラを構えるが、饐《す》えた匂いが鼻をつく。よく見ると、人と山羊・豚などの家畜が同じ家の中で暮らしているのだ。動物と同居のすさまじさに驚く。唯一の救いは

雨期が終わった壁の修復

「ボンジュール・ムッシュー」というこどもたちの輝く瞳と可愛い挨拶なのだが、その後は「ビッグ、ビッグ」とボールペンをねだるこどもにつきまとわれて閉口した。

泥の探検隊は、アドベ（泥で作られた日干しレンガ）で作られ「陸屋根」と呼ばれる泥のサイコロみたいな家に泊まりたいので、疲れと暑さと揺れに耐えながら、埃まみれでバンジャガラという村に向かう。湿潤な気候に育った日本人には、サバンナは想像以上に厳しい。パリ・ダカールラリーが、テレビ局の過大なヤラセのショーだと思っていた私は、深く反省するのだが時既に遅し、である。

ようやく辿り着いた宿は、イメージどおりの屋根まで泥を塗った民家だった。シャワーを浴び、木々や花々に囲まれたパティオ風の中庭の空間に身を沈めると、風が涼しく、人間らしさを取り戻す。室内の泥壁の空間やベッドに吊られたレースのような真っ白な蚊帳が嬉しい。

いよいよ明日はドゴンだ。ドゴン村は、十三世紀にマリにイスラム教徒が侵入した時に、逃げてきた人々が作った村であり、今も古いアフリカの習慣をかたくなに守り続けている。今回の旅の目的の一つであるトグナという、日本でいえば公民館のような建物の柱に描かれた〈イレリー〉と呼ばれる兎の土の絵や、穀物倉に造形された〈カナガ〉〈シュラケ〉と呼ばれる魔除けのレリーフを訪ねるには、ここからサンガ村に行き、そこからさらに二時間程歩かなければならない。

モプテーの泥製のモスク

ドゴンのカナガ

アフリカ七日目にして、ようやくドゴン峡谷の手前にあるサンガ村に到着する。ここで久しぶりに日本人に出会った。カメラマンの飯塚氏である。元海外青年協力隊のメンバーでアフリカの撮影を続けているのだという。急遽、彼を囲んだ昼食会を開き、クスクス・羊のシチュー・ジャガイモと牛肉のソテーを食べながら情報交換を行う。

陽射しが柔らかくなってから、トラックを捨て、高さ千五百メートル程の大峡谷の崖下にあるドゴン村目指して歩き始める。一時間も歩いた頃、断崖に張り付いたトックリバチの巣のような住居が見え始める。

あと少しで集落という所で、望遠レンズを取り出し部落の壁絵を捜す。穀物倉がいくつも見え、その一つに壁絵らしきものが見える。心臓がドキドキする。

「見つけた……やった」。言葉にならない。小走りに走りよると、男性用だという穀物倉に、くっきりと盛り上がった赤土の壁絵〈カナガ〉があるではないか。アドレナリンと汗が吹きだし、全身に鳥肌、頭はガーンとなって心臓は激しく鼓動する。

ドゴン村は、電気やガスや水道など文明のサービスが受けられない村である。ここでは日の出とともに起きて、日の入りと共に眠りにつく。自然と人間が完全に同調した生活を営んでいる。しかし、アフリカでも貧しいといわれるドゴンの人々に卑屈な様子は微塵もなく、往来で煮炊きする女や老人、朝夕きちんと家を間違えることなく出入りする山羊や鶏までもが、生き生きとしているのだ。

とうとう辿り着いたアフリカの壁絵。カナガは命の象徴を表わし、トカゲや鳥の一種ともいわれている。これらカナガやシュラケは、偶像を認めないイスラム教徒

ドゴン村の穀倉に塗り出された〈カナガ〉

がアフリカに侵入した時、それを嫌ったドゴン族がこの谷間に逃げこんで以来、村人の手によって連綿と作られてきたものだった。

落ち着いて辺りを見回すと、アチコチにカナガがある。ドゴン村の人々は、祭りの時に一メートル程のカナガやシュラケの仮面を身につけ、地面をこすりながら赤い砂煙を立てて踊るという。しかし、この村には至る所に精霊がいるためうかつに踏み込めない。ガイドに許可を得て、皆を待たせたまま撮影をする。「ここはオッケーか」と聞きながらの撮影である。

時間と空間を経たドゴン村のカナガやシュラケには今でも精霊が宿り、村人は敬虔な祈りを捧げる。これを見て私は、故郷で最初に出会った稚拙な鏝絵と同様の昂揚した喜びの気分を感じた。

ドゴンでの夕食は、我々が到着してから作り始めるため、チキン、クスクス、茹でた米という食事が出てきたのは何と二時間後。その後、人類発祥の地アフリカの大地に寝そべって満天の星を眺めながら、久住さんが「人工衛星で飛んでいる奴もいれば、地べたに寝ている奴もいる」と呟くのを聞きながら、遅い眠りについた。

翌日、隣のネニ村が葬儀で立ち入り禁止となったため、予定外のコースをまわる。ところが、迂回の途中で運良くドゴン族の住居の壁を補修する現場に立ち会うことができた。生木を縦半分に割いて、切り込みを入れただけの素朴な梯子を使っての壁塗りの様子を撮影。これでネニ及びバナニ村ともお別れ、午後は同じコースをサンガ村に戻ることにする。

先日は下り道でしかも目的もあって元気もあまっていたが、今度はカメラ二台・レンズ四本・フ

トグナ（集会場）の柱にあるイレリー

ィルム七十本・着替えなど三十キロを超える荷物を背負って二時間あまりの登りのコースである。体調が下降気味でもあり、四十代後半という年齢を考えると少し不安になる。案の定フラフラになりながら皆の後を追いかける。

サンガ村から、先日飯塚氏から聞き出したソンゴ村に向かう。この村にはカサックと呼ばれる祈禱師が割礼儀礼を行う場所がある。このカサックの断崖に赤や青や白の顔料で描かれた彩色壁画があるのだ。岩肌に顔料で描かれた絵は、技術や技法という細かいことを全て吹き飛ばしてしまうほどのパワーに溢れたものだった。

ジェンネのモスク

マリの旅九日目、車の整備に半日かかると聞いて、皆でアフリカ第三の大河ニジェール川の河畔を散策することにした。我々が訪れようとしているトンブクトゥに旅するフェリーは、乾季で水上ホテルに早変わりしている。

対岸には日本の田圃の藁塚に似たものや日干しレンガを作っている人が見える。出発前の予防注射の時、寄生虫の多いアフリカでは川に近寄ることはもちろん、ボートに乗ることなど考えてもいけないと言われていたが、久住さんが船頭に交渉してアッという間に小船に乗ってしまった。

先端の尖ったピログという船の乗り心地は快適で、十分程で対岸に着く。藁塚に見えたのは、乾季の間に水辺に住んで漁をするパイヨットという葦の小屋で、壊れた船に見えたのは、水に沈めた作りかけのピログだった。

パイヨットと
イリコ作り

ニジェール川の中洲にある雨季でも水没しない小さな村では、灼熱の太陽と中洲特有の風が、ティラピアの稚魚のイリコと日干しレンガを生み出し、パイヨットに使う藁と牛糞を積み上げて、タイルのような薄いレンガを焼いていた。佐賀県の炎博で紹介された薪を重ねて土器を焼く、アジアの野焼きや日本の縄文時代と同じ作業が今でも普通に営まれている。大地に繋がる人間本来の水や土との自然の暮らしに、改めて消費と生産が遠く離れてしまった日本との違いを考えさせられる。

ピログの旅も終え、モプティをスタートして走ること四時間。埃まみれの一行は、マリのベニスと呼ばれるジェンネのフェリー乗り場に到着する。夜のせいもあるのだろうが、ジェンネはこれまで訪ねた町と違い、スーダン様式の泥のオブジェのような建物がかなり怪しげである。しかし、宿に到着するとそんな思いはどこへやら、これまでの疲れで泥のように眠ってしまった。

翌朝、現地でガイドを雇う折衝の間、久住親方の泥の授業が始まった。土壁の秘密とも言える「藁のシリカ（珪酸）」の話である。簡単に言うと、まず藁の繊維に含まれた沢山のシリカが茎を硬化させ稲穂の重みを支えて茎を立たせている。このシリカは水に溶けやすいので、このことを知っていた先人は、これを大量に含んだ藁を荒土にまぜシリカを溶出させることによって泥土を硬化させた。これが古来からの壁作りの土を固める秘技だったというのだ。

マリの人達が主食としているクスクスの材料となるデュラム小麦や粟の籾殻を泥に混ぜているのを見て、日本では籾や藁だったことを改めて思い返し、これまで泥壁は単に藁で泥を繋ぎ固めているとばかり思っていた私は、先人の知恵にただただ感心するばかり。しかし時間や予算が優先する

ニジェール川の泥レンガ（アドベ）作り
次頁はジェンネのモスク

新日本製鐵八幡製鐵所河内貯水池管理事務所（福岡県北九州市）

現代の日本では、こうした秘技を公開しても誰もが真似ができるとは思えなかった。

さて、いよいよ世界最大の泥のモスクだ。

モスクといえば、中近東のタイルが貼り巡らされた建物を思い起こすだろうが、マリのモスクは全く異質で、宇宙人の基地のような不思議な建物である。ジェンネのモスクは、十二世紀に建造され一九〇四年に復元されている。世界最大の泥の建造物で幅七十五メートル高さ二十七メートル、骨組は木造だが、その骨組みの上から泥を塗って作られている。宗教上の理由でモスクの内部は異教徒は立ち入り禁止となっている。

モスクは泥でできているので、毎年雨季になると雨で溶け出して亀裂が出来る。そこで、乾季になると信者は外壁に突き出た足場に登り、雨が川となって運んできたニジェール川の泥を使って、毎年補修しているのだ。まるで砂漠に消えた幻の都市のように、時が経てば自然に戻る。現代建築がもち得ない自由さを備えているのだ。これまで見たこともない自分の常識を越えた造形の美しさは、帰国後の今も私を捉えて離さない。

アフリカの大地から日本に戻ると、改めて文明とは何かを考えさせられる。左官からスタートした建築家ブルーノ・タウトが、京都の桂離宮を絶賛した気持ちが分からなくもない。

ドゴンやモスクの土壁は、千利休が見出した茶室の土壁のように凛として美しく、人間本来の営みや宇宙の摂理を寡黙に伝えているようだ。アフリカの広大な大地と

世界遺産、ジェンネの泥のモスク

素朴な壁飾りは、棍棒で頭を殴られたように強烈だった。

土壁と壁紙

「創造しないと行き詰まる」

九七年二月に京都の名工「卯田親方を偲ぶ会」があり、そこで久住章氏と再会した時にそんな話になった。

「この世は変化ということを基調にして作られている。現状に固執し、変えないことが調和を保つことではなく、変わるべくして変えて行くことが調和の道である」という、桂離宮の左官・卯田惣次親方の遺言ともいえる言葉に強い感銘を受けてのことである。つまり、伝統にあぐらをかいていては駄目になる、というのである。

さて、私はどうだろう。そんな思いを抱きながら日々の暮らしに戻ったある日、美術館の水墨画を見ていてふと考え込んでしまった。また壁の話になるのだが「なぜ壁紙なのか」ということなのだ。今日の住宅事情や経済的な理由は理解できるとしても、日本人の暮らしから床の間の壁や土間という、日本古来の土と共生する営みが消えたのはいつからなのだろう。

ドイツの建築シンポジウムに参加したときに、久住親方が「日本の土蔵は、建築家の仕事ではな

床の間に砂鉄
を塗る原田氏

く左官の仕事であり、地域によって土蔵作りの技術は異なる。左官職人は五年位で一人前の給料が貰えるようになり、十五年で一級の認定が取得できる。これをクリアすると公共の仕事に参加できるようになるのだが、長年苦労して技術を習得しても、公共事業では土蔵づくりのような難しい技術は必要とされない」と発言した。

日本の行政の矛盾したカラクリに、合理的なヨーロッパの参加者だけでなく、私も「?」となったのだ。土壁が現代建築から姿を消した理由にはさまざまな事情があったと推察されるが、直接的には明治の近代化の時代に西洋建築が登場してからだと思う。しかし誰も文句は言わない。

調べてみたら予想通り、明治政府が雇ったジョサイア・コンドル設計の鹿鳴館で壁紙が登場していた。当時は脱亜入欧の風の吹いている時代で、西洋に追いつかなくちゃならない。当然のように陳列品もお上が薦めるものである。必死で西洋化をプロパガンダする国の博物館に日本家屋の土壁が塗られることなど、考えられなかったらしい。荒壁に画や書を掛ける文化もいつの間にかカットされている。つまり物だけを並べて、その物や我々を育んだ空間は無視されてしまっていた。

この時代は、官僚達が国宝級の作品をどんどん捨てた時代でもある。仏教美術という概念が登場したのも、お雇いのフェノロサや岡倉天心達が言い始めてからと聞いた。そうこうしているうちに、駐日英国公使のパークスから万国博覧会へのエントリーを勧められ、ここでお上は自信を持った象嵌《ぞうがん》や金属細工などの工芸品を出品した。しかし実際のヨーロッパでは、それらの工芸品の破損防止のために詰めてあった、木版で刷られた写楽などの版画の方がうけたりしたらしい。どうもここら辺

イナックスショールームの泥団子実験

りから、まとめてモノを見せる博物館という考え方が登場したようである。

その後は右へならえで似たようなモノが全国に登場し、現在でもこの教えが国公立の美術館や博物館、資料館に脈々と生き続けている。博物館の展示室で「土の壁」に掛かった掛軸や陶器が見られることはまずない。ガラスとチャチな壁紙と隅っこに置かれた水の入ったガラスのコップ。それが全て。

さらに驚くことに、写真パネルで室内全体の床の間を再現している国立の博物館さえある。

実際に床の間を作ればいいのだ。一般家屋に壁紙が張り巡らされる現代だからこそ、もっとしっかりと日本の家と壁の文化を展示して欲しい。九州の太宰府に国の博物館ができるらしいが、金太郎飴のような鉄とガラスとセメントの箱物だけは勘弁して欲しい。それよりも、日本人が捨てたり忘れたりしたコトやモノを再評価して、桂離宮や茶室を超える壁や建築にチャレンジしていただきたいと思っている。

「変化が創造の源」ならば、西洋建築の壁の構造や強度をクリアした上で、日本人を育んだ在来の土壁を駆使した空間、世界のどこにもないオリジナルな美術館や博物館を創る、そんなことがそろそろ考えられてもいいのではないだろうか。

福岡県田川郡・灰小屋

シャモットと左官の技

鏝絵と土壁の観察会で福岡県田川市の香春岳付近を訪ねたときに、ピンク色をした美しいレンガ塀を見つけた。同行の山倉親方に説明を求めると、「シャモットレンガ」という返事であった。私は原型のシャモットをぜひ見たくなって、ボタ山へ案内してもらった。

石炭は掘り出されるとすぐに価値あるものとそうではないボタに選別されていた。石炭もボタも巨額な資金と人力をかけて掘り出されたものだが、選別された残りのボタは邪魔もので近くに放棄される。それが積もりつもったものがボタ山である。現地では厄介モノでしかなく、集中豪雨のときには地滑りを起こす恐ろしい存在ともなった。そのボタが自分の重さによる圧力と熱で再三火を噴いて、その果てにシャモットとなった。

シャモット＝［chamotte（焼粉・仏）］を辞書で引くと「耐火煉瓦の原料。耐火粘土を高熱で焼いて、粗粉に砕いたもの」と説明されている。つまりボタ山の中で再生された赤褐色やピンク色の石炭の燃え滓《かす》であるが、これがレンガになったり道路の下に敷かれたりした。

巨大なボタ山の中に眠るシャモットを見せられたとき、埋立地の地盤凝固剤に生石灰が使われていることを思い出し、シャモットと生石灰の壁や茶室を思いついた。ボタ山で燃えるだけ燃えたシャモットは、これ以上燃えない。これは江戸時代の左官が火事を防ぐために竈の炭を壁に塗ったのと同じ理屈だ。シャモットに生石灰を加えるとピンク色になり、美しい壁やタイルができそうだ。シャモットは、大金をかけて地下深くから掘り出された先人たちからの贈り物であると考えれば良いので

福岡県田川のシャモットレンガの民家

ある。そうすれば世界中のボタ山の処理に困っている人々も喜ぶではないか。千利休や細川三斎や古田織部が今の時代に生きていれば、面白がって何かを作るかもしれない！　と、勝手にはしゃいでいた。

あまりにも無責任に興奮する私に、しばらくして同行した三人の職人さんから静かな手紙が届いた。

山倉さんはシャモットを使った納骨堂の壁の写真。博多左官の濱野さんと日田の原田氏はシャモットの塗り壁見本や微粉のシャモットであった。わたしはこれを友人の建築家や知人に「美しい耐火壁の見本」だと見せて喜んでいた。

ちょうどそんな折りに小林編集長から、イタリア帰りの建築家とその弟子が長崎に来るから会おうという電話が入った。私は原田氏を誘い、久留米で落ち合うことにした。

建築家は薩田英男氏といい、弟子は新宮一広氏と名乗った。薩田氏は、長崎市で環境測定や衛生検査の実験を行う研究所を設計するという。この建物で、無味乾燥になりがちな研究所に自然素材を活用したい旨の計画を聞かされた。我々は大いに意気投合し、翌日は柳川にある松藤貝灰工場の素材を使って新しい試みをすることにした。

それから一年が経った。この間に長崎での土探しも終え、建物が姿を現わし最終段階の土壁の登場となった。ここにシャモットが使われたことはいうまでもない。「環境科学研究所」は、心地よく快適な温かみのある空間となった。

同じころ、大分でも土壁やシャモットを使って店舗を作る話が持ち上がった。新店舗で自分の世

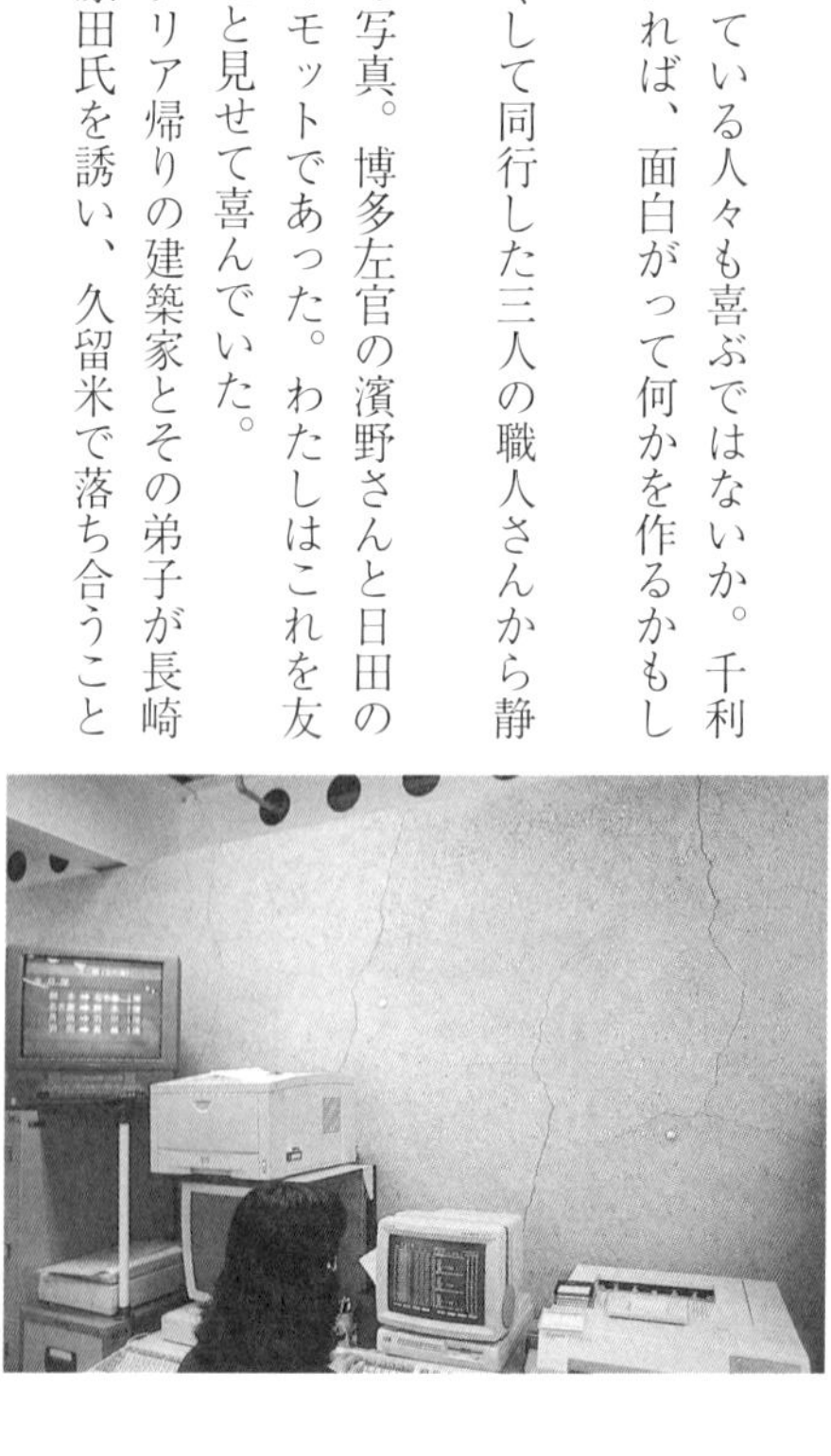

長崎・環境科学研究所内部

界を表現したいとドアをノックしてきたのは友人だった。ことあるごとに私が土壁の面白さを吹聴して回ったのが功を奏したらしい。彼は無農薬素材を使う自然派のケーキやアイスクリームを作る職人で、「店舗設計の雑誌を見てもピンとこない。ペラペラでホルマリンガスが出るような壁紙や、数年で改装するような店舗はいらない。画期的な新しい店舗を低予算でやりたい」と言う。しかも土壁についてはなんの知識もない。時間はない、予算は少ない、本物が欲しいと、まさに三重苦、実に難解で矛盾する相談だった。

現代は、一平方メートル単価が何千円という左官仕事ばかりで、ビニール袋入りの本物に似せた聚楽土が堂々とまかり通る職人不遇の時代だ。こんな時代に、職人が施主や建築家や内装屋と直接話すことなどまず考えられない。しかしこのプロジェクトは少しずつ動き始めた。

今回は、長崎で床に使ったシャモットを前面に出して外装に塗り、シャーベット壁と洒落込んだ。この仕上がりは艶があって粋だ。内部は、施主が選んだアイスクリームに似た風合の土を選んだが、特筆されるのは、無機質な工業製品のガラスケースの腰板のステンレスを剥がし、内装の壁と同じ土壁仕様にしたことだ。しかもそれだけでは収まらずジェムストーンを埋め込む念の入れようだった。アイスクリームを意識した天井や壁は、貝灰入りの今流行の抗菌処理、ショーウインドウのスサ入り土壁の自然なひび割れ、とどこをとっても訪れた人々を優しく包み込む配慮だ。この店は、時間と空間と人で成長していくに違いない。

天井も壁も全て土塗りのジェノバ店内

ツバメの泥巣から

昔「アントニオ・ガウディ」という勅使河原宏監督の映画を見た。ナレーションはさまざまな昆虫の社会生活を語り、魚や貝や恐竜の骨格から教会が構成された様子を語り、映像は壁とその空間を映し、その石やタイルや漆喰のディテールやマッスは、神をまつる空間としては確かに素晴らしかった。今も建築途中であるというガウディの巨大な建築物からは、近代文明に苦悩するヨーロッパや人間社会の不幸な未来を予言しているかのような印象が強く残った。

ガウディが自然から建築を学んだように、我国でもツバメから泥の家の作り方を教えてもらったのかもしれないと思っていたら、「人倫訓蒙図彙」（元禄七年）という本に「左官、壁ぬりなり。燕のすをつくるを見てぬりはしめしとなり」と書いてあるという。昔の人も同じようなことを考えたとみえる。我国では燕《つばめ》を古くは「玄鳥」あるいは「乙鳥」と呼んだ。玄鳥は黒い鳥という意味で、昔は吉鳥・瑞鳥・神鳥として扱われていたが、人間の住居の玄関であろうが軒先であろうが一切おかまいなく、人の目に付きやすい所、出入りの激しい所に好んで巣を作るまったく物怖じしない鳥である。燕は、田植えの頃南から渡ってきて秋の実りを確かめて子を連れて南に帰る。けっして籾をついばむことなく、それどころか実りを損なう虫を食べる。人に一本足の案山子を発明させた雀とはまるで違う。弥生人にとっては、まさに瑞鳥であり神鳥であったに違いない。

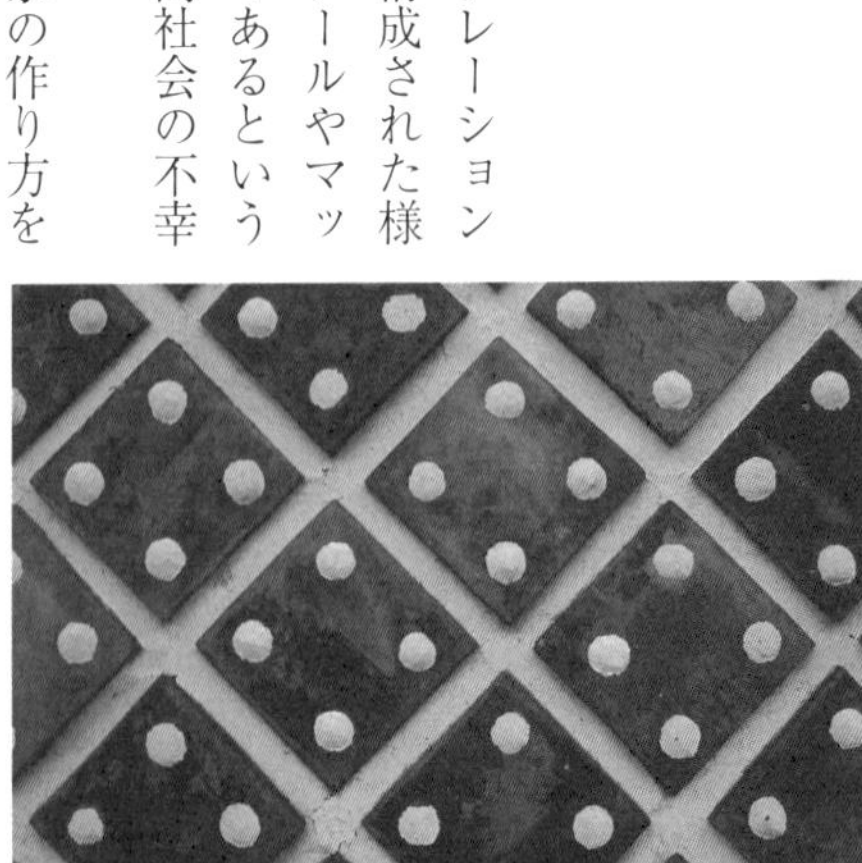

釘穴に漆喰を詰め強度を増した壁（島根県大田市）

この燕は、田圃の泥土を口に入れて唾で練ってスサまで混入して、人間の住居に泥の巣を作り命の営みを行っている。燕の巣作りを見た人間が、その技術を壁作りに拝借したといわれる所以であろう。

次は蜂の巣作り。ヨーロッパでは、ジャパンといえば漆をさす時代があった。英国のエリザベス二世号が日本に寄港した時、船内にわざわざ漆の部屋を作らせた。その漆の部屋は、赤道直下の灼熱にも、海水による塩害にも錆びたり腐ったりしなかったという。

漆については沢山の本が出版されているので、門外漢の私は別の角度から漆について一言。私が自然で観察した漆は、蜂属の専売特許であった。文房具屋などない自然界では、セメンダインやボンドなどの接着剤は自然から調達しなければならない。そこで彼等は植物から分泌される樹脂に着目して接着剤に利用した。巣の付け根のあの艶々と黒光りする物体がそうである。蜂の見つけた接着剤は水や熱に強く腐食することのない丈夫な漆だったのだ。

ところがスズメバチは他とは違う巣を作る。彼等の学名はベスパ。一昔前に町を走り回ったあのイタリー製のスクーターと同じ名前だが、この危険な蜂は、トックリバチやベッコウバチと違って泥も漆も使わない。彼等の巣の材料は朽ち木、つまりオガ屑なのだ。これをさらに口で噛み砕いて唾液で固め、巣を作る。アチラコチラから材料を運ぶのでその材料による色の違いから美しい巣となり、大きいものになると直径一メートルを超す記録があるという。彼等の住宅は、通気性や保温性に富み、何よりも種の保存が優先される。

バウムクーヘンのようなスズメバチの巣

また、川に棲むトビゲラは、蜘蛛の巣のような糸を使って砂礫を素材に筒型の巣を作る。しかも水中でこれらの作業を行うのだ。これによく似た石垣が私の住んでいる町のアチコチで見られるが、これは川釣りの餌に使うトビゲラの巣を見て、釣り好きの職人か別荘の趣味人が広めたのだろうか。いや、それよりも火山から噴出された大量の火山岩を田圃や畑の周りに積んだ石垣からこれを真似たとも想像されるが、これらも美しく、ガウディの建築に負けていない。

それにひきかえ今の人間様はどうかというと、先日、炉端焼きの店の土壁に誘われて暖簾をくぐったら、土壁に見えたのが実はプラスチック。数日後もある御宅の茶室の壁が同じ土壁のニセモノだったので驚いてしまった。カニカマボコじゃあるまいし……。

自然素材に似せたフェイクやコピーに踊らされる前に、せめて我が子のためにも自分達の巣くらいハチに負けない「自然素材」で壁を作ろうと思って、知り合いの業者に聞いてみたら、とんでもない値段になるということがわかった。どうやら今の社会ではこんなことは夢物語のようだ。しかし、何もせずにただ黙って健康を損なうわけにもいかないので、自分の家の壁くらい自分で塗ってみようかと考えている。

トビゲラの巣のような石垣積み

創るひとびと

わが師匠は庭師

雑誌の特集で小堀遠州の記事を読んだ。私が初めて小堀遠州の名前を聞いたのは、小学三年生のときだった。幕府の作事方《さくじかた》で茶事に明るい大名、そして「きれいサビ」で知られる造園匠と教えられた。

子どもの癖に随分ませているなと思われるかもしれないが、遠州や利休のことを教えてくれたのは、近所に住む庭師の梶原繁さんという人だった。梶原さんは私の家の近くにあった錦水園という旅館の庭師だった。錦水園は、ガラスの温室に南洋のオウムや熱帯植物、池には巨大な草魚や錦鯉が泳ぎ、庭園や客室に美術品が飾ってあった。

そこは子どもの私にとってとびきり上等の遊び場だったのだ。だからといってどの子も入っていい場所ではなく、何かの拍子に出入りを許されて毎日遊びに行くようになり、それは中学二年生まで続いた。梶原さんは私の人生の最初の師匠といえる人で、この梶原さんにくっついていることで、実に多くのことを学んだ。

春になると田圃に鶏糞を運び、レンゲを刈って田に水を引く。その間、養殖池に水を張り杉や棕《しゅ》櫚《ろ》の皮を入れる。鯉や金魚が産卵する頃になると、先の田圃にピンク色のミジンコがわく。卵が孵化して稚魚が誕生するとこのミジンコを採って与える。子どもにとってこんな毎日は、興奮の連続であり、退屈な学校の勉強の何倍も面白かった。

正月を迎える頃はもっと楽しかった。小学生の僕が最も尊敬していた梶原さんは、実は西日本一の盆栽師だった。料亭や旅館、別荘に「松竹梅」の寄せ植えを納めるのである。いまどきの年末にスーパーで売っているようなチャチなものではない。樹齢何百年の梅や丹精込めた五葉松の盆栽の寄せ植えで、植木鉢も凝りに凝った支那鉢だの呉須《ごす》鉢、唐津といったものである。

小学生の僕は、この自然のミニアチュールにすっかり魅せられてしまった。今思うと、梶原さんは子どもだからと馬鹿にすることなく、庭に限らず数寄屋建築のことやワビやサビ、そして自然の摂理やモノの見方を教えてくれたように思えてならない。私が建築や壁に強く惹かれたり、作る立場からモノを見るのは、そのせいだと思っている。

梶原さんの教えは、数寄屋バウハウスの達人の教えといってもよかった。日本人は、盆栽に盆景という建築模型にも似た加工物を加え、自然を縮小したものを長年手塩にかけながら暮らしてきたが、梶原さんはその盆栽を寄せ集めてプラモデルの

石炭王・麻生太吉の別荘「山水苑」(絵葉書)

ジオラマのような庭のミニアチュールを作り、小宇宙を再現しながら造園のデッサンをしていたように思えるのだ。それらが複合して醸し出す空間や一つとして同じ物のない石や樹を、「設計図に描くことはできない」、梶原さんはよくそう言っていた。

梶原さんの口からは、小堀遠州をはじめ千利休・細川三斎・古田織部・嶋井宗室・神谷宗湛などの茶人や画人の名前が飛び出す。谷文晁・池大雅・田能村竹田・帆足万里……。聞いているのが子どもの私であろうがおかまいなし。

回想すれば、「『自ら薪をとり湯を沸かし、茶をたて、仏に供へ、人に施し我ものむ』。庭は、この空気を醸し出すためにある精神の連続性だ。茶室の空間は宇宙だよ、ボク！」と教えてくれたような記憶が残っている。

こうして七年間、梶原ゼミで多くのことを学んだ。梶原繁さんはすで黄泉の人となったが、雑誌のページを捲りながら小堀遠州という活字を見た時、反射的に梶原さんと過ごした楽しかった子どもの頃を思い出した。しかし雑誌は人物やモノの紹介に終始し、壁の存在や材質や技法、そして空間について詳しくは紹介されていなかった。つまり梶原さんのような職人の立場からの視点は欠落していたのだ。遠州や茶道具にスポットをあてているのだからしようがないのだが……。

一九四二年（昭和一七）に出版された『日本壁の研究』（川上邦基著）という本がある。この本によると、数寄屋建築が登場したのは安土桃山時代になってからということである。一部を抜粋して紹介してみよう。（原著は歴史的仮名遣い）

——茶室が建築史上重要な位置を占めることは言うまでもないが、これは毫も外国の影響を受け

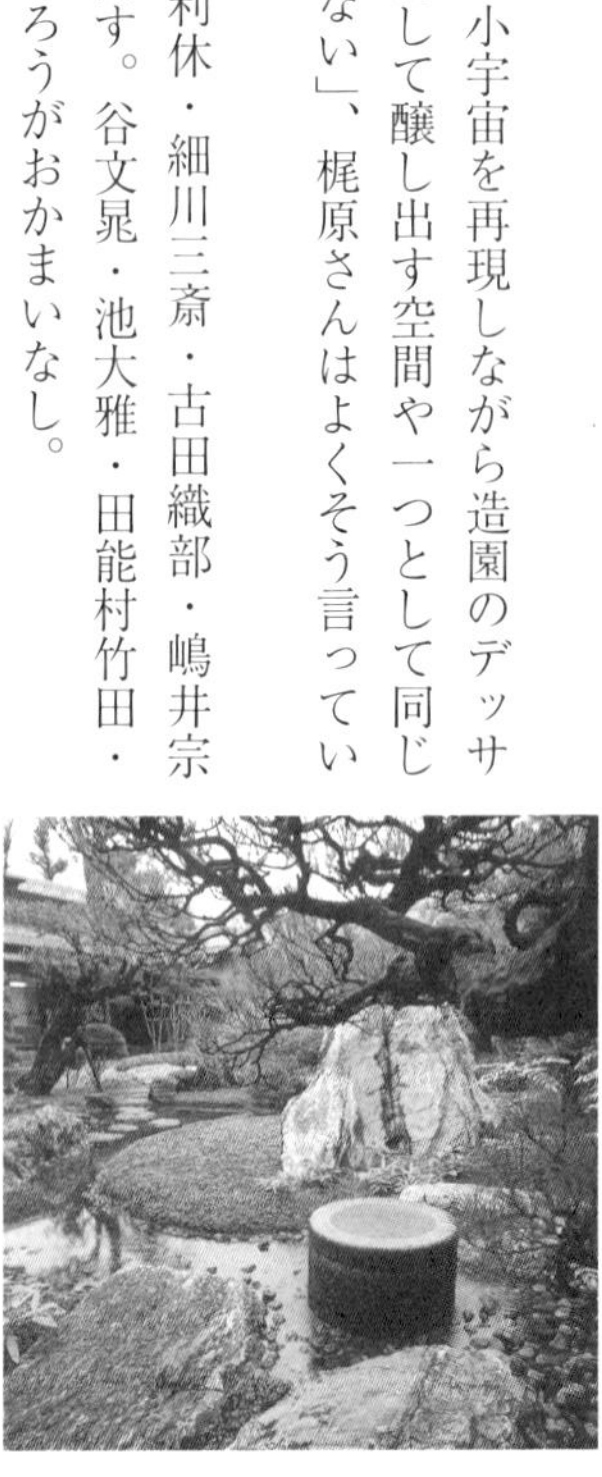

梶原造園の手技

ない独創的な建築物であるということが重点をなしていると思われる。（略）（この草庵茶室は）桃山時代になって、いわゆる桃山風の豪奢に対して、全く対蹠的な傾向が生じて、世に時めく権門に対しては、時にそむく佗人が出て、大厦高楼に対しては茅茨小亭が起るに至り、（略）千利休によって、佗に即して権門を離れざる一法が案出されるに至って、（茶室は）上下の間に盛行した。その結果、権威の象徴であった白壁以外の壁が求められるようになり、聚楽土や大阪土が登場、そこで今日の大津壁と呼ばれる土壁が、重要な位置を占めるようになった。――

と書かれている。またもやここでも職人は不在である。

私が初めてサンワというものを経験したのは、梶原さんが赤土・石灰・砂・ニガリを混ぜて鯉の池を作り、その材料を茶室周りの犬走りに丁寧に叩き締めた小学四年の時だった。「なぜセメントを使わないのか」と聞いたら、「サンワは水が漏らないいし、風情が美しい」と答えてくれた。「風情」と言われた時、それはきっと心が落ち着く「いい気持ち」のことだな、と子ども心に思った記憶がある。今ではサンワもセメントが加わって「四和」になっている。叩かずにドロドロのセメント状にして流すのである。これなら仕事は早いし、今時の施主には「三和」と「四和」の違いなどまず分からない。梶原さんが生きていたら何と言うだろう。

「風情」が禅の精神の極致であるということを知ったのは、随分後になってからである。

サンワの見本を作る原田氏

サンワと左官

日本の土間の多くはタタキという手法を使って作られた。「叩き」「敲き」とも書くが、「三和」「三和土」と書いてタタキと読ませることもある。土間用の土は三和《さんわ》土《つち》と呼ばれ、花崗岩・安山岩等の風化した可溶性珪酸に富む土が良いとされ、天川《あまかわ》土・三州《さんしゅう》土・深草《ふかくさ》土が三和土として知られている。天川土は長崎地方に産する安山岩の風化土で、これに石灰を加え水で練ると硬化する。それは天川漆喰とも呼ばれ土間や壁に用いた。三州土は三河地方の花崗岩の風化土で、深草土は京都の壁の良材。三和は、これらの土とニガリと石灰の三種を合わせたもの。二和は土と石灰だけ。これを水で練って土間の仕上げに三寸（九センチ）ほどの厚さに叩きしめる。タタキは水を使うところと全く使用しないところがありさまざまである。これが普通のタタキの概説だが、今、この石灰を使ったサンワやタタキを知らない世代が増えている。

人類が最初に使用した石灰は、スペイン・アルタミラ洞窟の壁画というから驚く。狩猟時代に描かれたイラストを見ると、人間は洞窟で生活し、その住居の中心には必ずたき火が描かれている。石灰は、この時代の人が貝を食べた後何気なく火に放り込んだ貝殻が、翌日白い粉となっているのを見つけ、または焼けた土と石灰がローマンセメントのように固まっているのを見て、それを集めて壁画の下地に塗ったのではないだろうか。

三和の叩き風景

それでは、サンワの始まりである石灰と赤土の出会いは、いつ頃だったのだろうか。辞典や図書館で調べてみたら、漢時代の中国西域で庫車《クチャ》の千仏洞や版築《はんちく》の狼煙《のろし》台に登場していた。日本では、仏教伝来以降のことなら多少分かるのだが、それ以前となると全く手掛かりが摑めない。

そこで、『左官教室』の編集部なら何か資料があるだろうと、上京した折にバックナンバーを調べてみたら、伝承という断わりがあったものの『建築もののはじめ考』（新建築社刊）中の鈴木忠五郎氏の文中に以下のようなことが記載されていた。

我が国では、神話時代に近い西暦二一〇年頃、神功皇后が反乱軍の攻撃を防御するため、許勢《こぜ》という兄弟に大和椎桜御所の外廓に土壁《どべ》を作らせたのがサンワの始まりというのである。「壁職業祖神縁起録による左官祖神の尊像図」には、左官の許勢真壁連《こぜまかべむらじ》が元首《もとくび》の鏝を持ち、右官の許勢土部直《こぜとべあたえ》が鏝板を抱えている姿が描かれている。これが塗り師と、捏《こ》ね師の始まりとされている。

この許勢氏は宮中出入りの専属左官であった。また、左官・右官の祖神を祭った許勢神社が大和国河野にあったが、保元の乱（一一五六）で焼失した。また六四五年、孝徳天皇が許勢真壁連の子孫である波多哀《はたお》に大和の国の岡本御所外郭の造作を勅令。波多哀は、赤土に石灰を混ぜあわせた堅固で美しい塀（軍塁・防塁）を完成させた。

以上が、日本での左官の歴史の始まりであると言い伝えられてきた。

紀元前の頃、日本は当時の先進国だった中国の文化圏に属しており、主食の米も鉄器の文化も中国大陸から渡ってきた物である。中国の文化の影響は我が国の文化

「左官教室」より転載

にはっきりとした影を残しているが、どうやら石灰の歴史も中国文化の影響らしい。そういえば、天川漆喰の「天川」という語が、江戸時代のマカオの地名であったことを何かの本で見かけたこともある。

仏教の伝来とともに伝えられたと考えられている石灰は、赤土に石灰・すさ・雲母を混ぜて作った塑像を生みだした。

明確な文献では、飛鳥時代に百済から仏寺建築の技術者として、寺工《てらのたくみ》・鑪盤博《ろばんのはか》士《せ》・瓦博士《かわらのはかせ》と共に画工《えのたくみ》が渡来した飛鳥寺（法興寺）、四天王寺の造営から左官の歴史は始まる。この渡来人の技術者達は、新しい技術を使ってそれまでになかった様式の建物を造り、同時に壁を塗って壁画を描き、曼荼羅や法悦の世界を出現させた。それまでは大寺院でも、材料は素木《しらき》で屋根は茅や藁で葺いていた。そこへ、青丹・緑青・紅殻などを使った極彩色の柱や、粘土を焼いて作った瓦で葺いた屋根など、華麗な建物を出現させたのである。

古文書の中の左官は、「日本書紀」巻二十八の六七二年に「泥部《はせべ》」の文字が、六八三年には「泥部造」の文字が登場する。大宝律令には壁塗り職として「土工司《つちのたくみのつかさ》」の名称がみられ、土に関する仕事はすべて行っていたと思われる記載がある。土に関する仕事とは、壁を塗るだけでなく、瓦を作ることと石灰を焼くことも含まれていた。

右・人倫訓蒙図彙、左・和国諸職絵尽

すでに何度もご登場いただいているのだが、久住章《くずみあきら》さんに初めてお会いできたのは九三年四月のことだった。ずっと以前からお話を伺ってみたいと思っていた久住親方は、日田の左官・原田進氏の師匠である。ここは原田氏にお願いするしかないと、恐る恐るお願いしてみた結果、画家の宇佐美圭二氏のアトリエで仕事をしている久住親方を訪ねることができたのだ。

初めてお会いした久住親方の風貌は、精悍でロック歌手の矢沢栄吉に似ていなくもない。同行してくれた原田氏は久しぶりの親方との対面に顔をほころばせているが、初対面の私は緊張で顔が引きつりそうになる。

ところが久住親方はとても気さくな人で、初対面から「風呂行くでェー」。夕日が沈む日本海を眺めながらの露天風呂。さすがに風呂の中まで緊張感は続かない。ゆったりと体を伸ばして、久住親方にあれこれと話を聞くことができた。福井の旅館で一泊し、さらに鏝絵や壁の話を聞く。

後で考えると露天風呂は、初対面で緊張している私に対する久住親方の優しい配慮だったのではなかろうか。しかし私はそんなことに気付く余裕などない。なにしろブックレット『壁』や『左官教室』の記事を読んで、私が勝手に「現代の左官の神様」と思い込んでいるその方との対面である。

翌日は、久住親方の運転するトラックで淡路島に向かう。

久住親方の話は、明治左官の文明開化から始まり、大阪・神戸・淡路の左官の歴

早稲田の学生による建築実験（淡路島）

史から世界の壁まで延々と続く。これが実に面白い。イタリーの顔料、ドイツのアーヘン工科大学のこと、ポンペイの壁の話、建築家カルロ・スカルパの話、久住親方の師匠で松竹座の棟梁だった洲本出身のバロック（ヨーロッパの石膏彫刻）の名工・石谷栄次郎さんの話。久住親方の口から、次々に面白い話が飛び出してくる。

姫路城を塗った名工八代目の堀田棟梁の話。さらに「落ち壁の東吉」という、ポンと蹴ったらパカッと外れる壁を塗ることのできた職人。左官仕事は泥を扱う仕事であるため、仕事が終わると誰でも泥で汚れているものだが、不思議なことに、仕事が終わった時に足が全然汚れていない「裸足のミーやん」という名人の話。

その日は淡路の久住親方の自宅に泊めていただくことになったのだが、久住親方の話の面白さに興奮してしまった私は、とても眠れそうにない。一晩中でも話を聞いていたい。ところが、そんな私の気持ちを察したのか「明日は早いから、ホナおやすみ」と親方は別室に消えた。なんと楽しい一日だったろう。興奮して今日一日を振り返る私に、「明日も凄いよ」と原田氏は笑う。

翌日は、親方の案内で自宅から始まり、呉服屋、教会、タイル、線香屋さんの自宅天井のバロック飾り、淡路の廃瓦で作られた水田の瓦垣や、久住親方の塗った土蔵、早稲田の学生が制作している竹筋のセメントハウス、イルカという設計集団が建設した岩屋中学。最後に「これがわしのイッチャン好きな漆喰装飾や」という土佐漆喰で作られた〈波〉の鏝絵を撮影して、淡路の久住親方を訪ねる旅は終わった。

しかし浅学非才の私にとって、この目まぐるしい二日間を理解するには時間がかかる。ノートに

廃瓦で作られた瓦垣

は殴り書いた久住親方の言葉と記号のような文字が残っているのみで、二日間のフィルム十二本、約四五〇カットの写真を見ながら、これを形にするには原田氏の助けを借りるしかなさそうだと悟った。まるでジュースの原液を腹一杯呑み込んだような、中身の濃い取材旅行だった。

日野病院【大分県湯布院町】

「鏝絵は『近代化遺産』である」と建築史家・故村松貞次郎教授に言わしめた日野病院は、一八九四年（明治二七）、日清戦争の年に大分県湯布院町に竣工した擬洋風の病院である。

「擬洋風」とは、明治の御世を迎えた大工や左官が、煉瓦・セメント・鉄・ガラス等の新しい資材の生産体制が整う以前に、木と泥で西洋建築を模して産み出した洋風建築である。それらは美術の学校教育とは全く縁の無かった無名の職人達の手によっている。

我国の代表的な擬洋風建築の病院に山形県の済生館がある。こちらはお上の作った病院であり、病室も洋風となっている。日野病院は済生館と違って個人病院であり、病室は和室。北の済生館と南の日野病院とは、官民の違いはあっても、我国の西洋医学の黎明期の貴重な病院の遺産であることに変わりはない。

久住親方の一番好きな鏝絵（淡路島）

日野病院は初代院長日野邦次が開業した病院で、邦次に実子がなかったため甥の清記を養子にして病院を継がせた。清記は、我国の種痘の恩人と言われる日野鼎哉に医学を学び、故郷大分県で種痘を実施している。清記の長男で三代目の要は、明治二十五年に大分県立医学校を卒業後神戸・大阪・東京で医学の研究を重ね、明治二十七年、三十歳で湯布院の町に帰ってきた。

要は、日本全国を見渡してもまだ西洋建築が五百戸も無い時代に、神戸、長崎の異人館を見学し、湯布院町に和室の病室を持つ洋風建築の病院を竣工した。その後、再度上京し北里柴三郎に師事して細菌学を学び、皇室や華族に種痘を施す医師となり五十九歳で没する。四代目を継いだのは要の二女俊子で、俊子は大正十三年に速見郡日出町の南家の次男・篤三郎を婿に迎える。篤三郎はアメリカでホイッスラーに師事した画人で、朝鮮総督を務めた南次郎の弟にあたる。日野病院の歴史の流れの底には、医師・文人・画人・軍人と多彩な人脈が滔々と流れているのだ。

日野病院の設計は、当時「建築機械者」と呼ばれた別府浜脇入江町の設計者佐藤平吉が担当し、大工は法花津喜八他十五名。左官は中島兼太郎、吉田大作他五名が棟木に墨書されている。大分県内最古の木造洋風建築の日野病院は一九九〇年に大分県の有形文化財となり、九一年から九四年十二月まで、三年の歳月をかけての解体復元修理を終え、九五年四月から一般に公開された。

文化財は竣工当時のまま再現されなければならない。文化財は鑑賞したり学習する社会教育素材としても利用されるため、竣工時の再現修復の技術が要求されるのだ。

日野病院の修復は、一部は機械化がされたとはいえ手間暇のかかる難工事であった。特に壁の材

湯布院町・日野病院

料である藁・糊（ワラビ糊）・貝灰・サクラ貝の砂等、現代では手に入り難い物が多い。しかも、この工事に左官の親方として参加した原田進氏が、藁も化学肥料を使わずに育てられたものでなければいけないなどと、素晴らしいこだわりを発揮し始めたからたまらない。

それに前章でも触れたが、見た目に美しい現代の白壁は昔の白壁とは違うものなのだそうだ。現在の漆喰は燃焼温度の高い重油で焼かれた純度の高い百パーセントの石灰が使われている。純度の高い漆喰の方が良いように思うのだが、それは素人考え。実は純度が高すぎて、夏の陽射しに照らされると目を射すほど輝いてしまい、昔の木炭や石炭で焼かれた窯底灰の混じる石灰のような優しい白い色にはならないという。

しかし近代化の波は、私達が想像するより遥かに強い力を持っている。効率の悪い作り方をする石灰など利益を生まないと切り捨てられ、現代ではこの純度の低い目に優しい石灰は入手困難なのである。

それは三本の電話から始まった

一九七三年（昭和四八）、私の写真の師匠で今は故人となられた北島氏から電話が入った。湯布院の露天風呂でモデルの撮影をしたいという。あまり気が進まなかったが師匠には会いたい。撮影を終えモデルを帰して、私が気に入って撮影している日野病院に師匠を案内した。

北島氏はファサード（建物の正面）が気に入ったらしく、構成を考えてファッションヨン写真特有のアプローチを話してくれた。詳しくは覚えていないが、この建物の

日野病院内

壁から放たれる雰囲気の中にモデルを置くというものだったように記憶している。

私が初めて日野病院を訪ねたのも、福岡での仕事を辞めて外国に行こうとしていた、ちょうどそのころだった。ドアを開けてそっと中を覗くと、白衣を着た小さなご婦人が、何も咎めず迎えてくれた。来意を告げると、患者のいない時間だったのだろう、院内に招き入れたうえ二階まで見せてくれた。螺旋階段を昇って二階に上がると、日本間の一角に古い油絵が飾ってあった。「日野篤三郎の絵です」と老婦人が言った。その画家が誰であるかも、天井の飾りがメダイオンということも、その婦人が女医であることも知らなかった。建物が「擬洋風」と呼ばれることも知らない二十三歳の自分であった。

何も知らない自分が恥ずかしく、その後アルバイトで買った軽自動車に愛用のカメラを放り込み、足元から回り始めることにした。いつしか外国は遠のいた。

三年後「何も知らない自分」と決別する写真展を大分で開いた。あえて東京や福岡の知人には知らせず、自分に言い聞かせるための写真展だった。結果は散々。

しかしやりたいことをやったのでサッパリした気分だった。それは町や村の暮らしを撮ったもので、泥壁、祝祭の後、漁の後など、今思えば自分の原点を探す旅だった。

二度目の電話は、北九州からだった。「原田といいます（左官の原田進氏とは別人で小倉のディレクター）。君の仕事をカレンダーにして下さい」という電話だった。「鏝絵」の仕事は二馬力になっていた。私は文章を書く女性と暮らしていたのだ。鏝絵のスクラップはパンパンに膨れ上がり、

内部階段

写真集にしたいと思う日々が続いていていた。資料は捌ききれないほどたまり、原稿をまとめる日が続いた。

カレンダーは秋になって形となった。これまで応援をしてくれた方々にカレンダーを贈った。多くの人から喜びの手紙が我が家に届いた。左官屋さんから電話が掛かるようになった。同居人は会社勤めを始めていた。私は家で主夫をしながら原稿をまとめる作業をしていた。

そこへ小倉の原田氏から電話が入った。会って驚いた。私が整理出来ないでいた鏝絵の本質についてきちんと筋道をつけてくれた。もっと教えて欲しいと思った。私は、自分がこれまで独学でやったことが一人よがりだった、そしてまだ無知だと知った。心底嬉しかった。

二十年前と同じ道を案内していると、原田氏が「何かができそうだ」と言った。二人で大分をグルグル回った。不思議なロケーションだった。同居人は原田氏をナビゲーター、私をアジテーターと名付けた。

九〇年のある日、東京で個展が決まったことを告げた。世の中はバブルでフワフワしていた。原田氏は会場を訪れ「一度でいいね」とも言った。個展会場では『左官教室』の編集長で泥を愛する小林澄夫氏と運命的な出逢いをした。彼は大都会の泥の詩人「泥子」だった。

田圃の泥が澄む頃、原田氏が「日田に原田進という若い職人がいるよ」と言った。それから何日もしないうちに日田に出掛けることになった。人を乗せたままいつもの鏝絵のコースを走った。目的地の壁にヤモリのように貼りついて作業をしている若い男がいた。それがスーちゃんこと原田進君だった。

〈猿の三番叟〉三和酒類のカレンダー

鏝絵の修理をしているのだという。電話番号を聞いて別れ、それから長い付き合いが始まった。原田君はその頃故郷の古い民家のホンモノの壁が塗りたくて、単身でいくつかの組の親方の所を訪ねていた。美しいものを作りたい原田君と、納期に間に合わせようとする工務店。建築家の悩みなど気にする原田君ではない。アバウトでノープロブレムのスーちゃん。それは、まるで自分の姿を見るようだった。

二十年前の日野病院のモノクロプリントを贈ったら、逆に四十年前のプリントを見せられた。日野病院に鏝絵がついている。「擬洋風」にである。そこで、日野病院にあった鏝絵とそっくりの〈鷹〉の鏝絵の写真を贈った。

この鷹の写真が三本目の運命の電話を呼び寄せた。暫くして、日田市で文化財を専門に修復している建築家の養父信義氏から電話が入ったのだ。この三本目の電話から、日野病院の修復工事と私との関わりが生まれる。日野病院の修復工事は、正しくは「大分県重要文化財・湯布院日野病院再生・保存計画」となる。その日野病院をスーちゃんが修復することになったという養父氏からの知らせである。

鏝絵を修理していた原田進氏（日田）

私の胸は早鐘を打つ。スーちゃんからも「日野病院の修復をすることになった」と電話が入る。鏝絵のもっと大きい写真が欲しいという。縁があったのだろう、前出の日野病院の鏝絵と同じ鏝絵を取り外して県の施設に移築保存していたのだ。原田君と養父氏が踊り上がって喜んだかどうかは不明だが、早速でかけたそうだ。

南由布にドーンと聳え立つ白亜の日野病院は、正面から見ると明治時代の頑固爺のような威厳と風格を持っているのに、右側から見た白壁は教会のような優しさに溢れていた。

しかし修復前の日野病院は哀れな姿であった。美しかった右側の白壁には人が入れる程の穴が空き、主を失った家に往時の面影はなく、玄関の巨大な時計は盗まれていた。

建物は、竣工後六十年で残すか壊すかの判断がされると、ある建築史家が言ったのを思い出した。建物は六十年が寿命であるという考え方である。しかし、相手は明治二十七年に建てられた百歳以上の長老である。たかが写真屋である私にできることといったら写真を撮ることしかなかった。風雪に耐えたシワを、その風貌を、熱を帯びた頃の喧騒を、畳の病室の祝福を。

小舞い掛け

九一年から修理は始まった。鉄骨が組まれ、ブルーのテントですっぽりと覆われた。養父氏が鏝絵の拓本を取り始めた。鏝絵の拓本？　それは養父氏の秘技で、今でも秘伝なのだ。屋根の瓦が降ろされる頃、原田君たちは外壁の漆喰を剥ぎ、土壁を袋に詰め、裏の田圃に捨てた。小舞いの藁縄を外し、不要になった竹や大柱に巣食う白蟻も資料の中で標本となっていた。

このころから、皆の本気が判ってきた。

文化財保護の仕事と一口に言っても、なかには随分いいかげんな物もあるからだ。しかしこの現場は本気だ。養父氏に撮影の許可を願うが、何しろ県の文化財である。お上がどこの馬の骨とも判らない者に許可を出すはずもなかろう。正式な許可など必要ない。知りたいのだ、見たいのだ、撮りたいのだ、いや、撮らせてください、なのだ。

耶馬溪町にあった〈鷹〉（現在は大分県立博物館蔵）

現場が醸し出す空気に慣れようと何度も足を運ぶ。現場で感じる独特の疎外感は、自分が実際に関ることのできる職人ではないからなのだろうと思いつつ、現場に通っては写真を撮る。

おまけに、前に捨てたと思っていた壁土は、実は寝かせていたのだと解った。私はいったい何を学んできたのだろう。最初から躓《つまず》いているではないか。百年前の壁土がまた使えるとは……。職人の凄さとは、こういうことをいうのだ。まいった。少しは壁のことを知っているつもりだったが、映像や本で学んだことと現実とは違う。そこに流れる空気・風・陽射しや湿度・温度など、映像や文章などからでは絶対に知ることができないものを、現場で教えてもらった。

大工仕事が進み、藁縄が届く頃になると、竹の小舞い掛けが始まった。さまざまな結び目がある。その結び目を見つめていたスーちゃんは、ある日一升瓶を抱えて老左官を訪ねた。難しい結び目が一つあったのだそうだ。そうして完成した小舞いは見事なもので、そのまま美術館に持ち込んでも充分通用するものだった。

そのころ現場では、昼時になると職人が、自分たちの仕事を眺めながらお互いを褒《ほ》め合っていた。長年現場を共にしている原田君でさえ、そんな職人の姿を見たことはないという。つまり、それほどにこの小舞いは美しかった。しかし残念なことにいつまでも見とれているわけにはいかない。田圃に入れて捏《こ》ね続けた泥の出番である。この泥は作業の始まりとともに田圃に投げ込み、原田君が新たに六センチほどにカットした藁を混入させ、鍬や耕運機で水合わせという作業を経て一年間寝かせたモノだった。

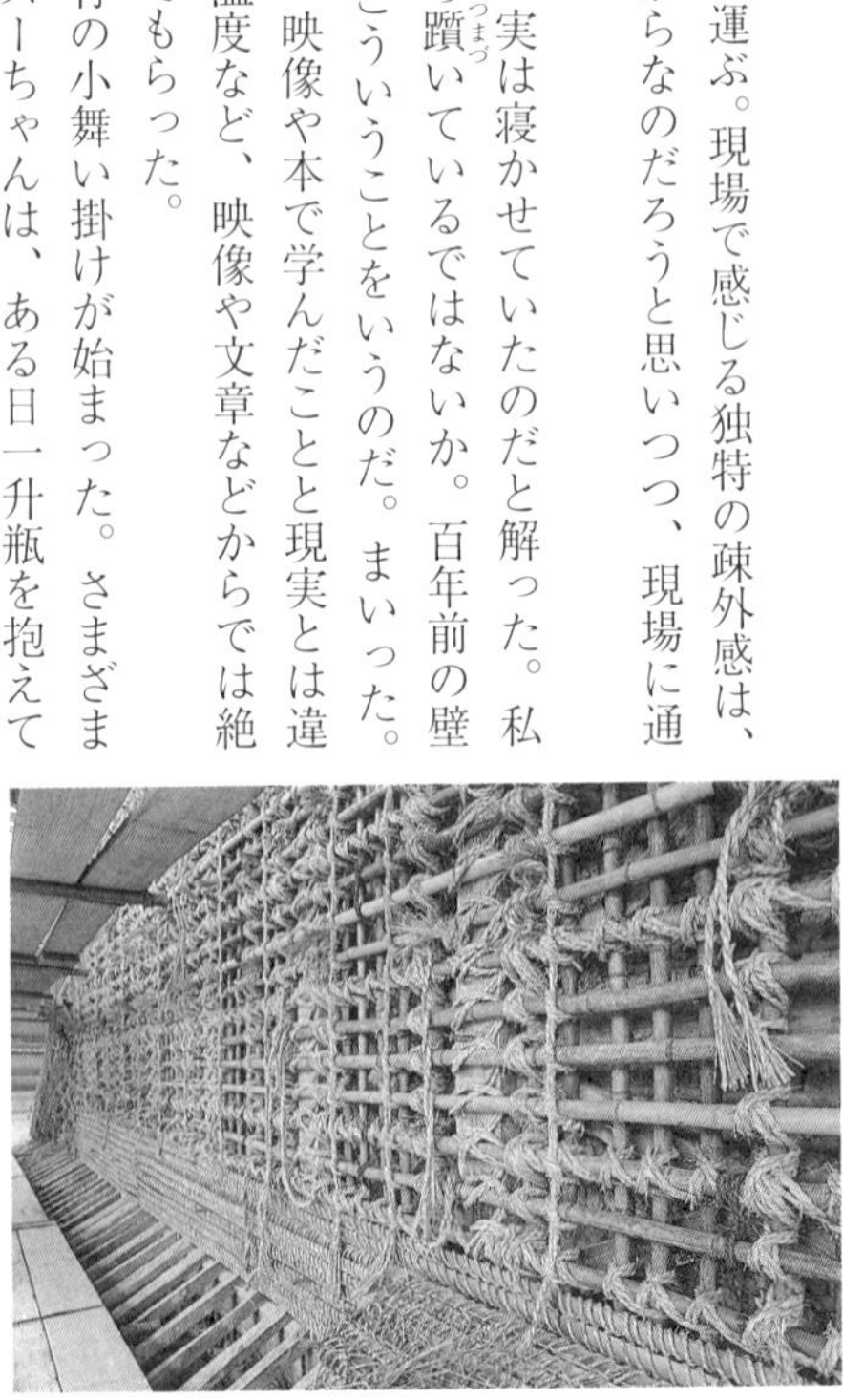

完成した小舞い（竹組）

台風で藁屋根が飛び姿を現した鞘蔵（大分県耶馬溪町）

煙草の乾燥倉（大分県宇佐市）

この泥があの美しかった小舞いを覆い始めた。青竹に巻きつけた二百五十束もの藁や縄に泥を塗り付け下げ縄を編み込みながら作業を進める。こうして建物に泥を食いつかせるのだ。ところどころ女郎蜘蛛の巣の四隅にあるようなギザギザ状の編み目が入る。

一日中見ていても見飽きないが、匂いには閉口した。臭い、とんでもない強烈な匂いである。夏の肥溜めに落ち込んだような臭いとしかいいようがない。ところが不思議なことに、この強烈な臭いは一週間で消えてしまった。土のなかに生息するバクテリアのお陰だという。臭いを心配する私にスーちゃんが言った「心配ネエー（心配ない）」の言葉どおりであった。

ある日、『左官教室』の小林編集長が九州にくるという連絡が原田君から入った。福岡県柳川市にただ一ヶ所残っている手作りの貝灰工場に取材にくるというのだ。すっかり壁作りに魅せられていた私は、二つ返事で同行することにした。その松藤貝灰工場に行って驚いた。そこには美しい文化が残っていた。人間が自然をねじ伏せて何かを作るのではなく、自然に敬意を払い、自然と共存する形で物を作っていく。夥しい貝殻や煙突から立ち昇る石炭の焼ける懐かしい匂い。しかも、ここでは南京袋をほぐしてスサまで作っているではないか。

原田君は、ここで日野病院の仕上げ用の貝灰を手に入れた。工場の親父さんは七十過ぎで跡取りはいない。観光客で賑わう柳川の「お花」の美しい漆喰の壁はここで焼かれているのだが、観光客や役人達がこの貝灰工場まで足を運ぶことはない。この親父さんが消えたら、原田君たちはいったいどこで貝灰を手に入れたらいいのだろうかと、いらぬ心配をしてしまう。

出番を待つ壁土

九州では、普賢岳の噴火の災害により熊本の貝灰工場が閉鎖され、残るはここともう一ヶ所近代化された貝灰工場だけと聞いた。文化庁が号令を掛けた近代化遺産の整理整頓も結構だが、近代化を支え職人を支えた多くの親父さんたちも大切にして欲しいものだ。

次に皆で不知火町国丁《こくちょう》にある藁スサの工場を訪ねた。親父さんからスサの話を聞く。ここでも、農薬のせいで良質の藁スサがなくなったと聞かされる。

帰りの車の中では、長い沈黙が続いた。

桜貝の砂を探して

泥打ちも無事終え、壁は乾燥の時期に入った。

ところがまたもや事件が起こる。未曾有の長雨が我々を襲った。雨は降り続き、ついには水をタップリと吸い込んだ愛しい土壁から百年前の雑草の種が芽を吹き出したのだ。壁に生える雑草。それは自然が作り出した芸術作品。雨は続く。今度はあまりに続く雨に雑草が元気を失って姿を消し、キノコやカビが生えてきた。

これが自然の摂理なのだといってしまえば簡単だが、若い親方は気が気ではない。とうとう練炭火鉢や乾燥機が検討されるようになった。しかし火事が怖いので火を使いたがらない。そしてとうとう、ある筋から納期の話が出始めた。

そんな時、東京大学名誉教授・村松貞次郎先生（故人）が別府にお見えになられたので、日野病院の工事現場に案内した。国宝審議官である村松先生が「この現場は良い、ホンモノだね！」とい

荒打ち

う一言を残してくれたおかげで、いつしか納期の声は聞こえなくなった。

　冬を迎えた原田君の口が重くなった。何か心配事が発生したようだが、言い出せないでいるようだ。自分で解決しようと随分頑張ったらしいのだ。ある日その原田君が「桜貝の産地を知っているか」と聞いてきた。またタピオカやワラビ糊が欲しいともいう。ワラビ糊というのはワラビの澱粉で作る糊である。原田君の欲しいものは分かった。後は、これがどこで手に入るか調べればいいのだ。タピオカやワラビ糊は意外に簡単に手に入った。知り合いに問い合わせたら、皆真剣になって捜してくれたのだ。ところが桜貝が手に入らない。原田君が欲しいのは、桜貝そのものではなく桜貝の砂なのだ。日野病院の室内に塗られている壁は、桜貝が入っている砂だというのだ。ルーペで見ると、確かにそんな気もするし、違う気もする。

　神奈川の江ノ島に桜貝があるというが、時代を考えるとそんなに遠くから砂を運んできたとは思えない。砂の中に見覚えのある貝が見えたので、とりあえず国東半島の海岸に行ってみたが、よく似てはいるもののやっぱり違う。

　スーちゃんがこだわり始めたら、そこには妥協というものが入り込む余地は、針の先ほどもない。県の文化財なのだから、材料などは県や施工者が用意するのではないかとも思ったが、スーちゃんがあまりに真剣なので、ヨッシャという気になってしまった。佐賀関の海岸で同じ砂を見つけたが、漁協の許可が得られない。規制である。沖合いで大掛かりな機械を使って海底から砂利を吸い上げる業者が合法で、文化財の保存に真面目に取り組む若い職人が僅かな砂を採るのが違法だというのか。

焼き立ての松藤貝灰

正月が過ぎて、宮崎県の美々津海岸から大分県中津の海岸まで、二人で砂捜しを始めた。走ること七百数十キロ。集めた砂のサンプルは二十種に及んだ。それでも目的の砂はない。

諦めかけた時、自分が明治時代の職人だったらどうしていただろうと考えてみた。日野病院の左官職人が別府浜脇の職人であったこと、佐賀関町の海岸に同じ砂があったこと、だとしたら、当時の浜脇周辺の駅や港の近辺を調べたらどうだろう。いや待てよ、あんな気のきいた壁は、料亭か遊郭の壁と同じではないだろうか。そうだ、きっと港の近くの砂浜だ。ヒントは白い砂と遊郭。

原田君に電話を入れる。場所が分かったゾ。臼杵の海岸だ。原田君は翌日すっ飛んできた。海岸に着くと、思ったとおりの砂があった。金鉱を発見した気分である。日野病院の壁を塗るには充分すぎる量である。やっと砂を確保することができた。砂を採る許可もスムースにおりた。

村松教授来たる!!

工事は長雨で一年遅れたが、やっと竣工にこぎつけた。日野病院の院長先生から丁寧な竣工式の招待状が届いた。総工費二億円で再生された日野病院の二階のスウィートルーム宿泊つきである。

翌朝、二階のテラスでボーッと朝焼けの由布岳を眺めていたら、原田君がコーヒーを入れてくれた。泥の詩人小林氏が職人について語った言葉「無垢で無償で贈与と犠牲」。私は、とてつもない大きな物を贈与された。

「鏝絵はね、左官のオマケなんです。大事なのは壁ですよ、壁!」

原田君はそう言って笑った。

日野病院は九九年十一月に国指定重要文化財となった。

冬の左官

わが国の無名の職人たちが風土に根ざして産み出したものを求めてさまよっている。そして、民俗学や民芸という言葉を生み出した先人すら目こぼししたものの中にさまざまな美を見つけてきた。「泥壁」や「鏝絵」や「藁塚」がそうだ。これらは持ち運べず、手に入れて愛でることもできなかったので、置いていかれたのかもしれない。私はこうした人間の営みから生まれた造形が織り成す空間にどっぷりと漬かっている。

伊豆長八の孫弟子・伊藤菊三郎氏の覚え書き『沓亀』を読んでいると、

――材料の土が冬時期になれば氷結する三ヶ月間余は仕事が出来ぬ――

というところで目が止まった。

ここには伊藤菊三郎の師匠・吉田亀五郎が通称「沓《くつ》屋の亀」と呼ばれた理由が書かれている。これによると吉田家は甲州街道の起点近くでもあったので、壁塗り仕事のできない冬場に旅人の草鞋や馬の「藁沓」を販売したので「沓亀」と呼ばれたことが記されており、さらに菊三郎翁は次のように記していた。

砂捜し七百キロの成果

——左官の主要材料が最近新材料が次々と出現により施工方も変りしが、古来幾百年と継いて主要材料は山土と砂、藁切を混合して水を差し捏練し其の水分の保有間に二三回操返して塑性を熟成して良質の塗材と成し初めて現場作業に掛るので、良い材料と良い鏝とで良い仕事が出来ぬので。

近世は日に日にスピードを安価本位とし質より量を好むは世相成れば致し方ないが、明治末頃までは職人の気概も異なり個々の技能を競って其の優秀である事を誇りとし、住家は四畳半の棟割長屋に住いで苦にもせず本業に使ふ鏝類を暇さえあれば手入を仕る、さながら武士の刀剣にひとしく愛撫し、不正の仕事はいみきらっては居るものの、主要材料が土と水の中で暮して居るので、大工はね虫、左官は蚯蚓、仕事師おたなの溝さらいと悪称を背に聞流し只一筋に本業を守ったので、さりながら材料の土が冬時期になれば氷結する三ヶ月間余は仕事が出来ぬ故に江戸子は宵越しの銭はなんとやらで貯はなく武士は食わねどと云ても居られず、真の蚯蚓なれば飲ず食わずの冬眠も出来るが人間は眷族を扶養の義務が有るにもかかわらず、心のあさき者は此の間賭博場に出入りして有りもせぬ衣類道具まで入質仕て身ぢめの生活を仕て居る者も有れど、心機宣《きせん》なる人は表通りに店を持ちヘッツイ（土造の釜土）ヒチリン（コンロ）を造りて居り、其の頃は各家の勝手の主要道具なりば此の方が忙がしく遂にそれを本業と成した人が二三先頃まであり、店の無い人も常に此の店に出入して霜枯れには当時は裏横に空地もあり家具の一部故に移動も出来、氷結予防策が容易に出来る故此店で働

ヘッツイ塗り（人倫訓蒙図彙）

いた人もあり、又は親方の物置から残りの土漆喰などをモライモッコウ（材料の牡蠣灰を入れた空叺に四ッ角に縄を付た物）に入れ担ぎて町角をヘッツイ繕いと呼び掛て歩く人、縁日に玩具、稲荷寿司を売り、鳶職の組合に籍を置きて夜警を仕て霜枯をスゴス。同職中に同名人を区分の意味で復業の商品名を頭に付たらしく、花火屋と呼ぶ手広く請負を仕て居た左官も有に由。——

数年前に新潟県上越市の帰途東京で大雪にあい、歩くことさえままならない経験をした私は、これを読みながら、関東より一ヶ月以上も冬の長い北国の職人のことを思った。つい先日も冬が忍び寄る乗鞍岳の麓をあるきながら、上越市を訪ねた時と同じようなことを考えた。

飛騨高山で見せられた「笑う壁」は、力強い男達の手と少し小さな女の手、壁の下に小さな子供の手が記憶されて佇んでいた。長い冬の厳しさを乗り越えて、まさに村人の高揚する手が春の喜びを謳っているようだった。既成の商品では見ることのできない世界だ。

これまで多くの左官の鏝絵や土壁や石灰の取材を続けてきたが、正直いうと左官職人の副業まで気に留めることはなかった。ところがあちこち訪ねるうち「冬の左官」が姿を見せはじめたような気もしている。確かに北国の冬は長く左官仕事はできない。ならば出稼ぎがあるじゃないかといわれそうだが、全国冬なので壁仕事はそうもいかない。そこで彼らはさまざまな副業をやっていたのだ。

例えば新潟県上越市の星野利吉親方は、お得意さまの料亭や旅館、病院の雪かきや掃除をやり、富山県の小杉左官の竹内源蔵は、弟子とともに室内で細密な彫刻仕

様々な手形が
残る「笑う壁」

事をやっている。

これとは反対に沖縄や奄美は北国と違って常夏である。しかしここでは日中ノンビリとシーサーや屋根漆喰を塗るということができない。というのも屋根に上がってノンビリ仕事をしていると火傷をするので、ここでは日の出前から数時間が勝負なのだ。しかし年間を通して仕事ができるので、冬場の副業の話はこれまで確認していない。ただ海辺の左官が、大漁時に漁の手伝いをしたという話が聞かれたのみである。

先日、葛生のドロマイト鉱山の帰りにお邪魔した栃木市の飯野鉱業社長・飯野栄作親方からは次のような話を聞くことができた。栃木市では出入りのお店や檀那衆の土蔵内に収納されている掛け軸や屏風の虫干しとその「見張り」という日々を過ごしたというのだ。飯野親方は「こうしたことが、左官の目を養ったというか、眼福でありまして、今の自分があります」とおっしゃった。

以前に宮城県の吉田正治さんから聞いた炭焼き仕事や愛媛県関前村小大下《こうげ》島の石灰焼き。大分県日出町の青柳鯉市の絵の練習と踊り。また淡路の久住章親方から聞いた、お仕着せの半纏を着てお店のトウハン（娘）の芝居見物の付き添いや悪い虫を監視する「目付け役」という副業も印象的だった。

そういえば子どもの頃に僕のアウトドアの先生だった左官職人の房前さんも、いま思うと冬場の山芋掘りやメジロ捕りで生活を支えていたような気がする。

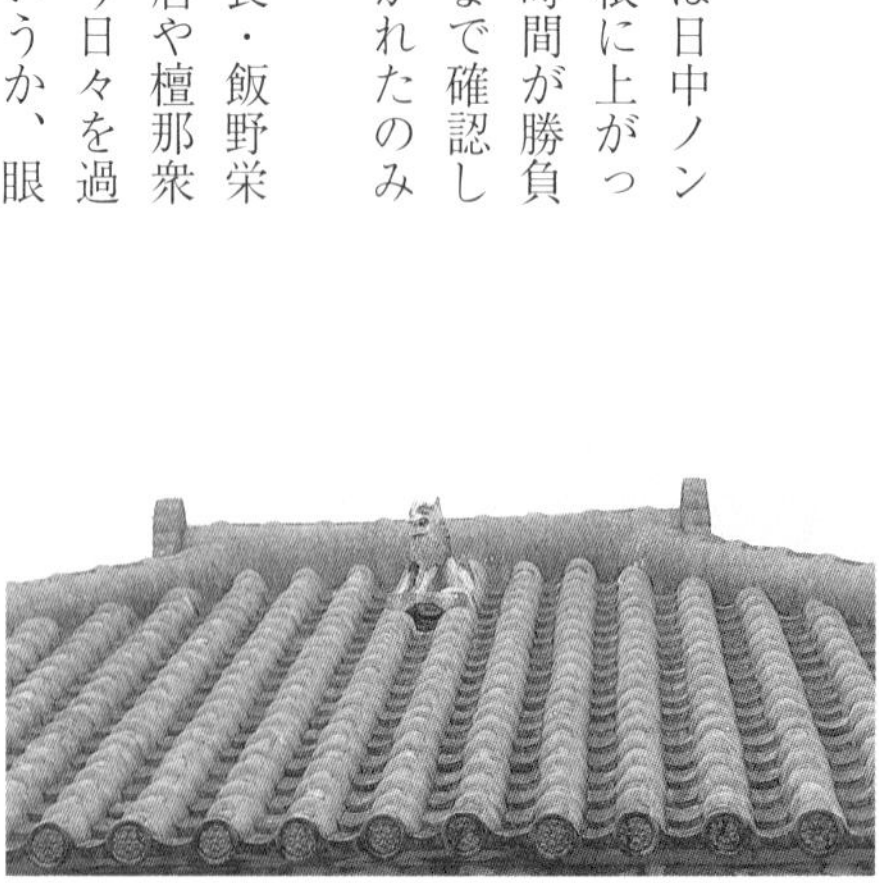

台風に強い屋根漆喰と家の守護神シーサー

藁と土を求めて

土を固める方法はいろいろあるが、鏝を使い、固めた土を立てたのが日本の壁ともいえる。世界には我々日本人が考えつかないような面白い壁がある。

アフリカのマサイ族の女性たちは牛のフンを屋根や壁に塗り、サハラ砂漠のマリ共和国では、赤土に小麦の籾殻を混入した泥で壁を塗っていた。さらにマリでは石灰が貴重品なのでエスカルゴの殻を焼いた石灰を混ぜて壁を塗るところもあり、ドゴン峡谷では断崖絶壁にトックリバチの巣のような泥の家を作っていた。

またインドの乾燥地帯やドイツの民家では牛の尿、オランダでは馬の尿で壁土を捏《こ》ねるという。これは尿が硫化物に変化するのを利用して土を硬化させているのだろう。日本で化学肥料を長年投入した結果、田圃や畑が硬くなる現象に似ている。また中国の客家《はっか》は、版築《はんちく》という技法を使い、泥で複数階のマンションのような円楼を作る。版築の円楼はコンクリートのように固く、コンクリートよりも美しく、コンクリートよりも長く使える建物だという。

日本の壁は仏教と共に登場した古い歴史を持ち、左官職の経験と積み重ねによって現在の水準に達したものといわれてきた（しかし最近の発掘では、これよりも古い時代の壁が確認されている）。白壁は漆喰でつくる。石灰《いしばい》や貝灰（カキ灰を含む）

ドゴン村の壁直し

を油やスサと呼ばれる植物繊維を混入して臼で搗《つ》いて作る漆喰は、壁に塗った時に割れにくく剥《は》がれにくい特性を持つ。

竹に藁縄で編んだ小舞という骨組みに、水合わせを充分に終えた赤土を三回位に分けて壁の下地に塗り付け、充分に乾燥させた後、先に作り置きしておいた漆喰を塗る。ちょうどスポンジケーキに生クリームを塗る要領だといえば分かりやすいだろう。

白壁は荒壁と同様に三回ほど塗り最後に油を入れた漆喰で防水とツヤを施し埃がつかないように仕上げるが、塗りの回数は職人の考え方や天候、施主の予算が関係するので一概にはいえない。この漆喰は空気に触れると硬化する性質を持つので、職人は秘術を尽して必要に応じて使い分ける。

日田の原田氏から、滋賀県大津市の石山寺について知っているかと聞かれた。果たして今度は何事だろうと思っていると、福岡県山門郡瀬高町の東照寺というお寺で「多宝塔」を作るというのだ。

多宝塔といえば白い饅頭のような「亀腹《かめばら》」を持ち、切手にもなった国宝の二重塔のことだろうか。今どき珍しい施主もいるものだと思いながら話を聞く。亀腹は神社や寺院の基礎部分の美しいタタキで作られた部分をさすが、今回は地面でも壁でもない一階の屋根と二階の屋根の間の部分に、美しいカーブを持たせた貝灰仕上げの亀腹を作るというのだ。

誘われてでかけると、現場はクリークの中の浮島のような地盤の柔らかい、何もない平地だった。

滋賀・石山寺

左官工事は水との戦いでもある。これは現場ごとに条件が異なり、風やお日様で毎日微妙に変化する。

また仕事を優先する職人は口で説明などしない。施主も職人から説明されてもよほど壁の知識がないと理解できる人は少ない。今回、事前に緻密な作業行程の説明をするところを見ると、どうやら原田親方は本気で多宝塔を手掛けるようだ。これは湯布院の日野病院修復の再来ではあるまいか。この立地条件では、相当の難工事ではないかと質問するとハイテクとローテクを駆使して、基礎になる土台に鉛筆型のコンクリート棒を何本も打ち込むので心配はないということだった。

壁の仕事は、仕上がりだけを見てアレヤコレヤという人が多いので、手を抜こうと思えば幾らでも手が抜ける。たとえシビアな設計者や公共建築現場の検査官でも、壁を刳り貫いてまで検査する人はいない。それほど壁工事は信用の上に成り立つ職人仕事なのだ。それを今回「作業の順番通りに詳しい写真を撮れ」という。こんな親方も今時珍しいが、説明できない部分を少しでも施主や建築家に理解して貰いたいと願っているのかもしれない。

東昭寺の職人技

東照寺の工事は九七年に始まったが、原田氏は、何年も前から下地となる荒土を捜して歩いていた。荒土といえば関東の荒木田土と思われがちだが、これは地名に由来し、現在では関東から東北一円にかけて分布する濃褐色の沖積層の粘土を指し、京都では稲荷山、滋賀県では琵琶湖の湖底の土が使用されている。荒壁は粘土混じ

東照寺の壁土になった山土

りの土砂を大量に必要とするので、いずれの地方でも前述した地元の山土か水底の土を採取して使うのが普通である。

荒壁に使用する土は栄養分が少なくて十分な粘性があり、表面を金属や爪でこすると光沢の出るものが良いとされ、さらにこれを丸めて団子状にし水に漬けて溶けにくいものを選ぶ。採取した土は長時間寝かせるほど良いといわれ、戦前の水合わせは三ヶ月から三年に及ぶ長いものもあった。

現在は予算や納期の関係で、新土に古い土壁や土塀の古土を混入する方法がある。JAS規格では、最低七日間以上の水合わせと規定している。古土の混入によって、強度を増大させたりアク（土に混入している有機物などの滲出液）の発生を低下させることができる。また混入によって凍害の発生が防げることや荒壁の乾燥時にともなう収縮率が減少することから、四割以上の古土を混入して使用することが望ましいとされている。

しかし今回は、古い技法を踏襲することで平成の職人の技を伝えたいという施主の理解もあって、古土を全く使用しない古来の「水合わせ」が選択された。いにしえの寺院建築に挑戦する、設計者の日口氏や職人原田氏のチャレンジ精神があったことはいうまでもない。この年の冬にようやく山の中から納得できる荒壁用の土を見つけることができ、持ち主に事情を話して一二トンの土を確保することができた。そこで縦一二メートル、横六メートル、深さ八〇センチのコンクリート槽を新設し、ここで新しい土に藁を混入する足かけ二年の水合わせを開始した。

次に問題となるのが「藁」であった。かつて法隆寺西院伽藍の金堂では藤蔓が使われ、五重塔で

足かけ二年の水合わせ

藁縄が使われた記録がある。そこで昔通りの藁を使おうとこれを捜すが、現代の農業環境でこんな「藁」を捜すことは、随分と贅沢で困難なことになっていた。スサと呼ばれる藁を三センチ程にカットしたものを混入するのも同じこと。近年の稲藁は化学肥料や農薬の使用で、昔通りのピュアーなスサの入手も困難になっており、尚さらのことだった。以前から壁体の変色防止や壁の耐用年数にウエイトを置いてきたので、原田家では昔の状態に近い有機栽培で稲藁を作っており、初めはこれを混入して水合わせを行なうことができたが、いかんせん量が足りなかった。

藁のある風景

縄やスサの材料となり日本人の原風景を育んだ藁を積み上げたものを「藁塚」と呼ぶ。

日本人は縄文後期に登場したといわれる稲を「籾《もみ》」と「藁」に分別しながら、固有な文化を形成してきた。もちろん民家もその範疇に入る。籾は種皮の付いた米の総称で、神事に始まり主食や酒や菓子などに活用され、日本人の暮らしに欠かせないものとなっている。

土壁の材料となる「藁」は田植え→刈る→干す→稲こきを経て籾を分別した時に生まれるが、地域によっては籾付きの藁を木の枝にかけたり、竹や木材を三足組みにした横木に並列して乾燥する「稲架・はさ・はざ・はで・はつき・はさ木・稲木・稲城《いねぎ》・田茂木《たもぎ》・稲積《にお》・稲棒《ぼっち》」と呼ばれるものがある。藁は米作の余剰のものといわれるが、秣《まぐさ》と呼ばれる家畜の飼料や敷き藁、農業素材、肥料、建築材料、畳な

大分耶馬溪町の「稲積（トーシャク）」

どに利用され、さらに灰汁《あく》を利用した食品や生活用具など日本人の衣食住に深く多様に関わっている。

　こうした藁積み形態の地域差は、土壁と同様に各地の降水量や乾湿のいかん、また収穫量の多寡などの要因に加え、それぞれの歴史や住民の美意識が背景にあるといわれる。また古い時代の住居の記憶によっているようでもある。藁は家畜の飼料として秋の田圃に積まれたものという解釈もあるが、あまりにも風土的なその稲の積み方や藁の収納形態について興味を持つ人は少なく、これらの呼称や総合的な地域の変化をまとめた報告を見ることは少ない。

　そんなあるとき私は、入江長八の故郷静岡県松崎町で、田圃で串刺しにされ空中に静止する不思議な藁の塊を見た。さらに秋に東北の産米地を歩くチャンスを得て、米を収納する土蔵の壁材となる藁材の積み方や呼称の変化に強い興味を覚えた。

　そこで辞書で藁の積み方を調べてみた。すると田圃に積む藁の総称は「藁塚」と呼び、稲コキのあと田に高く積み重ねた藁を指す。また別の辞典では、「稲叢《いなむら》」が籾がついたまま苅田に円筒形に積み上げた藁積みで「稲《いね》にお・稲積み・穂積み」と呼び、これらは脱穀技術が発達する以前の呼称の名残りだと説明されていた。

　さらに『大歳時記』には「稲積・稲堆」が登場し「にお・藁にお」と呼ぶことや「藁ぐろ・藁こづみ」などの呼称がみられ、「藁塚」は京都地方で呼ばれていると書かれていた。また、国文学者で民俗学者折口信夫の全集第三巻「稲むらの陰にて」を読んで、スズシグロ、スズグロ、スズミ、ニエ、ニゴ、ノウ、ホズミ、ボト、ボゥド、イナムラボゥド、クマ、クロ、ジンド、イナブラなど

静岡県松崎町の「ボッチ」

の呼び名があったことを知った。

しかしそれも昔のこと。日本の生命産業であった農業は、戦後の急激な機械化で家畜やその飼料の藁作りから解放されたが、農業は依然として重労働で後継者は年々減少の傾向を辿っている。これに追い打ちをかけるように耕運機やコンバインの登場と消費者のニーズに対応した美味しい米、売れる米を提供しようと品種改良された短茎種の栽培が広まって、美しい土壁の母体となる「藁のある風景」は絶滅寸前になっている。

そこで日本人の生活に不可欠な「畳」を調べてみようと数件のタタミ店で取材したところ、春のレンゲの咲く頃から梅雨前線までが藁の購入時期であることや、藁こづみは一反で三十五個程収穫でき、これを一年間倉庫で乾燥させ藁に産み付けられた蛾を発生させてから畳を製造すること、いまから四十五年ほど前、公務員の初任給が六千九百円の頃、こづみ一個の値段は三十五円であったこと、昭和三十年代に生産地が住宅団地となって藁の入手が困難になり購入地を変更した話などを聞くことができた。

なかなか良質の藁が入手できないのでその間を利用してもう少し藁のことを調べてみた。

すると明治四十年に発行された「佐賀県杵島郡錦江村村是」によれば、稲は一坪あたり四十株から四十五株を植栽するので、一反（三百坪）で一二〇〇〇株から一三五〇〇株となり、藁一把が一九二株なので一反で六二把から七〇把の藁が収穫できたこと。叺《かます》一枚の藁量の単位のコデハチに換算すると、一反で一二四から一四〇

大分県山香町の冬仕度「藁こづみ」作り

のコデハチ（枚）の叺が得られたことが判明した。さらに、この年の叺の藁収穫量のうち約三割の藁が叺の生産に当てられ、他の七割が堆肥、燃料、生活用品、養蚕、農業用に使われ残りが屋根材や壁材として利用されたことも判明した。

今となっては喉から手が出るくらい羨しい話で、この頃の叺を集めて利用する方法も検討したが、量を確保する見通しが立たない。そこで化学肥料や農薬による壁面の変色や腐敗だけは避けたいと、無機質な石油製品も検討したが、乾燥時間差による亀裂や、石油製品では美しく崩れないこともあって躊躇していた。

ところが不足分の藁が、戦前から全く農薬を使用していないという大分県のある農業団体との御縁で入手できた。

そこで戦前に活躍した「岡村式藁綯機」を探し出し、古い時代と同様の藁縄も作ることにした。藁スサは四トントラックに満載した藁を毎月一回、二年間投入した。

かつて折口信夫はその著作で「ニウ」は人形から転化した言葉であると述べている。早稲田大学の教授で建築家の菊竹清訓氏は、出雲大社の神殿の屋上に置かれた×印の飾りが「稲干し」の形態を表わすと指摘しておられる。また村松貞次郎教授は最後の著作『道具と手仕事』（岩波書店）の中で、日本の近代社会が喪失したものとして、個性的・特質的・バラバラ・あいまい・千差万別という「ヤワラカイ」ものがあると述べておられた。

現代の左官や建築家よりも泥や藁のことを知りぬいた人々が産み出した美しい民家や土壁に触れ、あちこちを歩きながら美しい水田や棚田や民家の泥の壁を見ていると、日本人の木の文化を支えたものが「泥と藁」であったことを確認することができる。

佐賀県の「稲積」

大分県安心院町の民家

〈水龍〉のついた土蔵（大分県挾間町）

こんな経緯を経て二年目にしてようやく荒壁に辿り着いた。前回の日野病院では、百年の建物を作るのが目的だったので、創建当時の壁土を使用して土壁を再生したが、今回はそれ以上持たせようと考えているので古土は全く使用しなかった。

次は本体の壁を支える竹材である。竹の切り時は、昔から彼岸から彼岸（萩から牡丹の花）までといわれ、この時期を逃すと虫害が発生しやすく建物が長期間保持できないといわれている。こうした最低限のことに留意しながら、秋から冬の間に地場で吟味した竹材を選んで一本一本丁寧に切り出し、これを生のまま十字に組んで蚊帳状の繊維を敷き、井戸水で炊きあげた藤蔓を巻く小舞がけの作業を始めた。

かつての民家の土壁は、ドロウチという水合わせを終え塑性を熟成させた壁土を直接壁に投げつける方法で、時間を置いて裏側を処理したが、今回は上から押さえつける一方通行なので、下地の処理は亀腹《かめばら》が緩まないように四回に分けて作業を進め、その度に青竹の小舞を重ねて藤蔓で締め上げ、上から荒土を練り込み時間をかけて乾燥させる下地の作業をおこなった。

荒土塗りは厳寒期の凍害を避け、これまで集めてきた材料を駆使して注意深く行なう。一回目の下地塗りの後、親方はどこからともなく油を染み込ませた大量の麻縄と棕櫚縄を現場に運び込んだ。この麻縄を建物本体の亀腹上部から何本も垂らし、女学生が髪の毛を三つ組みに編むように順序良く青竹に絡めて締め付け、再び土の緩みを抑えながら荒土塗りを四人役で一年かけて慎重に行なった。

滋賀県米原の「ススキ」

荒打ちの乾燥を待つ間、仕上げ用の貝灰漆喰の自家製調合を始める。海藻を炊き、微塵スサを混入して、冬の間に百俵以上を製造する。

石山寺

瀬高町東照寺多宝塔の工事を是非とも成し遂げようと、原田左官研究所は、事前研修として滋賀県大津市にある真言宗東寺派石山寺行きを決めた。冒頭で原田氏から質問のあった石山寺である。石山寺とは、天平宝字年間に建立された寺院で、本尊は如意輪観音、本堂東側にある源氏の間で「源氏物語」が書かれたというお寺である。

今回は原田左研のメンバー全員が揃って亀腹や素材の見学、そして何よりも石山寺の空間を作業者全員で実体験することが目的だった。そこでこの職人さん達を撮影しようと加わえてもらった。一行七名は、現場送迎用のマイクロバスに毛布を積み込んで、秋の夕日の中、滋賀県の石山寺を目指して九州高速道路を出発した。

琵琶湖のインターに着いたのは翌日の早朝、大分を出発してから十二時間後のことである。高速道路の休憩所で朝日に輝く「鳰《にお》の海」とよばれる琵琶湖を眺めながら朝食をとる。

私が多宝塔の存在を知ったのは、子どもの頃の切手集めで鶯色の四円切手を見た時だった。その後は鏝絵の資料作成時に、石山寺本尊の観世音菩薩の霊験を描いた縁起絵巻があるのを知ったくらいの知識しかない。田舎に住んでいるので、こんなチャンスでもない限り石山寺を訪れることなどできない。心は少年のように弾んでいた。

姿を見せ始めた「亀腹」

琵琶湖のレストランで食後のコーヒータイムを楽しんでいると、親方の携帯電話が鳴った。相手はきっと小林編集長だ。案の定、小林氏は東京から深夜バスに揺られて駆けつけた。石山寺で使われた白粘土の採集現場の探索と原田左研の取材が目的のようだ。そこで待ち合わせの時間を決め、石山寺で落ち合うことにした。

仏門をくぐりゆるやかな坂道を登ってゆく。

目の前に表われた多宝塔はなんとも上品で美麗だ。

こけら葺《ぶ》きの重みが産み出した屋根のカーブは美しい曲線を描き、基礎部の柔らかく見える漆喰塗りの亀腹は、日本刀の切っ先のようなシャープなフォルムを持っていた。塔内には数体の仏像が安置されている。建物入口とその空間に存在する木々は百年を越える大樹である。これは先人達が風雨から多宝塔を守ろうとした装置のように思えた。この気の遠くなるような歳月に洗われた空間に圧倒されながらも、職人達は緊張感漂う空間の心地良さ吸収して、次の仕事に役立てようとしていた。

琵琶湖の釣師を眺めながら高速道路に入り、白粘土のある竜王町の石部神社に向かう。目的の粘土場は石部神社の山中にあった。白粘土が掘りだされた跡は長い時間を経て池となり、トンボやアメンボウ達の楽園となっていた。

この辺りは白粘土層の上に植物が繁茂しているような疎林だが、その赤松はマツクイムシの餌食となって全滅の様相を呈し、静かに大地に還りつつある。池の近くにイノシシのヌタ場があって簡単に白粘土の採集ができたので、ここを切り上げて今夜の宿と決めている淡路島の久住親方のゲストハウスに向かう。

亀腹。荒塗りの仕上り

数時間後にたどりついた淡路島のゲストハウスは、われら泥仲間の極上の応接間だ。久住親方の太っ腹によって完成されたこの実験的建築作品は、ヨーロッパやアフリカを旅した印象やアイディアが随所に生かされていて、ドゴン村の民宿に泊まっているようだ。これは何もお酒のせいではなく、親方の友人がドゴンの藍染めの絞り布や中近東の土臭くて魅力的な絨毯を展示していたせいもあった。

このゲストハウスは、数時間前に体験した石山寺多宝塔の少し緊張する空間とは異なり、肩の凝らない心地良い空間である。それでも同行の職人たちは、久住、原田の両親方のめざす空間に身を置いて緊張と驚きを隠せないでいるようだ。ここでお石灰探偵団でお世話になっている久住親方やこの現場を担当した羽田野・日置・岡君に再会する。

親方は多忙ですぐに外出したが、幸いゲストハウスの周辺は海岸なので焚き火をしても大丈夫。ゲストハウスの前にある魚屋さんで淡路名物のタコやイカやスズキをサシミにしてもらい、焚き火で調理した味噌仕立ての小魚のスープで宴会を始める。素晴らしき仲間との至福の泥の旅。世の中の不況や浮世の憂さを忘れ、心休まる久住親方の泥の館での語らい。心地良い応接間はアッという間に時間を溶かした。

現場に学ぶ

翌朝は再びアフリカ旅行のように焚き火の朝食で始まるが、明るくなって見た志筑の町は、以前

滋賀竜王町の
白粘土の現場

に訪れた時と違いすっかり様変わりしていた。これは阪神大震災の爪痕だという。淡路の久住親方の自宅で地震の被害状況を見学したが、さすがにしっかりとした壁仕事は僅か数ヶ所のクラックが見られただけで、人命に影響はなかったようだ。さらに原田左研の若い衆のために久住親方が塗った土蔵や壁の仕事を見学して、四国高松に向かう。

四国での目的は、以前に久住親方から聞いた高松の外れにある松本牡蠣灰工場の見学と、讃岐の鏝匠「山西」の親父さんの所で次の現場で使用する鏝を調達し、高知の久保田親方の所では土佐漆喰の磨きの現場を見学する予定である。これが達成できれば、今回の旅の目的の全てが成就する。そこで四国大橋を渡り、高松市近郊にあるという松本牡蠣灰工場へと向かう。

松本牡蠣灰工場は、美しい白砂青松の海岸の松林の途切れたところにひっそりと佇んでいた。牡蠣窯の形態が独特なのですぐに判別できたが、数年前に廃業となっていた。それでも我々を待っていたように、材料が運搬された海からの動線や、牡蠣灰の燃料となった松葉が山のように積まれていた。

日本人は美しく崩れるモノを見ながら文化や芸術を育んできたというが、そうしたものを支えた素材の存続を願うのは、現代社会ではもはや贅沢なのかもしれない。新しいものが登場するとき古いものが淘汰され消えていくのは仕方がない。そんな予感通りに牡蠣灰工場は閉鎖されていた。しかし、文献でしか知ることのできなかった燃料としての松葉や（いまでは柳川の貝灰も良質なコークスで焼成されている）、工場の作業行程の様子やトックリ窯の内部の煉瓦積みの形態など、現場でないと解らないさまざまなことをこの目で見ることができて幸いだった。

久住親方のゲストハウス

次は鏝である。「山西」では社長さんから快く歓迎されて工場の見学まで許された。

これまで左官に関する資料を読み漁ってきたが、私にはまだ肝心なところがよく分からない。職人仕事の微妙な部分は文章では説明しにくいのだ。「百聞は一見にしかず」。ここでも現場からさまざまなことを教えてもらう。

工場内を見てまわると製造工程の細部までが良く分かる。これが実学というものだろう。初めて見た鏝作りの現場は大きな収穫であった。隣で新人の久野君が親方から一生使える山西の鏝を贈られ嬉しそうにしているのを見て、私も、これまで私を育ててくれた多くの師匠たちのことを思い出した。

それにしても一件の現場のためにここまで心を配る原田親方の本気と、ベテラン職人衆の技術取得の職業意識、それを後ろから争うように見つめている二人の見習いの若衆を見ていて、お前は何をしているんだと問われているように思えてならなかった。世知辛い世の中で、ここまで真剣にやり遂げようとする職人集団とこの若い親方を育てた淡路の久住親方に脱帽せざるを得ない。「職人を必要とするなら学校やらに頼らんと現場があればいいんや！」と言った久住親方の言葉が頭の中を駆け巡る。ここでは山西の親父さんの、仕事に対する愛情と経験が生み出したその風貌に眩しさを覚えながら、充分な満足感と切実な焦燥感を味わった。

次は最後の目的地の高知だ。ここで土佐の名工・久保田騎志夫さんを訪問して、土佐漆喰の現場を見せていただく予定だ。ところが滅多にならない私の携帯電話が急用を告げ、急遽私だけが戻ることになった。後で聞くところによると高知の研修は、久保田さんの計らいで土佐漆喰の磨きを現

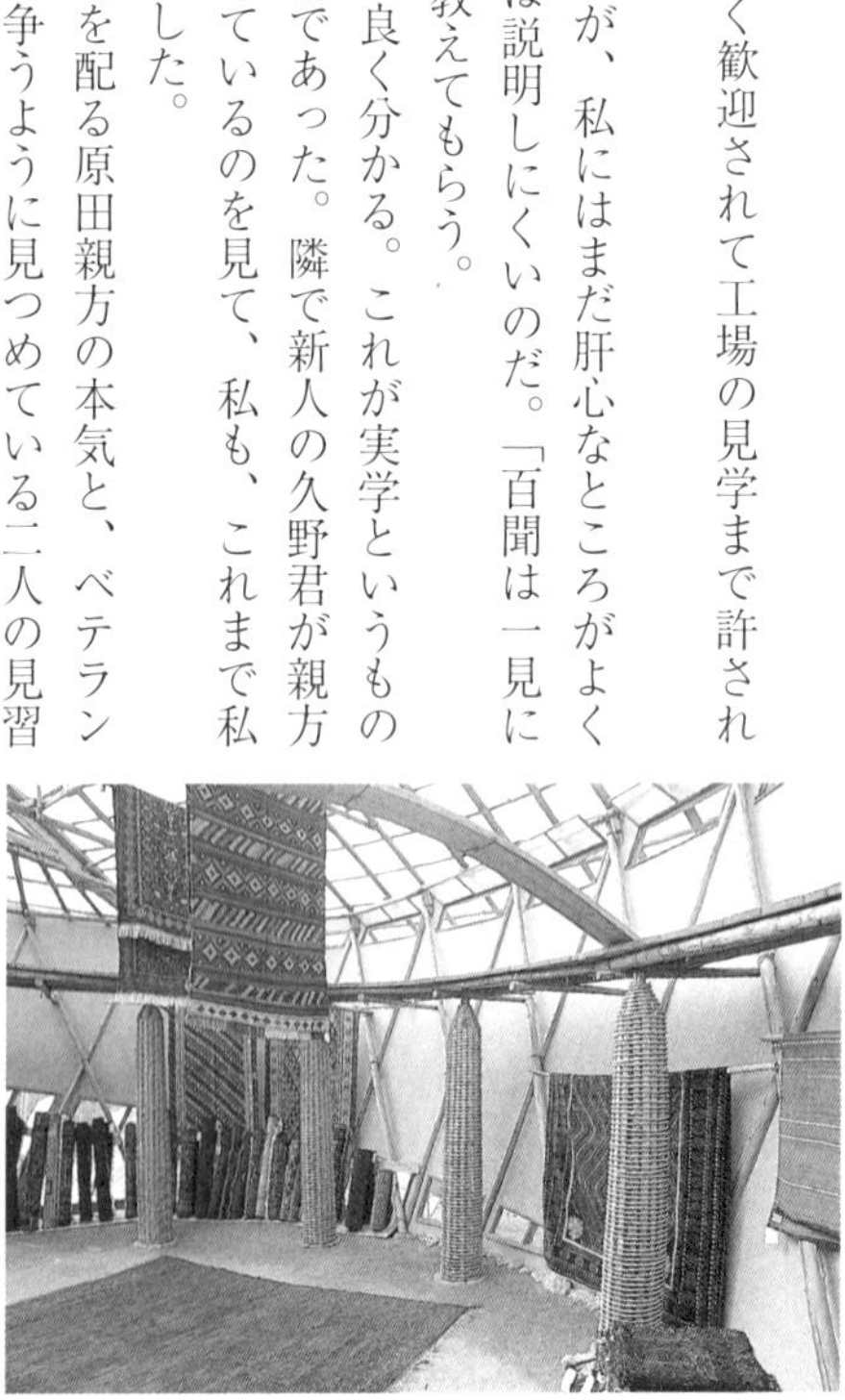

ゲストハウス
内部

場で体験することになり、皆は大いに満足した様子であったという。

　秋もふけ、原田左研では倉庫を改造した工場で、各現場毎に調整した自家製造の貝灰の漆喰作りが始まった。手作りの工場では海藻を炊いて糊液を作り、スサを混入して窯底灰混じりの貝灰と石灰を微妙に調合した漆喰を作り置きしている。

　この東照寺の現場に参加しているといろんなことを考えずにはいられない。

　千年前の普請現場には、ユンボやブルトーザーなど便利な重機はなかったこと。牛や馬で運んだ時代の壁や材木が何百年も持つのに、今の建物は一体どうしたことなのだろう。現代人は、便利になった分だけ不便から逆襲されているのかもしれない。

　建物は「買うものではなく、作るものだ」と言い遺した村松教授の言葉を思い出す。「普通が凄い」とも村松教授は言われたが、この一連のことが、原田親方にとっては普通なんだ。

　一九九九年の正月に、お石灰探偵団で東照寺を訪れた。完成した亀腹は新年の夕日に映え、数百年の昔からそこにある大樹のように凛としていた。

完成した東照寺（福岡県瀬高町）

山香町
院内町
安心院町
日出町
別府
大分

日本鏝絵地図・1　大分県

大分市　❶
宇佐郡（安心院町、院内町）❷
宇佐市　❸
臼杵市　❹
大分郡（庄内町、野津原町、挾間町、湯布院町）❺
大野郡（朝地町、犬飼町、大野町、緒方町、千歳村、野津町）❻
北海部郡（佐賀関町）❼
杵築市　❽
玖珠郡（玖珠町、九重町）❾
佐伯市　❿
下毛郡（本耶馬溪町、耶馬溪町、山国町）⓫
竹田市　⓬
津久見市　⓭
直入郡（荻町、久住町、直入町）⓮
西国東郡（大田村、香々地町、真玉町）⓯
東国東郡（安岐町、国東町、国見町、武蔵町）⓰
速見郡（日出町、山香町）⓱
日田郡（天瀬町）⓲
日田市　⓳
別府市　⓴
豊後高田市　㉑
南海部郡（宇目町、上浦町、直川村、本匠村、弥生町）㉒

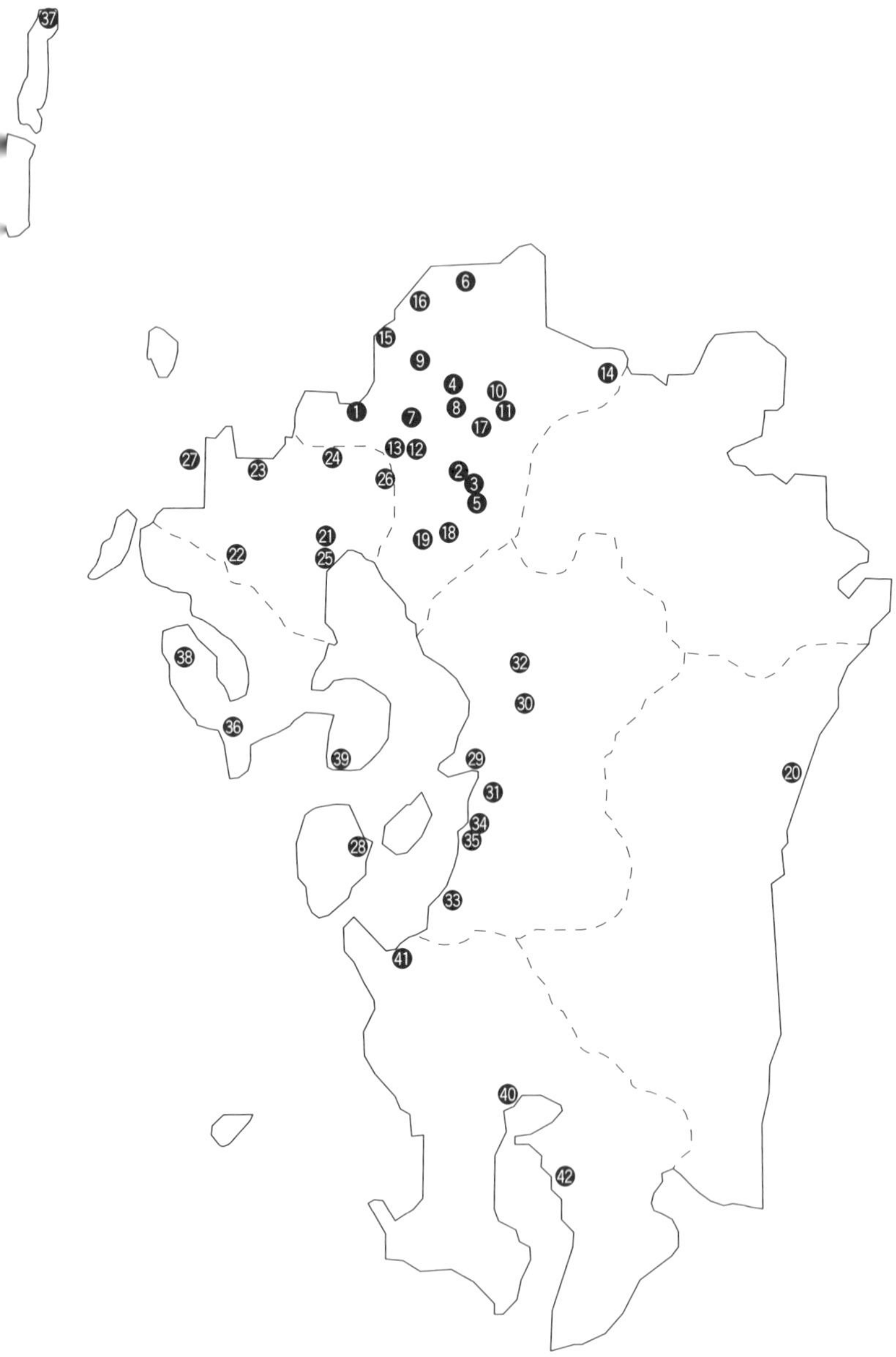
37
6
16
15
9
14
4
10
1
8
11
7
17
13
12
27
24
23
2
26
3
5
21
18
19
22
25
38
32
36
30
39
29
20
31
34
35
28
33
41
40
42

日本鏝絵地図・2　九州（大分県以外）

福岡県

福岡市（早良区）❶
朝倉郡（三輪町）❷
甘木市　❸
飯塚市　❹
浮羽郡（浮羽町、吉井町）❺
遠賀郡（遠賀町）❻
糟屋郡（宇美町）❼
嘉穂郡（頴田町、嘉穂町、桂川町、庄内町）❽
鞍手郡（若宮町）❾
田川郡（香春町）❿
田川市　⓫
太宰府市　⓬
筑紫郡（那珂川町）⓭
築上郡（大平村）⓮
宗像郡（津屋崎町）⓯
宗像市　⓰
山田市　⓱
八女郡（立花町、広川町、星野村）⓲
八女市　⓳
宮崎県　日向市　⓴

佐賀県

佐賀市　㉑
有田市　㉒
唐津市　㉓
神埼郡（脊振村、三瀬村）㉔
佐賀郡（富士町）㉕
鳥栖市　㉖
東松浦郡（鎮西町［馬渡島］）㉗
日田原（市、郡不明）

熊本県

天草郡　㉘
宇土市　㉙
上益城郡（益城町、御船町）㉚
下益城郡（小川町）㉛
菊池郡（菊陽町）㉜
水俣市　㉝
八代郡（鏡町、竜北町）㉞
八代市　㉟

長崎県

長崎市　㊱
上県郡（上県町［対馬］）㊲
西彼杵郡（大瀬戸町、西彼町、外海町）㊳
南高来郡（口之津町）㊴

鹿児島県

姶良郡（隼人町）㊵
出水市　㊶
垂水市　㊷
沖縄県（シーサー）

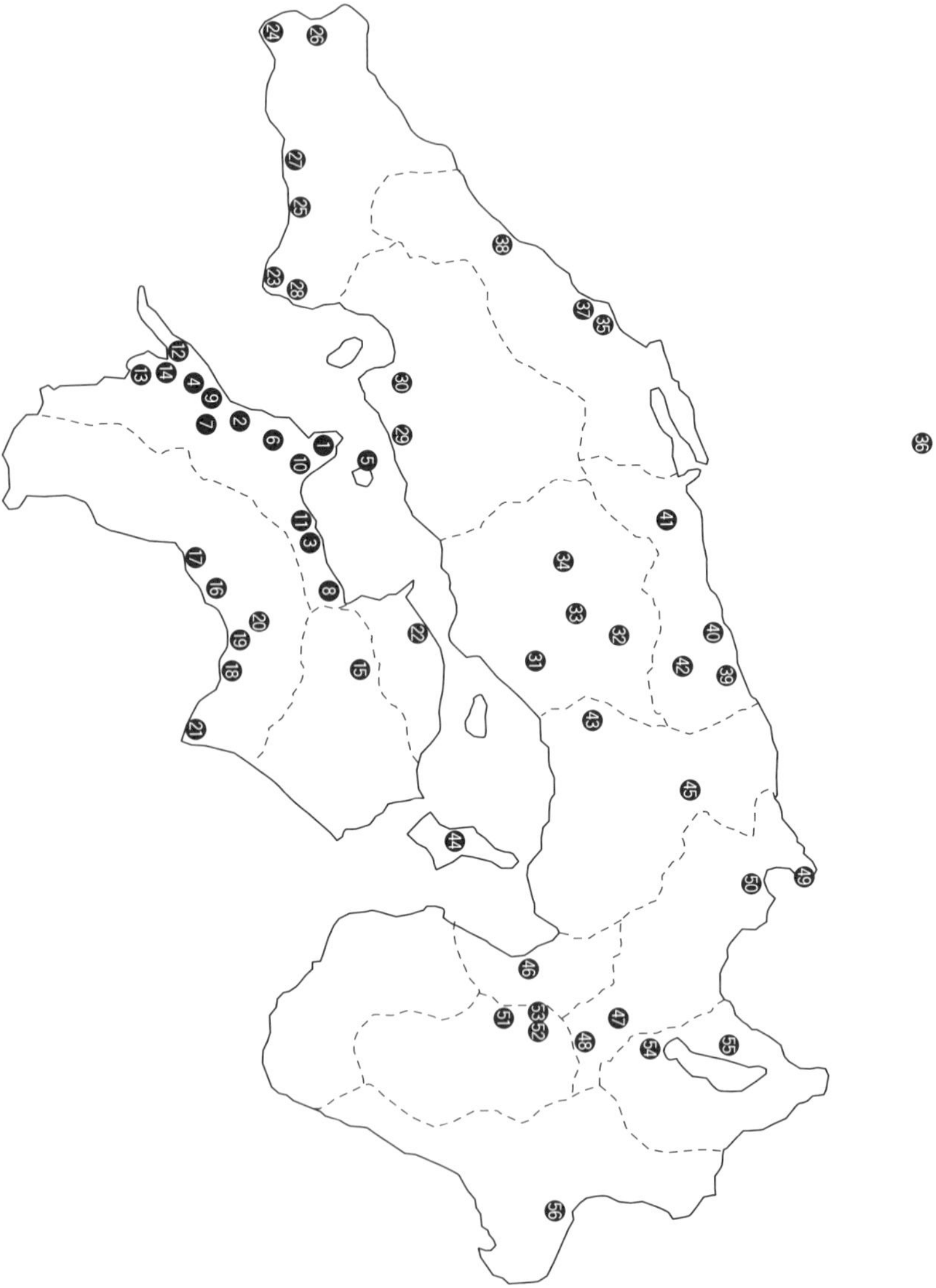
1
2
3
4
5
6
7
8
9
10
11
12
13
14
15
16
17
18
19
20
21
22
23
24
25
26
27
28
29
30
31
32
33
34
35
36
37
38
39
40
41
42
43
44
45
46
47
48
49
50
51
52
53
54
55
56

日本鍰絵地図・3　四国・西日本

愛媛県
今治市　❶
伊予郡（中山町）❷
宇摩郡（土居町）❸
大洲市　❹
越智郡（関前村）❺
温泉郡（重信町）❻
上浮穴郡（小田町）❼
川之江市　❽
喜多郡（内子町）❾
東予市　❿
新居浜市　⓫
西宇和郡（保内町）⓬
東宇和郡（宇和町、城川町、野村町）⓭
八幡浜市　⓮
徳島県
美馬郡（貞光町）⓯
高知県
高知市　⓰
吾川郡（春野町）⓱
安芸郡（田野町、東洋町、安田町）⓲
安芸市　⓳
香美郡（香北町、土佐山田町、野市町、物部村）⓴
室戸市　㉑
香川県　丸亀市　㉒

山口県
熊毛郡（上関町）㉓
下関市　㉔
新南陽市　㉕
豊浦郡（豊浦町）㉖
防府市　㉗
柳井市　㉘
広島県
竹原市　㉙
東広島市　㉚
岡山県
英田郡（英田町）㉛
勝田郡（勝田町、奈義町）㉜
津山市　㉝
真庭郡（勝山町）㉞
島根県
大田市　㉟
隠岐郡（隠岐島）㊱
邇摩郡（仁摩町、温泉津町）㊲
浜田市　㊳
鳥取県
鳥取市　㊴
気高郡（青谷町）㊵
西伯郡（大山町）㊶
八頭郡（智頭町、用瀬町）㊷

兵庫県
佐用郡（佐用町）㊸
津名郡（淡路町）㊹
養父郡　㊺
大阪府　大阪市（住吉区）㊻
京都府
京都市　㊼
相楽郡（加茂町）㊽
与謝郡（伊根町）㊾
宮津市　㊿
奈良県
北葛城郡（當麻町）51
大和郡山市　52
生駒市　53
滋賀県
大津市　54
高島郡（朽木村）55
三重県　松阪市　56

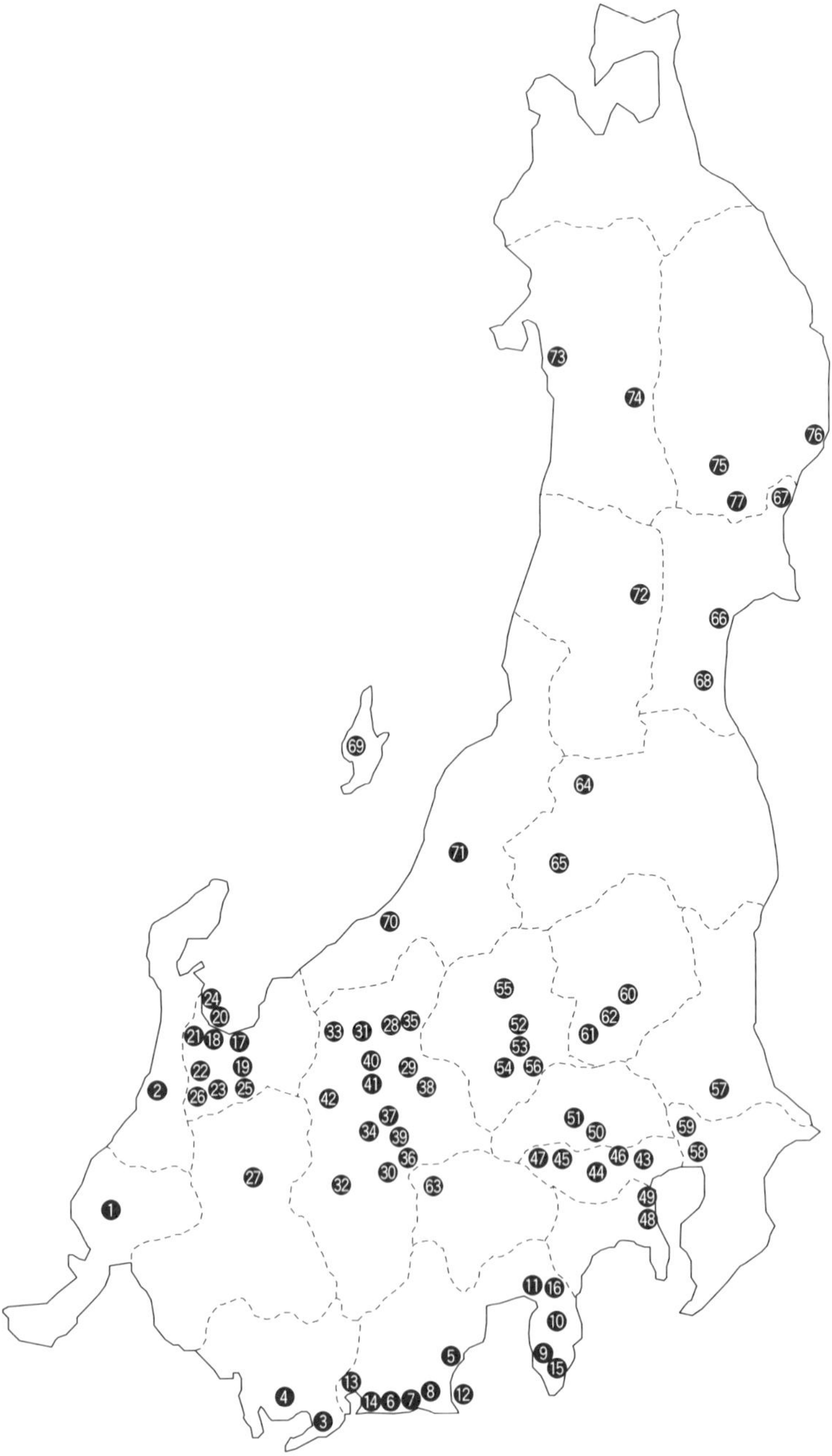
1
2
3
4
5
6
7
8
9
10
11
12
13
14
15
16
17
18
19
20
21
22
23
24
25
26
27
28
29
30
31
32
33
34
35
36
37
38
39
40
41
42
43
44
45
46
47
48
49
50
51
52
53
54
55
56
57
58
59
60
61
62
63
64
65
66
67
68
69
70
71
72
73
74
75
76
77

日本鏝絵地図・4　東日本

福井県　鯖江市　❶
石川県　石川郡（河内村、鶴来町）❷
愛知県
渥美郡（田原町）❸
岡崎市　❹
静岡県
静岡市　❺
磐田郡（豊田町）❻
磐田市　❼
掛川市　❽
加茂郡（松崎町）❾
田方郡（戸田村）❿
沼津市　⓫
榛原郡（吉田町）⓬
引佐郡（三ヶ日町）⓭
浜松市　⓮
下田市　⓯
三島市　⓰
富山県
富山市　⓱
射水郡（大島町、小杉町、大門町）⓲
上新川郡（大沢野町）⓳
新湊市　⓴
高岡市　㉑
砺波市　㉒
東礪波郡（井波町）㉓
氷見市　㉔
婦負郡（山田村）㉕
東礪波郡（福野町）㉖
岐阜県　高山市　㉗
長野県
長野市　㉘
上田市　㉙
上伊那郡（辰野町）㉚
上水内郡（小川村、三水村、戸隠村）㉛
木曽郡（木曽福島）㉜
北安曇郡（白馬村）㉝
塩尻市　㉞
須坂市　㉟
諏訪郡（原村）㊱
諏訪市　㊲
小県郡（長門町）㊳
茅野市　㊴
東筑摩郡（四賀村）㊵
松本市　㊶
南安曇郡（安曇村）㊷
東京都
足立区、新宿区、杉並区、品川区、世田谷区、台東区、中央区、千代田区、中野区、　港区　㊸
昭島市　㊹
青梅市　㊺
武蔵野市　㊻
西多摩郡（奥多摩町）㊼
神奈川県
横浜市　㊽
川崎市　㊾
埼玉県
入間市　㊿
飯能市　51
群馬県
渋川市　52
高崎市　53
富岡市　54
沼田市　55
藤岡市　56
茨城県　牛久市　57
千葉県
市川市　58
松戸市　59
栃木県
宇都宮市　60
佐野市　61
栃木市　62
山梨県　北巨摩郡（小淵沢町、須玉町、長坂町）63
福島県
喜多方市　64
南会津郡（南郷村）65
宮城県
仙台市　66
気仙沼市　67
柴田郡（村田町）68
新潟県
佐渡郡（相川町）69
上越市　70
長岡市　71
山形県　尾花沢市（銀山温泉）72
秋田県
秋田市　73
仙北郡（角館町、中仙町）74
岩手県
胆沢郡（衣川村）75
気仙郡（三陸町）76
西磐井郡（花泉町）77

北海道　未調査。札幌の銭湯に鏝絵情報あり

索引・本書に出てくる鏝絵

参考文献

『日本壁の研究』川上邦基　一九四二年（一九九〇年「左官教室」採録）水土文庫
『壁』山田幸一　法政大学出版局　一九八一
『物語ものの建築史・日本壁のはなし』山田幸一　鹿島出版会　一九八五
『日本の近代建築』上下　藤森照信　岩波新書　一九九三
『古建築入門講話』川勝政太郎　河原書店　一九六六
『古建築の細部意匠』近藤豊　大河出版　一九七三
『満州国の首都計画』越沢明　日本経済評論社　一九八八
『民俗学の旅』宮本常一　講談社学術文庫　一九九三
『怪物の友』荒俣宏　集英社文庫　一九九四
『古代の朱』松田寿男　学生社　一九七五
『滅びゆく民家　屋根・外観』川島宙次　主婦と生活社　一九七三
『日本の壁』伊奈ギャラリー企画委員会　山田幸一監修　ＩＮＡＸ東京ショールーム
『日本の民家』　牧田茂　保育社　一九七四
『国芳漫画』歌川国芳画　鈴木仁一編著　岩崎美術社　一九八二
『大津絵の美』鈴木仁一　芳賀芸術叢書　一九七五
『江戸の町』上下　内藤昌著　穂積和夫画　草思社　一九八二
『明暦の大火』黒木喬　講談社現代新書　一九七七
『江戸三百年』１・２　西山松之助他編　講談社現代新書　一九七五
『伊豆長八』結城素明　伊豆長八作品保存会　一九八〇（芸艸堂出版部昭和十三年刊の複製）
『魔除け――まじないの民俗』群馬県立歴史博物館　一九九二
『チロール・鏝絵の里』　松味俊郎・丹羽洋介　京都書院　一九九三

『民家――草葺きの家を中心に』太田静六編　西日本新聞社　一九七七
『九州の民間信仰』佐々木哲哉他共著　明玄書房　一九七三
『西日本民俗博物誌』上　谷口治達　西日本新聞社　一九七八
『くまもとの壁』井上忠久　井上幸子絵　一九九二
『大分の雨乞――続々大分の神々』高原三郎　一九八四
『ザビエルの見た大分』加藤知弘　葦書房　一九八五
『大分の民俗』大分県民具研究会編　葦書房　一九九二
『土佐石灰業史』橋詰延寿　土佐石灰工業組合　一九四二
『津久見石灰史』織田清綱　津久見石灰協業組合　一九七五
『水晶山と石灰』織田清綱　大分県石灰工業会　一九九四
『大分県の百年』大分県　一九六八
『上方左官物語』大阪府左官工業組合記念誌編集委員会　大阪府左官工業組合刊　一九九四
『路上探検隊奥の細道をゆく』路上観察学会編　ＪＩＣＣ出版局　一九九一
『灰の文化誌』小泉武夫　リブロポート　一九八四
『青梅街道――江戸繁栄をささえた道』山本和加子　聚海書林　一九八四
『日本の近代化とお雇い外国人』村松貞次郎　日立製作所　一九九五
『コンクリートのはなし』大成建設技術開発部　日本実業出版社　一九九五
『沓亀』伊藤菊三郎（覚え書き）
『左官職昔ばなし（遠州浜松松浦左官一家の覚書）』松浦伊喜三　一九七六
『福神信仰――現世の幸せ』ひろさちや　集英社　一九八七
『左官読本・漆喰って何だ』（「建築知識」特集）　一九八九
『消えゆく左官職人の技　鏝絵』藤田洋三　小学館　一九九六
「左官入江長八の業績について」斉藤金次郎　一九八六

「松崎に現存する伊豆長八の作風について」明治大学地方史研究所　一九六五
「左官教室」黒潮社　一九九〇から二〇〇〇年
「月刊土佐」三二号〈特集・漆喰妻飾り〉　和田書房　一九八六
「富山写真館・万華鏡」三一号〈鏝絵〉　ふるさと開発研究所　一九九四
「季刊自然と文化・蔵の文化」日本ナショナルトラスト　一九八四
「日本の美術」二一〇号　江戸絵画後期　至文堂　一九八三
「続・土佐の民家」（「月刊あおぞら」一七号）高知県路上観察学会　一九九二
「宇佐・院内・安心院地域にみる鏝絵」（『地域総合研究論文集　宇佐・院内・安心院地域』）長田明彦、貞包博幸、藤田洋三　大分大学教育学部　一九九五
「日出の鏝絵」（『日出町誌』）　藤田洋三　一九八六

おわりに

「豊の国の鏝絵」が掲載された季刊誌『銀花』四十九号が出たのが昭和五十七年。あの頃三歳だった息子がもうすぐ二十三歳の誕生日を迎える。考えてみれば、あの頃は「鏝絵《こてえ》」に出会った喜びにワクワクドキドキするばかりで、写真が一枚ずつ増えていくことが嬉しくてたまらなかった。鏝絵のことなど何も知らず、大分県固有のものだと思っていた。今思えば恥ずかしい話だが、なにしろ世間の狭い田舎の蛙だったのだからしようがない。

さて、二十年経ってみると、鏝絵の写真はもちろん増えている。それだけではない。村松貞次郎教授にお会いしてお話しを伺うことができた。それどころか、先生を案内して大分県の鏝絵を見て頂いた。『消えゆく左官職人の技——鏝絵』（小学館）という本を出版した時には、村松教授に鏝絵に関する原稿も書いていただいた。その後、先生のご急逝に深く嘆いたが、今はまた、この本の出来上がりを喜んでくださっているのではないかと思う。

日田の左官職人原田進さんとも会うことができた。原田さんには我が家の玄関に土壁を、部屋の中には土佐漆喰の壁を塗ってもらった。実は表紙の鏝絵も作って貰ったのだ。その上、原田さんの親方の久住章さんを紹介してもらい、久住親方とアフリカ旅行もしてしまった。

　大分の鏝絵職人の沓掛さんというおじいちゃんともまるで親戚のような付き合いをさせてもらっている。『左官教室』の編集長小林澄夫さんとも出会うことができた。人との出会いを数え上げれば両手両足の指を使っても足りない。家族五人の両手両足でもまだ足りない。

　鏝絵のこともだんだん分かってきた。分らないことはまだまだ多いが、それもまたこれからのお楽しみとして大事にとっておきたい。


　左官さんの友達が増えるにしたがって、鏝絵のことだけでなく、壁について、漆喰について知ることとなった。

　土壁、漆喰……なぜこんなに惹かれるのだろう。実を言えば、まだ自分自身にもはっきりとは見えていないテーマなのだが、心の奥の何かが引きつけられ、魅せられていく。蕎麦ガユの味を「昔うんと美人だったおばあさんのような味」と表現している文章に出会ったことがあるが、そうだ、ここには昔美しかった者たちが、年月を経てさらに魅力的になって存在している。懐かしい日向の匂い。忘れたと思っていた、ひび割れた思い出の残像。どこかで見たことのある風景。人間の手で創り出された、美しい造形の数々。

　近代化遺産と呼ばれる建物。ひび割れた泥壁。雑草が芽吹く石壁。野面に積まれた藁塊。ここには、人間の文明が創り出し、自然が磨きをかけた美しく崩れるもの達がポーズをとっているのだ。こんな気持ちの良いモノと出会って、シャッターも切らずに素通りするなんてできるわけがない。それが本書の第二章、第三章となった。

日本中、世界中で待っているまだ見ぬ美しいもののために、私はこれからもレンズを向ける。吹き抜ける風のように。自由に、止まることをせずに。

それにしてもこの二十五年間、井戸を出てみた蛙がなんと豊かな実りを得ることができたことか、自分でもびっくりしてしまう。

この本は、本文にも何回もご登場いただいた雑誌『左官教室』上の「鏝絵通信」という連載がもとになっている。(『左官教室』は予約購読のみ。連絡先は、東京都千代田区猿楽町二—八—十六平田ビルA一〇一。電話〇三—三二九二—〇二六六。ファクス〇三—三二九三—二七〇八)。私に初めて文章を書く場をいただいた小林澄夫編集長には、この本の中扉のデザイン・曼陀羅のアイデアもいただいた。この場を借りてお礼を申し上げます。

故村松貞次郎先生と藤森照信教授には、鏝絵、石灰についてお書きになられた文章をこの私の本の紹介のために使わせていただいた。ご了解いただいた村松夫人、藤森教授にも厚く御礼申し上げます。

また、鏝絵を所有されておられる方々や取材協力をいただいた各社をはじめ、多くの関係者と友人たち、またこの出版に深いご理解をいただいた石風社の福元満治代表、藤村興晴、中津千穂子各氏に、そして最後に私を支えてくれた家族に、深い感謝を捧げます。

これまでの二十数年の記録をまとめるにあたって、できるかぎりの確認をしたつもりだが、まだまだ間違いや考え違いがあるかと思う。まだ私が出会っていない鏝絵情報も含めて、ご指摘ご教示いただければ幸いです。

二〇〇〇年　秋

藤田洋三

藤田洋三（ふじたようぞう）

写真家。1950年大分県生まれ。

東京綜合写真専門学校中退。1976年より大分を拠点にライフワークとして「鏝絵」「土壁」「石灰窯」「藁塚」などの撮影と取材を続けている。

編著に『別府近代建築史』（産研出版、編著、1993）「大分の昆虫」（私家版、1994）『宇佐・安心院・院内総合研究』（大分大学教育学部刊、1995）『消え行く左官職人の技　鏝絵』（小学館、1997）『小屋の力』（共著、ワールドフォトプレス、2001）「左官技術における石灰の使用に関する歴史的考察」（竹中大工道具館紀要、西山マルセーロ宗雄氏との共著、2004）、『藁塚放浪記』（石風社、2005）『世間遺産放浪記』（石風社、2007）がある。

メール　osekkai@galaxy.ocn.ne.jp

鏝絵放浪記

二〇〇一年一月十五日初版第一刷発行
二〇〇七年七月二十日初版第三刷発行

著　者　藤田洋三
発行者　福元満治
発行所　石風社
福岡市中央区渡辺通二丁目三番二四号　〒810-0004
電話　〇九二（七一四）四八三八
ファクス　〇九二（七二五）三四四〇

印　刷　九州チューエツ株式会社
製　本　篠原製本株式会社

中村哲・編／ペシャワール会日本人ワーカー・著
丸腰のボランティア　すべて現場から学んだ

パキスタン・アフガンの地で二十年以上に亘って活動を続ける日本人医師と共に奮闘するボランティア四七名の活動報告集。厳格なイスラムの風習と複雑な政治情勢の中で、診療所を作り、井戸を掘り、全長十三キロの用水路建設に挑んだ十九年の記録（2刷）一八九〇円

中村　哲
医者井戸を掘る　アフガン旱魃との闘い
＊日本ジャーナリスト会議賞受賞

「とにかく生きておれ！　病気は後で治す」。百年に一度と言われる最悪の大旱魃が襲ったアフガニスタンで、現地住民、そして日本の青年達とともに、千本の井戸をもって挑んだ医師の緊急レポート
（10刷）一八九〇円

阿部謹也
ヨーロッパを読む

「死者の社会史」から「世間論」まで、ヨーロッパにおける「近代の成立」を鋭く解明しながら、世間的日常と近代的個に分裂して生きる日本知識人の問題に迫る、阿部史学の刺激的エッセンス
（3刷）三六七五円

西日本文化協会編
明治博多往来図会《ずえ》　祝部至善《ほおりしぜん》画文集

往来で商う物売りたちの声、辻々のざわめきとともに、庶民の暮らしと風俗がいま、甦る。驚嘆すべき記憶と、大和絵の細密な筆致で再現される明治の博多（服部幸雄氏、椎名誠氏絶讃）
五二五〇円

ジミー・カーター　飼牛万里（訳）
少年時代

米国深南部の小さな町。人種差別と大恐慌の時代、家族の愛に抱かれたピーナッツ農園の少年が、黒人小作農や大地の深い愛情に育まれつつ、その子供たちとともに逞しく成長する。全米ベストセラーとなった、元米国大統領の傑作自伝
二六二五円

小林澄夫

左官礼讃

日本で唯一の左官専門誌「左官教室」の編集長が綴る、土壁と職人技へのオマージュ。左官という仕事への愛着と誇り、土と水と風が織りなす土壁の美しさへの畏敬と、殺伐たる現代文明への深い洞察に貫かれた左官のバイブル

（7刷）二九四〇円

藤田洋三

藁塚《わらづか》放浪記

北は東北の「ワラニオ」から南は九州の「ワラコヅミ」まで、秋の田んぼを駆け巡り、〈ワラ積み〉の呼称と姿の百変化を追った三十年の旅の記録。日本国内はいうに及ばず、果ては韓国・中国まで踏査・収集した写真三百葉を収録した貴重な民俗誌！

二六二五円

藤田洋三

世間遺産放浪記

藤森照信氏絶讃　働き者の産業建築から小屋・屋根・壁・職人・奇祭・近代化遺産、さらには無意識過剰な迷建築まで、「用」の結果として生まれた「美」の風景。失われゆく庶民の遺産を、全国津々浦々に迫った痛快写真集

（2刷）二四一五円

浅川マキ

こんな風に過ぎて行くのなら

ディープにしみるアンダーグラウンド——。「夜が明けたら」「かもめ」で鮮烈にデビューを飾りながら、常に「反時代的」でありつづける歌手。三十年の歳月を、時代を、気分を照らし出す著者初めてのエッセイ集

（2刷）二一〇〇円

さかもと聖朋〈カウンセラー〉

過食症で苦しんでいるあなたへ

摂食障害から立ち直るためのステップ

人生の半分を過食症で苦しみ、一三七キロから五三キロへのダイエットに成功、過食症を克服した著者が、これまでのすべての体験から語る摂食障害からの回復するためのメッセージ。摂食障害はとても辛い心の病気。でもだいじょうぶ。きっと治るから

一三六五円
